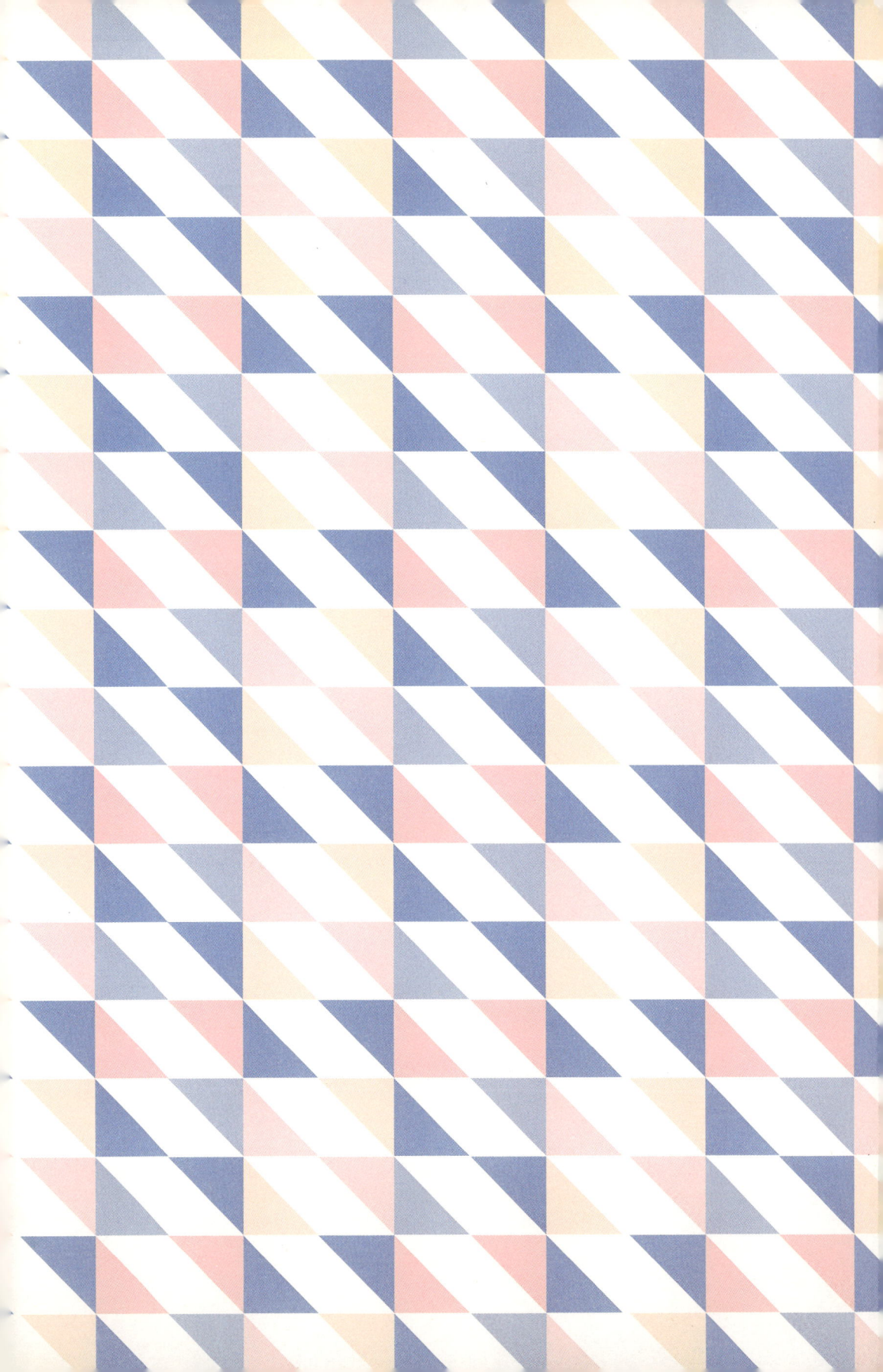

RESEARCH

ON

THE
SPATIAL ORDER

OF

PROVINCIAL
COMPULSORY
EDUCATION

IN CHINA

吕赛鸫 著

研究 空间秩序 中国省域义务教育

社会科学文献出版社
SOCIAL SCIENCES ACADEMIC PRESS (CHINA)

国家自然科学基金项目成果（项目号：41671148）

教育部人文社会科学研究青年基金项目成果（项目号：22YJC880053）

云南省万人计划教学名师潘玉君工作室成果

云南师范大学博士科研启动项目成果

序

教育地理学在知识领域是教育学和地理学的交叉、集成学科。学科归属方面，在地理学中，教育地理学属于人文地理学中的文化地理学，将来有可能独立出来，成为人文地理学的分支学科；在教育学中，教育地理学类似于教育社会学这样的学科，也有学者认为教育地理学存在"教育学/教育原理/教育地理学"或是"教育学/教育其他学科/教育地理学"这样的学科归属关系。教育地理学是新兴学科（绝对年龄年轻，相对年龄也年轻，成熟度差），若干科学概念尚未明确。教育地理学的研究范式需遵循由地理学到教育地理学，即由地理学研究范式到教育地理学研究范式的规律，同时教育地理学研究范式是地理学研究范式的具体化。

系统研究我国不同区域范围尺度和不同区域解析尺度的义务教育区域均衡问题，已经成为教育学、地理学、社会学、经济学等诸多学科共同的兴趣，也是教育地理学研究的主要内容。云南师范大学教学名师潘玉君工作室研究团队的研究方向之一，是从教育学和地理学交叉学科即教育地理学等多学科角度开展义务教育区域均衡问题研究。

《中国省域义务教育空间秩序研究》一书由我的博士研究生吕赛鸫撰写，主要以义务教育均衡发展为研究目标，从地理学角度出发，以全国省域为研究对象，从省域尺度应用空间统计分析方法和地理信息系统（GIS）研究义务教育时空问题。首先，应用全局自相关分析方法找到了义务教育综合指数和各分指数空间区域单元间的自相关关系类型，即同质性特征。其次，应用局部自相关分析方法识别出义务教育综合指数和各指数区域间的空间异质性特征，以及相邻区域间的空间依赖程度和相互作用关系。最后，应用空间回归分析方法找到影响义务教育空间秩序的主要外部因素及其影响程度。

这些系统研究对于缩小我国省域义务教育差距，提升我国整体义务教育质量和满足各省份人们对教育公平的追求具有重要的应用价值和现实意义。

潘玉君

2021 年 12 月 30 日

前　言

　　义务教育均衡发展是地理学、教育学、社会学、政治学和经济学等诸多人文社会学科的研究主题之一。其中，义务教育区域均衡发展是地理学特别是人文地理学研究主题之一。目前，我国义务教育在各方面都取得了巨大的成就，促进了社会、经济、文化的快速发展，但由于区位条件、经济发展水平和原有发展基础等综合因素的影响，我国义务教育在省域、市域、县域等区域之间仍然存在发展不均衡问题。在省域尺度，现有的研究主要是针对不同省域义务教育发展差距、发展概况及对全国义务教育贡献情况等进行的分析评价，对不同省域之间义务教育的空间关联探讨不多。从现实来看，省域间义务教育的相似程度或差异程度与区域间的距离相关，因此，探索省域间义务教育的空间关联程度、空间依赖程度十分必要。

　　本书是国家自然科学基金项目"中国义务教育时空结构、预警与均衡发展对策系统研究"的组成部分之一。遵循吴传钧"人地关系地域系统理论"和钱学森"从定性到定量综合集成法"等理论，在多年连续数据的支持下，按照地理学研究综合范式，运用空间回归等多种方法进行义务教育地理空间的空间秩序、时间序列和动因机制的系统研究。主要工作包括以下四个方面。

　　第一，建立中国义务教育发展省域数据库。利用全国教育统计年鉴、全国教育经费统计年鉴、教育统计公报、民族统计年鉴和人口普查等数据，建立中国义务教育发展省域数据库。

　　第二，建立中国省域义务教育发展指标体系。从教育机会、财政资源、办学条件、师资力量、教育质量和教育信息化六个方面，运用熵值法确定指标权重，构建中国省域义务教育发展综合指数（指标体系）。

　　第三，中国省域义务教育时-空规律研究。应用探索性空间统计分析方法，测算分析义务教育总指数和分指数的省域空间差距及其时间序列，揭示了省域单元间的空间依赖性特征。

第四，进行中国义务教育均衡发展的主要影响因素研究。应用空间回归分析方法，从自然环境、交通状况、人口数量、区域经济、家庭收入等外部因素分析中国义务教育均衡发展的主要影响因素。

通过以上研究得到以下五点基本认识。

第一，我国义务教育发展水平整体上在逐步提高。高发展水平省份数量越来越多，辐射区域范围越来越广，对相邻区域单元的义务教育发展起到牵引和拉动作用；中发展水平省份数量逐年减少，出现了"中空"现象；低发展水平省份数量越来越多，省域义务教育发展水平两极分化严重。通过三大经济带对比分析发现，东部地区在财政资源、办学条件和教育信息化方面处于全国领先水平，充分发挥了自身的区位优势和经济优势，对相邻区域形成反哺；西部地区表现出非常强劲的发展势头，在师资力量和教育质量两个方面表现卓越，是全国师资力量最充沛、教育质量最高的区域，除了办学条件外，其他指数都已经超过中部地区。

第二，省域义务教育综合指数空间格局特征明显，在长三角地区呈现以上海为中心的高-高集聚特征。上海不仅自身的义务教育发展水平高，还拉动周边区域义务教育的发展。但这种集聚特征随着距离的衰减而消失了，具备高-高集聚特征的省份数量并不多。

第三，省域义务教育各分指数的均衡度差异大。在教育机会、师资力量和教育质量上，各省份区域差距小、均衡度较好；财政资源、办学条件和教育信息化的散点较分散，各省份的区域差距大、均衡度较差，整体发展水平也较差。

第四，省域义务教育所有分指数在空间上都存在正的空间自相关，呈现显著的空间聚集特征，具备空间同质性，表现出相似性空间聚集现象。其中，教育机会、师资力量和教育质量呈现高-高集聚特征，而且具备这种集聚特征的省份数量较多，主要集中在我国西南、西北和华南地区；财政资源呈现低-低集聚特征；办学条件和教育信息化分别呈现高-高和高-低集聚特征。

第五，地理自然条件、地区经济发展水平和居民收入是影响我国省域义务教育空间秩序的主要因素。这些外部因素对师资力量、财政资源和办学条件空间秩序的影响最大，对教育机会、教育质量和教育信息化空间秩序的影响最小。

本书在研究视角上形成了以下创新：第一，不仅研究了义务教育整体的空间格局特征，而且对义务教育各分要素的空间格局特征也进行了详细的探索，较为系统地揭示了不同省份之间义务教育发展的空间关联程度和依赖程度；第二，从区域空间角度，找到了影响我国省域义务教育空间秩序的主要影响因素。但也有一些问题需要今后深入研究，例如在解析尺度方面，今后将重点进行微观尺度的研究；在影响因素方面，将重点考虑影响因素的"多重性"，即在义务教育均衡发展的不同阶段、不同类型、不同尺度等方面的具体作用机制。

由于笔者学科专业跨度大，地理学理论基础薄弱，教育地理学研究能力和水平有限，本书还存在很多缺点和不足，恳请专家和同人批评指正。

吕赛鸫

2021 年 12 月 16 日

目　录

第1章 绪论

1.1 研究背景

1.1.1 义务教育区域均衡发展是人文地理学研究的重要议题

义务教育区域均衡发展是人文发展的重要组成部分，也是地理学、教育学、社会学、政治学和经济学等诸多人文社会学科的研究主题。其中，义务教育区域均衡发展是地理学特别是人文地理学研究主题之一。义务教育区域均衡发展是人地关系地域系统和谐发展的重要表现。人地关系地域系统作为地理学的研究核心，[①] 包括很多研究内容，义务教育区域均衡发展问题虽然只是人地关系地域系统研究的一小部分，但却是人地关系和谐发展过程中必须要解决的现实问题。义务教育活动不能脱离人地关系地域系统而独立存在。义务教育活动中的"人"指一切与教育活动有关的人，主要包括学生、教师、教育管理者、家长等义务教育主体；义务教育活动中的"地"既包括自然环境也包括人文环境。[②] 义务教育区域均衡发展不仅包括义务教育活动各要素之间的均衡、义务教育活动中"人"和"地"的均衡，还包括义务教育活动区域之间的均衡。义务教育区域均衡发展的目标就是要缩小区域之间的差距或者差异，保持区域间义务教育发展条件、发展机会和发展水平等方面的相对平衡。人地关系地域系统中的义务教育活动在区域之间是相互促进、和谐共进的关系，区域间持续的义务教育不均衡发展会影响和制约人地和谐关系的形成，从而影响人地关系地域系统的有机发展。因此，解决目前我国省域义务教育不均衡发展问题是人地关系

---

① 吴传钧：《论地理学的研究核心——人地关系地域系统》，《经济地理》1991 年第 3 期。

② 潘玉君编著《教育地理区划研究：云南省义务教育地理区划实证与方案》，科学出版社，2015。

和谐发展的必然要求。

1.1.2 义务教育公平的迫切要求

在大力提倡构建社会主义和谐社会的文化背景下，社会公平已经成了人们普遍关注的热点问题。教育公平是社会公平价值理论在教育领域的延伸和体现，是社会公平的重要组成部分，也是实现社会公平的前提和基础。教育公平是和谐社会首要的、内在的、基本的内容，和谐社会的建设，是以包括教育公平在内的社会公平为重要基础和前提的。教育公平受社会的外部条件和内部因素的双重制约。教育公平的特点首先表现为历史性，即教育公平的发展是一个历史的过程，不同时期的教育公平标准是不同的；其次是相对性，任何国家或地区的任何历史时期中，教育公平都是相对的，与公平的特点一样，绝对的教育公平是不存在的；最后是复杂性，即教育公平具有主观性与客观性的特点，教育公平是人的一种主观价值判断，主要表现为教育公平感，即对教育公平问题进行评价时所产生的一种心理感受。

从 2006 年开始，我国政府逐渐免除义务教育阶段的学杂费，从西部农村扩展到中东部农村，2008 年下半年，全国范围内实现了义务教育阶段学杂费的全免。这对于我国的教育公平，特别是义务教育公平来说，具有重大的意义。义务教育是为每一个人能够在社会生存和继续学习提供的最基本的教育，它是整个教育事业的基础，是人生长的基础，是提高国民素质和培养各级各类人才的基础。现代社会中，每一个成员必须接受最低限度的教育才能在社会中更好地生存和发展。义务教育的性质是国民教育，它的对象是全体适龄儿童，不是少数人或者个别人，它以提高全体国民的素质为目标，为所有青少年儿童在身心素质、知识技能素质和思想道德素质等方面的进一步发展打下良好的基础，所以它是整个国民教育的基础，处于教育"金字塔"的塔基位置。义务教育具有基础性、免费性、公平性和强制性的特征。基础性是指义务教育在国家的教育体系中处于基础地位，是基础教育，义务教育的内容主要包括基础知识、基本观点、基本行为规范、基本学习习惯等。所以，义务教育的根本任务是让学生掌握基本的文化科学知识和技能，形成良好的习惯和品质，塑造健康的体魄和健全的心理，为将来的发展打好基础。免费性是义务教育的重要特征，同时也是义务教育能够顺利实施的重要保障。最早的免费义务教育起源于 19 世纪美国的"免费公立学校运动",进入 20 世纪后,随着社会经济的发展,西方主要发达国家进一步延长义务教育的年限,免收学杂费、书费,免费提供学校制服和早餐晚餐。公平性是指每一个适龄儿童都享有平等地接受义务教育的权利、均等地接受义务教育的机会并接受同质的义务教育,在弱势情况下可以得到相应的教育补偿从而完成义务教育。同质的义务教育主要是指在义务教育过程中,每个学生都享有相对均衡的教育资源,包括教育设施和师资等。强制性指义务教育是法律保证实施的教育活动,对不履行义务教育的行为,国家会以立法的形式强制执行。义务教育的强制性是义务教育的本质特征。

1.1.3　义务教育快速发展带来一系列问题

我国义务教育在艰苦的发展过程中取得了令世人瞩目的成就,但受各种因素的影响,我国义务教育在迅速发展的过程中也暴露出一些问题,例如义务教育经费投入不足;教育资源分配不合理,地区间、城乡间、学校间财政配置差异大;优质义务教育资源难以满足现实需要,分布不均衡;应试教育背景下学生负担过重使得体育锻炼时间较少,导致部分学生身体素质较差等。同时,我国国土面积大,自然地理环境差异也大,加上各地区经济发展水平不同等现实因素,我国各地区在义务教育发展方面也出现了不均衡的现象。虽然近几年国家将"均衡发展"作为我国义务教育发展的新目标,制定各种政策重点解决义务教育发展不均衡问题,[①] 但这种不均衡既受经济社会发展水平所限,也受义务教育制度政策导向所限。区域经济发展的不平衡是造成我国义务教育发展地区差异的主要因素,而城乡二元经济结构是直接根

① 详见以下资料:《国家中长期教育改革和发展规划纲要 (2010—2020 年)》,教育部网站,2010 年 7 月 29 日,http://www.moe.gov.cn/srcsite/A01/s7048/201007/t20100729_171904.html;《教育部关于加强基础教育办学管理若干问题的通知》,中国政府网,2002 年 2 月 26 日,http://www.gov.cn/gongbao/content/2003/content_70203.htm;《教育部关于贯彻落实科学发展观进一步推进义务教育均衡发展的意见》,教育部网站,2010 年 1 月 19 日,http://www.moe.gov.cn/srcsite/A06/s3321/201001/t20100119_87759.html;《国务院关于加快发展民族教育的决定》,中国政府网,2015 年 8 月 17 日,http://www.gov.cn/zhengce/content/2015-08/17/content_10097.htm;《教育公平与质量的系统化考量——解读〈关于统筹推进县域内城乡义务教育一体化改革发展的若干意见〉》,教育部网站,2016 年 7 月 13 日,http://www.moe.gov.cn/jyb_xwfb/moe_2082/zl_2016n/2016_zl38/201607/t20160713_271642.html。

源，义务教育制度的内部结构性差异也对义务教育发展带来巨大影响，这些影响因素都是由我国基本国情和社会发展水平所决定的。

当前，我国省域义务教育比较突出的问题和困难在于，一方面人民群众对于优质义务教育资源有强烈需求，另一方面优质教育资源供给不足，因此，全面建设公平和均衡的优质义务教育，使全体人民可以共享最优质的义务教育资源是我国义务教育事业发展的最重要的目标。[①] 各地区义务教育发展的起点、基础和过程都不相同，使我国义务教育发展出现了明显的地域性不平衡，在省域内部或者省域之间呈现一定的空间特性。但每个省域不是孤立存在的，省域之间会相互影响，形成集聚、随机和分散三种不同的空间格局。中国是地域辽阔的教育大国，地区之间教育发展的差距主要表现为区际差距和区内县际差距，中央政府和省级政府分别对全国和全省（区、市）范围内的教育均衡发展负主要责任。[②] 因此，义务教育发展过程中存在一些问题和困难是难免的，应正确认识到不均衡的义务教育发展现状在一定程度上影响了义务教育的整体发展，这使得研究义务教育均衡问题更具必要性。

基于上述背景，从地理学、教育学多学科交叉的视角展开我国省域义务教育空间秩序的研究，是实现教育公平的现实需要，是贯彻执行国家义务教育均衡发展政策和方针的重要举措，是解决义务教育快速发展过程中一系列问题的必然路径，是解决优质义务教育资源稀缺和分布不均衡问题的必然选择。

1.2　研究意义

义务教育区域均衡发展研究是地理学学科特别是人文地理学学科发展中的重点研究领域，其研究具有不同地理空间尺度，如国家尺度、省域尺度、市域尺度、县域尺度、乡域尺度等。不同地理空间尺度的义务教育区域均衡发展研究，其指导思想、理论基础、研究内容、科学问题、侧重方

---

① 钟景迅：《从区域均衡到群体均衡：义务教育优质均衡发展的新思维》，《教育发展研究》2017 年第 8 期。

② 王善迈、袁连生主编《中国地区教育发展报告》，北京师范大学出版社，2011。

面、数据支持、主要方法、研究工具等都有所不同。目前，义务教育省域尺度下的不均衡问题仍然十分突出，形成了比较特殊的空间格局特征，区域间的相互作用关系不明晰，尤其是义务教育区域间的空间关联程度和空间依赖程度仍是未知。本书应用探索性空间分析技术探究义务教育省域之间的区域空间格局特征；应用全局自相关分析方法找到义务教育综合指数和各分指数空间区域单元间的自相关关系类型，即同质性特征；应用局部自相关分析方法识别出义务教育综合指数和各分指数空间区域单元间的异质性特征，找到相邻区域间的空间依赖程度和相互作用关系；应用空间回归分析方法找到影响义务教育空间秩序的主要外部因素，并测算其影响程度。以上这些研究对促进义务教育区域均衡发展和改善义务教育空间秩序具有重要的现实意义。

首先，拓宽义务教育区域均衡发展研究的视野。从 20 世纪末以来，我国教育地理学的相关研究陆续开展，但由于起步较晚，借助地理信息系统（GIS）技术和空间统计方法来探寻义务教育空间格局特征的相关研究相对较少，现有的研究大多是用极差、基尼系数等来探究区域内部的义务教育发展差距或差异。本书以义务教育区域均衡发展为研究目标，从地理学角度出发，以全国省域为研究对象，找到我国省域义务教育空间配置和空间分布的特征，为教育管理部门提供更有效的决策依据，丰富我国基于空间依赖特征的义务教育区域均衡发展问题研究，进一步拓宽义务教育区域均衡发展的研究视野。

其次，促进我国省域义务教育发展中实际问题的解决。我国的义务教育发展虽然取得了很多成果，但由于受到各种因素的影响，各省域发展水平参差不齐，义务教育的不均衡是客观存在且不容忽视的。本书以构建我国省域义务教育指数体系为切入点，利用全国教育统计年鉴、民族统计年鉴和人口普查等数据，应用空间自相关分析方法研究我国省域义务教育的教育机会、教育资源配置、师资力量、教育质量和教育信息化的空间分布实况、空间分布格局和空间分布规律，揭示我国省域义务教育空间秩序的特征和规律，如我国省域义务教育空间秩序形成的原因是什么，受到哪些因素的影响，这些因素又是如何影响我国省域义务教育空间秩序的。

最后，为改善我国省域义务教育空间秩序提供决策基础。本书的另一项研究内容主要是应用主成分分析法提取我国省域义务教育空间秩序影响因素的主成分，应用空间回归分析方法构建我国省域义务教育空间秩序影响因素数学模型，根据我国省域义务教育各指数和影响因素之间的具体数量关系找到影响我国省域义务教育空间秩序的主要因素，为我国义务教育区域均衡发展研究提供参考，为教育管理部门提供决策依据。这对于缩小我国省域义务教育差距，提升我国义务教育整体质量以及满足各省域人民对教育公平的追求具有重要的现实意义和应用价值。同时，借助地理学的区域空间差异分析方法和区位空间数据处理方法，用纯粹的地理学方法剖析当前我国省域义务教育发展均衡性问题，为下一步改善我国省域义务教育空间秩序提供创新思维、分析方式和研究路径。

1.3 国内外研究现状评析

目前关于义务教育区域均衡发展的研究，研究尺度主要包括地区内、省域内、县域间和校际等；研究角度包括城乡校际布局的均衡性、财政资源和师资配置等；研究方法主要是定性研究、定量研究、调查研究、对比研究和文献研究等。这些研究大都从不同学科背景出发，从教育管理学、教育经济学、教育政策学、比较教育学等角度进行研究。

1.3.1 国内外研究现状

1. 义务教育区域均衡发展研究现状

义务教育的区域均衡发展，是教育公平和教育和谐发展的基本保证，[①]目前的研究主要集中在义务教育区域均衡发展政策研究、空间均衡发展质量体系研究以及存在的问题、产生原因及对策研究等方面。

（1）义务教育区域均衡发展政策研究

明确义务教育区域均衡发展的方向是教育均衡发展政策研究的主要内容。义务教育均衡发展理念[②]要求各级教育管理部门树立均衡发展理念，根据不同时期经济发展实际情况客观地调整义务教育发展目标，不仅要实现

---

① 吴建涛：《我国县域义务教育优质均衡发展的主要困难与对策研究》，《教育科学》2019 年第 3 期；袁振国：《建立教育发展均衡系数 切实推进教育均衡发展》，《人民教育》2003 年第 6 期。

② 柳海民、杨兆山主编《我国义务教育均衡发展问题研究》，东北师范大学出版社，2007。

城乡间义务教育在财政配置、办学条件和师资上的相对均衡，还要确保区域内和区域间的协调发展，共同保障不同受教育者在教育机会和教育过程方面的相对公平。① 义务教育区域均衡发展政策问题研究以瞿瑛为典型代表，她不仅剖析了现行义务教育政策存在的问题，还对义务教育内部结构进行了系统的分析，同时进行了国际对比研究。② 潘玉君、姚辉等研究者指出义务教育资源及其配置均衡是实现县域义务教育均衡的保障，同时义务教育在缩小区域差距、实现区域间协调发展方面有着必要的责任与担当。③ 大多数学者对义务教育均衡发展政策的研究主要集中在师资均衡配置④和财政资源均衡配置⑤两个方面。鲜万标根据全国义务教育数据进行了财政政策演进分析，对北京市开展个案研究，发现北京市义务教育不均衡问题主要集中在教育经费投入、师资力量和人事制度等方面，并提出一些建议来试图解决北京义务教育不均衡问题。⑥

义务教育教师资源配置不均衡是义务教育发展不均衡的重要原因。解光穆、马青、杨文芳、贾莉娜在省域尺度上对农村义务教育教师资源配置现状进行分析，指出农村义务教育教师资源配置存在数量不足、教师学历偏低、教师职称结构不合理以及教师老龄化的问题。⑦ 文东茅从政策分析的

---

① 乌拉尔：《新疆农牧地区义务教育发展区域差异性研究——以新疆阿勒泰地区和喀什地区义务教育为例》，硕士学位论文，西南财经大学，2011。

② 瞿瑛：《义务教育均衡发展政策问题研究：教育公平的视角》，浙江大学出版社，2010。

③ 潘玉君、姚辉：《县域义务教育资源配置结构及空间差异实证——以云南 25 个边境县为例》，《学术探索》2017 年第 4 期。

④ 朱剑伟：《区域义务教育阶段教师资源均衡配置政策研究——以上海市长宁区为例》，硕士学位论文，上海师范大学，2010；王秋丽：《校际间义务教育教师资源均衡配置政策研究》，博士学位论文，北京师范大学，2010；赖秀龙：《区域性义务教育师资均衡配置的政策研究》，博士学位论文，华东师范大学，2011；胡玥：《义务教育均衡发展背景下教师资源配置研究——以 A 省 H 市为例》，硕士学位论文，淮北师范大学，2014；李锣：《义务教育均衡发展背景下教师资源配置研究的三重解读》，《科教导刊》2019 年第 27 期。

⑤ 周兴国：《义务教育均衡发展：从资源配置到资源激活》，《教育发展研究》2013 年第 2 期；都业辉：《中国义务教育均衡发展的财政政策研究》，硕士学位论文，东北师范大学，2015；陈岳堂、倪文鼎：《城乡义务教育均衡发展的资源配置研究》，《理论观察》2016 年第 10 期。

⑥ 鲜万标：《对北京市义务教育均衡发展问题的分析与思考》，《北京教育学院学报》（社会科学版）2004 年第 2 期。

⑦ 解光穆、马青、杨文芳：《省域城乡义务教育师资均衡发展的现状与对策——以 N 省小学阶段为例》，《教育理论与实践》2012 年第 20 期；贾莉娜：《辽宁省农村义务教育教师资源优化配置研究》，硕士学位论文，东北财经大学，2015。

思路，全面阐述了实现义务教育师资配置均衡化的各种可能的政策，并对这些政策的可行性以及政策执行机制进行了初步分析。[①] 冯文全、夏茂林等从城乡差异视角出发，以四川省为例对城乡义务教育师资配置问题与对策进行探讨，研究发现四川省城乡义务教育师资配置存在许多问题，例如农村学校生师比呈两极分化，农村师资整体素质较低且专业结构失衡等。[②] 张雷、张茂聪[③]以山东省为例指出城乡义务教育师资配置不合理的原因及破解策略。因此，在师资配置研究方面，关注城乡义务教育师资配置问题的学者较多。例如秦玉友、孙颖、胡荣宝、蔡华等学者认为推进师资均衡是城乡义务教育均衡发展的首要内容，同时，不仅要强化当地政府的主体责任，还要充分发挥政府在促进师资均衡方面的主导作用。建立健全农村义务教育师资补充和待遇改善机制。改革农村师资供给制度，定向培养农村师资。加强教师培训，提高农村师资的专业化水平。[④] 陈忱则从政策分析的角度出发，希望通过提高教师收入和待遇来促进教师资源的均衡配置。[⑤] 农村义务教育师资短缺、师资队伍整体素质偏低和结构不合理等问题，严重影响义务教育师资均衡配置。[⑥] 而教师是义务教育学校工作的主体，[⑦] 义务教育均衡发展需切实加强教师队伍建设。[⑧] 关于义务教育师资配置差异方面的研究，马学德以县域为尺度，根据教育资源配置及测度的相关理论，构建了义务教育学校师资配置的测度指标和测度公式，研究分析了县域城乡中小学校师资配置在数量、结构和质量等方面存在的差异及差异产生的原因。[⑨] 吴晶运用泰

① 文东茅：《义务教育师资配置均衡化的政策选择》，《教育理论与实践》2001年第11期。

② 冯文全、夏茂林：《从师资均衡配置看城乡教师流动机制构建》，《中国教育学刊》2010年第2期。

③ 张雷、张茂聪：《城乡义务教育师资配置不合理诱因及破解策略——以山东省为例》，《中国教育学刊》2010年第1期。

④ 秦玉友、孙颖：《学校布局调整：追求与限度》，《教育研究》2011年第6期；胡荣宝：《城乡义务教育师资配置问题与对策》，《赤峰学院学报》（汉文哲学社会科学版）2018年第6期；蔡华：《城乡统筹发展背景下义务教育师资配置县域均衡水平的调查报告》，《特立学刊》2016年第5期。

⑤ 陈忱：《县域内义务教育师资均衡配置问题研究》，硕士学位论文，东北师范大学，2014。

⑥ 杜永红、张艳：《县域内义务教育师资均衡配置的阻碍因素分析》，《湖南科技大学学报》（社会科学版）2012年第4期。

⑦ 王定华：《教师是基础教育的基础》，《人民教育》2017年第15期。

⑧ 王定华：《切实加强基础教育教师队伍建设》，《教育科学研究》2017年第1期。

⑨ 马学德：《县域城乡义务教育师资配置差异状况研究——以宁夏回族自治区为例》，《宁夏师范学院学报》2016年第1期。

尔指数、重心模型和空间统计分析方法，对上海义务教育师资配置的区域差异及空间格局演变进行分析。[①] 纪春梅、张相荣采用定量分析方法对西藏地区义务教育教师资源配置差异进行分析，发现虽然西藏义务教育阶段生师比较低，但教师在总量上是短缺的；男女教师数量基本相同，但配置上存在显著的区域差异。[②]

在义务教育财政资源均衡配置方面，大多数国家政府都在义务教育中投入了大量的资源。[③] 龙文佳、薛海平、王颖等收集了六个省的县域义务教育数据，研究了国家政策对城乡义务教育财政资源均衡配置的影响，结果发现，我国在缩小城乡义务教育阶段学校财政资源配置差距方面取得了一定的效果。[④] 义务教育经费保障新机制对城乡义务教育财政资源均衡配置的影响巨大，[⑤] 因此统筹城乡经济一体化发展，[⑥] 完善义务教育财政管理体制和义务教育公平发展考核机制等方面的政策至关重要。[⑦] 政府是义务教育经费的主要承担者，也是义务教育均衡发展的责任主体，[⑧] 应借鉴国外义务教育均衡发展过程中所采取的有效措施，紧密结合义务教育发展实际，[⑨] 尤其要重点关注欠发达地区的经费投入及实际运行情况，[⑩] 努力缩小省域内县（区）之间的生均拨款差距，推进地区间的均衡发展。例如政府应为改善边疆地区、民族地区、农村地区的学习环境提供更多支持，包括义务教育设

① 吴晶：《义务教育资源空间分布对学区化办学的影响——以上海市徐汇区为例》，《湖南师范大学教育科学学报》2016 年第 6 期。
② 纪春梅、张相荣：《西藏义务教育教师资源配置差异分析》，《现代教育科学》（普教研究）2015 年第 3 期。
③ U. Hange, "Education Policy and Mobility: Some Basic Results," *Cesifo Working Paper* (2003).
④ 龙文佳、薛海平、王颖：《"新机制"政策对城乡义务教育财政资源均衡配置影响的实证研究》，《首都师范大学学报》（社会科学版）2011 年第 5 期。
⑤ 龙文佳、薛海平、王颖：《"新机制"政策对城乡义务教育财政资源均衡配置影响的实证研究》，《首都师范大学学报》（社会科学版）2011 年第 5 期；卢珂：《"新机制"对教育财政资源均衡配置的影响评价——基于配对模型的估计》，《北京大学教育评论》2014 年第 1 期。
⑥ 余秀兰：《中国教育的城乡差异——一种文化再生产现象的分析》，教育科学出版社，2004。
⑦ 罗志红、雷婷、邱茜：《江西城乡义务教育资源配置的均衡性发展分析》，《科教导刊》2017 年第 30 期。
⑧ 赵昌木：《义务教育资源均衡配置的政府责任》，《山东师范大学学报》（人文社会科学版）2012 年第 3 期。
⑨ 胡绍雨：《加快我国义务教育均衡化发展的财政对策探讨》，《教育财会研究》2016 年第 3 期。
⑩ 陈焕荧：《经济欠发达地区义务教育经费绩效分析及提升对策研究——以广东韶关市为例》，硕士学位论文，华中师范大学，2016。

施的建设、学校管理质量的提高、学习材料的供应、学费和其他费用的减免等。[1] 栗玉香关注校际教育财政均衡的动因分析，对义务教育校际财政均衡进行实证分析，从而找到推动义务教育校际财政均衡配置的策略。研究发现省域内部县域间义务教育财政差距逐步缩小，但校际财政差距依然很大。[2]

（2）义务教育空间均衡发展质量体系研究

学校教育的质量评估是教育管理的核心，[3] 评价、监控和提高义务教育质量需要建立科学的质量评价指标体系。[4] 翟博在《教育均衡发展：理论、指标及测算方法》一文中指出我国义务教育空间均衡研究指标体系主要涉及入学率、经费投入、学校占地（建筑）面积、多媒体普及化程度、教师合格率等。教育均衡发展按照实现程度可以分为低水平均衡阶段、初级均衡阶段、高级均衡阶段和高水平均衡阶段四个阶段。[5] 潘玉君[6]运用杰出科学家钱学森院士创立的"从定性到定量综合集成法"、杰出地理学家吴传钧院士[7]的"人地关系地域系统"和他自己建立的"地理研究范式理论以及地理信息系统"[8] 等理论和方法，首次对全国各省（区、市）及云南省各地区义务教育均衡发展监测、预警与评价进行系统研究和系统阐述。楼世洲从区域教育可持续发展的理论义务、教育发展指标体系的国际比较和发展历史、区域教育可持续发展指标体系的设计、我国区域教育可持续发展指标的评价等几个方面对我国区域义务教育具体评价指标进行研究。[9] 在城乡义务教育均衡发展研究方面，郝英、赵春广、刘丽英等研究者主要

---

① M. A. Chaudhry and S. Aman, "Aid Effectiveness in Education Sector of Pakistan," *HWWI Research Papers* 6（2010）：632-645.

② 栗玉香：《推进义务教育校际间财政均衡的策略》，《中国教育学刊》2009 年第 12 期。

③ N. Baidak, I. De Coster, A. Godenir, "Evaluation of Schools Providing Compulsory Educationin in Europe," *Eurydice*（2004）.

④ 于海波、秦玉友：《农村义务教育质量指标体系建构研究》，《教育科学研究》2008 年第 8 期。

⑤ 翟博：《教育均衡发展：理论、指标及测算方法》，《教育研究》2006 年第 3 期。

⑥ 潘玉君编著《地理学基础》，云南大学出版社，2012。

⑦ 潘玉君：《人地关系地域系统协调共生与区域可持续发展理论研究》，《齐齐哈尔大学学报》（哲学社会科学版）2000 年第 1 期；吴传钧：《论地理学的研究核心——人地关系地域系统》，《经济地理》1991 年第 3 期；吴传钧：《经济地理学——生产布局的科学》，《科学通报》1960 年第 19 期。

⑧ 潘玉君编著《地理科学导论》，科学出版社，2016。

⑨ 楼世洲：《区域教育可持续发展指标体系研究》，教育科学出版社，2012。

论述了城乡义务教育均衡评价指标体系研究的理论意义，指出了当前评价指标体系存在的问题，提出了指标体系的构建原则、方法以及实施中的问题解决对策，并引进了一种基于模糊层次分析法的城乡义务教育均衡评价指标体系。① 薛二勇从区域义务教育的角度设置了学校管理和教育效果 2 个一级指标以及 16 个二级指标，从县域逐步扩展到省域（北京），构建了国家尺度的义务教育均衡发展指标体系，对区域内的义务教育均衡发展程度进行了评价。② 卢晓旭从县域尺度，构建了资源配置的区域空间均衡指标和生源与学校分布的区位空间均衡指标，应用基尼系数、变异系数等对义务教育资源配置的区域空间均衡性进行了测评研究。丁学森和邬志辉构建的大城市义务教育资源承载力指标体系，是综合人口、资源、社会及教育等多因素同构的义务教育资源承载力分析指标，目的在于探究人口净流入区域公共义务教育资源供给。③ 总之，以上这些研究为义务教育空间均衡发展质量体系研究提供了分析路径和研究范式。

（3）义务教育区域均衡发展中存在的问题、产生原因及对策研究

中央教育科学研究所教育督导评估研究中心④以全面推进素质教育的大视野，监测我国县域义务教育均衡发展现状，对全国东部、中部和西部地区 42 个样本县的义务教育发展状况进行监测，并提出促进义务教育均衡发展的有效策略和建议，认为教育均衡发展应从宏观、中观和微观三个层面出发，分析教育供给需求和资源配置特别是课程教学资源配置的均衡、教育结果的均衡以及教育评价的均衡。⑤ 中国义务教育的发展道路是坎坷的，义务教育不均衡发展的影响因素是多种多样的，关于义务教育均衡发展中

---

① 郝英、赵春广、刘丽英：《城乡义务教育均衡评价指标体系的研究》，《经济师》2016 年第 3 期。
② 薛二勇：《区域内义务教育均衡发展指标体系的构建——当前我国深入推进义务教育均衡发展的政策评估指标》，《北京师范大学学报》（社会科学版）2013 年第 4 期。
③ 丁学森、邬志辉：《我国大城市义务教育资源承载力的理论内涵与指标体系研究》，《教育科学研究》2019 年第 8 期。
④ 中央教育科学研究所教育督导评估研究中心：《义务教育均衡发展报告·2010》，教育科学出版社，2010。
⑤ 翟博：《中国义务教育发展的新跨越——写在全国免除城市义务教育学杂费之际》，《基础教育改革动态》2008 年第 18 期；翟博：《均衡发展：我国义务教育发展的战略选择》，《教育研究》2010 年第 1 期。

存在的问题和产生原因研究主要集中在区域间的不平衡①、城乡差距大②、县市间义务教育发展不均衡③、民族地区发展滞后④、东部地区义务教育均衡水平高于中西部地区⑤等。义务教育发展水平的区域差距不仅表现在全国各省（区、市）之间，而且表现在某一个省（市、区）内部的各个地（市、州）之间。尤其是边疆地区，自然环境恶劣，经济基础薄弱，交通不便，使得这些地区的中小学在学校布局、师资引进、办学水平等方面远远落后于城市。⑥我国少数民族众多的基本国情，决定了少数民族地区县域内义务教育均衡发展成为推进全国义务教育整体均衡发展的关键。郭璨根据川西民族地区的实际情况，选取四川省某县进行实证调查，从该地区的实际情况出发，解释了个案选择依据，介绍了指标体系的设计思路，以判断县域内义务教育发展是否均衡及其均衡程度为研究目标，寻找促进川西民族地区县域内义务教育均衡发展的路径和方式。⑦李慧勤、刘虹通过对云南省县域间义务教育均衡发展的多个指标进行实证研究，发现县域间义务教育均衡发展的阻力主要是地方财力不够雄厚、中央财政义务教育经费投入不足、教师整体素质偏低等。应调整结构，逐步完善农村义务教育经费保障机制；增加资源，改善义务教育设施条件；强化师资，促进教师资源的均衡配置；定期监测，构建云南义务教育均衡评估体系。⑧张谦舵等以云南省墨江哈尼

① 钟景迅：《从区域均衡到群体均衡：义务教育优质均衡发展的新思维》，《教育发展研究》2017年第8期。

② 高士晶、和学新：《城乡义务教育学校建设标准的问题审视及优化策略》，《教育科学研究》2017年第1期。

③ 周军、黄秋霞：《拉萨市县域义务教育均衡发展状况比较研究——以A、B两县为例》，《民族教育研究》2017年第1期。

④ 冉隆映：《民族地区义务教育均衡发展的实现途径——以湖北省恩施州义务教育为研究样本》，《中国民族教育》2011年第2期；秦平：《着力解决教育"三农"难题 促进民族地区义务教育均衡发展》，《中国民族教育》2012年第6期；袁梅、罗正鹏：《试论当前民族地区义务教育均衡发展的困难及其应对——基于青海、贵州、云南部分民族地区的调查研究》，《教育学报》2017年第2期。

⑤ 刘芳等：《中国义务教育发展报告（2012）》，教育科学出版社，2013。

⑥ 鲁子萧：《新时期统筹城乡义务教育均衡发展的问题与对策研究——以青海省为例》，《现代教育论丛》2016年第1期。

⑦ 郭璨：《川西民族地区县域内义务教育均衡发展的实证研究——以四川省L县为例》，硕士学位论文，西南大学，2016。

⑧ 李慧勤、刘虹：《县域间义务教育均衡发展的影响因素及对策思考——以云南省为例》，《教育研究》2012年第6期。

族自治县为例，认为该县是集"贫困、民族、山区"于一体的县，是"贫困、民族、山区"县的典型代表，利用基尼系数度量研究区内的义务教育区域差距，分析民族地区产生义务教育差距的主要影响因素，提出边疆民族地区县域义务教育均衡发展的对策。① 有时候政府的教育政策取向也人为地拉大了学校间的差距。② 魏洁比较关注城乡之间义务教育均衡发展过程中的政府责任，③ 田健等依据全国教育经费统计年鉴，对近十年来我国义务教育资源配置的发展过程、存在的问题与未来发展目标等进行分析，并提出了一些政策建议。④ 某些落后地区的义务教育质量问题主要源于农村学校教育环境较差和教师资源不足，何东颖、张红宇从概念和理论基础入手，阐述了目前我国城乡义务教育均衡发展的现状，着重分析阻碍我国城乡义务教育均衡发展的原因，并提出相应对策。⑤ 吴俊蓉从马克思主义公平理论角度出发，对农村义务教育均衡发展进行研究。⑥ 黄志松、刘燕玲认为义务教育均衡发展的关注点要从硬件投入转向学校统筹利用资源的能力上，实现内生均衡，学校要树立主动发展理念、提高教师队伍整体素质，从而找到我国义务教育均衡发展的新路径。⑦ 叶扬收集了武夷山市城乡人口数据和在校生数据，从人口学的角度估测城乡出生人口发展趋势，比较分析城乡适龄儿童的就学状况。⑧ 因此，义务教育均衡发展的重点是保证农村贫困地区义务教育也能够均衡发展，⑨ 为此要大力加强中小学教师队伍建设，⑩ 科学

---

① 张谦舵、潘玉君、高庆彦：《我国民族地区义务教育发展及其差距实证研究》，《学术探索》2014 年第 8 期。

② 杜育红：《义务教育的均衡发展：过程、原因与对策》，《中国民族教育》2005 年第 4 期。

③ 魏洁：《城乡义务教育均衡发展中的政府责任研究——以河南省永城市为例》，硕士学位论文，西华师范大学，2017。

④ 田健、胡瑞文：《十年来我国义务教育财政资源公平配置的进展、问题与对策》，《上海教育科研》2014 年第 2 期。

⑤ 何东颖、张红宇：《我国城乡义务教育均衡发展的问题研究》，《商业故事》2016 年第 34 期。

⑥ 吴俊蓉：《农村义务教育均衡发展研究——基于马克思主义公平理论的分析》，《人民论坛·学术前沿》2017 年第 21 期。

⑦ 黄志松、刘燕玲：《内生视域下义务教育均衡发展路径选择》，《文化创新比较研究》2017 年第 31 期。

⑧ 叶扬：《武夷山市城乡户籍人口义务教育就学情况分析》，《福建基础教育研究》2016 年第 12 期。

⑨ 范先佐、郭清扬：《当前我国义务教育均衡发展改革的重点和难点》，《教师教育学报》2016 年第 2 期。

⑩ 王定华：《加强教师队伍建设的五项重要工作》，《北京教育》（普教版）2017 年第 3 期。

调整校点布局，合理设置办学点。针对边疆民族地区应加强教师信息技术培训，提高信息化教学水平，改革民族地区乡村教师招聘制度。[1]

2. 义务教育的空间特征研究现状

近十年来，我国义务教育空间特征的研究主要是利用 GIS 对义务教育资源空间布局进行研究，包括义务教育空间分布研究和义务教育空间差异研究。

（1）义务教育空间分布研究

我国学者关于义务教育空间分布的研究角度十分广泛。从地域空间看，义务教育空间分布研究主要集中于省域义务教育资源空间分布研究[2]、市域义务教育资源空间分布研究和县域义务教育资源空间分布[3]研究；从研究类型看，主要研究民族地区[4]与非民族地区义务教育分布状况；从资源类型看，主要研究义务教育财政资源分布[5]、师资分布[6]和学校布局[7]；从时空结构看，主要从空间尺度和时间尺度两个方面研究我国各省（市、区）义务教育发展的现状；[8] 从技术应用看，主要应用 GIS 中的网络分析[9]、可达性分析[10]和缓

① 罗明东等：《怒江傈僳族自治州县域内义务教育均衡发展的对策研究——以贡山独龙族怒族自治县为例》，《楚雄师范学院学报》2016 年第 12 期；罗明东等：《哀牢山北部地区义务教育均衡发展的现状与对策——以双柏县大麦地镇为例》，《楚雄师范学院学报》2017 年第 2 期。

② 徐慧超：《辽宁省义务教育资源配置空间分布特征研究》，硕士学位论文，辽宁师范大学，2014。

③ 柳海民、李子腾、金爆然：《县域义务教育经费投入均衡状态及改进对策》，《东北师大学报》（哲学社会科学版）2017 年第 6 期。

④ 罗明东等：《边疆民族地区乡村教师需求现状的调查研究——以贡山独龙族怒族自治县和泸水市为例》，《楚雄师范学院学报》2016 年第 12 期。

⑤ 祁毓、狄继卓、彭浩：《区域内义务教育财政资源配置研究》，《财政监督》2010 年第 15 期。

⑥ 董玉琦、包正委：《义务教育阶段信息技术教师专业发展状况调查研究——基于变革空间的视角》，《中国电化教育》2010 年第 7 期。

⑦ 胡劲松、吴晓梅：《论义务教育学校布局调整——保障受教育者"就近入学"的视角》，《清华大学教育研究》2013 年第 1 期。

⑧ 张磊：《农村留守义务教育学生成长中的安全问题及成因分析》，《乡村科技》2016 年第 32 期。

⑨ 于伟、张鹏：《基于网络分析法的山东省新型城镇化空间特征研究》，《地理与地理信息科学》2017 年第 1 期。

⑩ 任若菡：《贫困区基础教育资源空间布局及可达性研究——以重庆市黔江区为例》，硕士学位论文，成都理工大学，2014；彭展：《农村中小学可达性与空间布局优化研究——以湖北省英山县为例》，硕士学位论文，华中师范大学，2012；孙璇：《江汉平原义务教育学校可达性与空间布局优化研究——以湖北省仙桃市为例》，硕士学位论文，华中师范大学，2016。

冲区分析①等技术进行研究。例如教育部基础教育一司等 2012 年主编的
《2010—2012 义务教育均衡发展：市域推进》② 一书，选定每一个省份的
特殊市域作为研究对象，目的是加强市级统筹、促进市域范围内义务教育
均衡发展，在改革管理体制、创新工作机制、均衡配置资源、实现内涵发
展等方面做出了积极的尝试和有益的探索，取得了宝贵的经验，值得借
鉴。张谦舵、潘玉君、高庆彦等研究者遵循教育地理学综合研究范式理
论，以义务教育内部指标为基础，运用欧式贴近度模型计算出不同民族
地区义务教育发展程度的指数，同时运用 GIS 进行空间表达，从时空角
度对我国民族地区五年（2000 年、2005 年、2010 年、2015 年及 2020
年）的义务教育发展程度及其差距进行研究。③ 梅庭仙对云南某民族自
治州撤校并点中存在的问题进行实地调研并分析原因，提出了相应的建议
和对策，以期引起学者、社会的更多关注，建立多元参与、民主决策的机
制，从而促进学校布局调整政策的改革。④ 钟业喜、余双燕等研究者利用
空间分析技术，以可达性为视角，从不同区域和不同出行方式等方面对市
域义务教育资源可达性格局进行了实证研究。⑤

与国内相比，国外关于义务教育空间分布的研究相对较少。少数学者
研究过地理空间分布对西欧、美国以及中东地区义务教育均衡发展的影
响，⑥ 例如，Zivyar 和 Fatahi 对伊朗德黑兰市区中学进行了调查，利用 GIS

① 陆天琪：《基于 GIS 的朝阳市中心城区小学教育资源布局及优化研究》，硕士学位论文，东
　北师范大学，2015。
② 教育部基础教育一司等编《2010—2012 义务教育均衡发展：市域推进》，教育科学出版社，
　2012。
③ 张谦舵、潘玉君、高庆彦：《我国民族地区义务教育发展及其差距实证研究》，《学术探索》
　2014 年第 8 期。
④ 梅庭仙：《云南民族地区义务教育教学点调整建设的调查研究》，《小品文选刊》2017 年第
　9 期。
⑤ 钟业喜、余双燕：《南昌市基础教育资源空间可达性研究》，《江西师范大学学报》（自然科
　学版）2011 年第 6 期。
⑥ A. Bell and A. Sigsworth, "The Small Rural Primary School: A Matter of Quality," *British Journal
　of Educational Studies* 3 (1989): 311-312; M. Corbett, "Rural Schooling in Mobile Modernity:
　Returning to the Places I've Been," *Journal of Research in Rural Education* 7 (2009): 1-13;
　R. A. Kearns et al., "'The Status Quo is Not an Option': Community Impacts of School Closure in
　South Taranaki, New Zealand," *Journal of Rural Studies* 1 (2009): 131-140; R. Kvalsund,
　School and Local Community-dimensions of Change: A Review of Norwegian Research (Norway:
　Volda University College, 2004); T. A. Lyson, "What Does a School Mean to a （转下页注）

探索分析如何在不同的环境中布局学校以及利用有限的资源空间和配置，研究发现这些学校在兼容性和实用性方面水平很低。[1]Al-Zeer 则利用 GIS 对利雅得市公立中小学展开问卷调查，结果表明，公立中学数量较少，大多数学校负载过重，特别是利雅得市北部地区更为严重。[2] Harju-Luukkainen 从统计学的角度应用 SPSS 统计软件对沙特阿拉伯西部城市麦加市教育工作人员的办公场所进行统计分析，试图找到政府学校选址、家庭择校和社区之间的复杂的影响关系。[3] Filiztekin 和 Karahasan 主要通过实证研究，分析义务教育年限的增加是否会对义务教育空间分布造成巨大影响。研究发现，不但义务教育年限能影响义务教育空间分布，对于很多国家和城市而言，一定比例的人口迁移也对义务教育空间分布造成影响。[4] Wazzan 则主要应用统计学中的平均偏差等方法对拉塔基亚市的不同地区进行调查研究，研究表明这些区域的学校空间分布不受当地人口分布的影响，有些地区教育设施严重匮乏，有些地区又出现教育资源浪费，也就是说，拉塔基亚市区域内部教育资源极度不均衡。[5] Karahasan 和 Uyar 使用人力资本的内增长模型和外增长模型对欧洲和土耳其义务教育收入进行对比研究，找到土耳其义务教育区域不均衡发展的影响因素。[6]

（接上页注⑥）Community? Assessing the Social and Economic Benefits of Schools to Rural Villages in New York," *Journal of Research in Rural Education* 3 (2002): 131-137; K. A. Nitta, M. J. Holley, S. L. Wrobel, "A Phenomenological Study of Rural School Consolidation," *Journal of Research in Rural Education* 2 (2010): 1-19; C. Ribchester and B. Edwards, "The Centre and the Local: Policy and Practice in Rural Education Provision," *Journal of Rural Studies* 1 (1999): 49-63.

[1] P. Zivyar and F. Fatahi, "Analysis of the Spatial Distribution of the Educational Centers of Tehran Region 2," *Geography* 48 (2016): 378-397.

[2] O. Al-Zeer, T. G. Ozcagli, M. Uyar, "A Call-to-action from the FeedM. E. Middle East Study Group: Use of a Screen-intervene-supervene Strategy to Address Malnutrition in Healthcare," *Saudi Medical Journal* 8 (2015): 903-910.

[3] H. Harju-Luukkainen et al., "'Principals' Perceptions for Finnish-and Swedish-Language Schools in Finland: An Analysis of School-level Indices from Programme for International Student Assessment 2009," *Leadership & Policy in Schools* 3 (2014): 334-351.

[4] A. Filiztekin and B. C. Karahasan, Mapping the Educational Attainment in Turkey (paper represented at the EY International Congress on Economics II, Ankara, Turkey, November 2015).

[5] K. Wazzan, "The Spatial Distribution of the Basic Education Schools in Lattakia City (Syria)," *Journal of Educational and Social Research* 7 (2017): 71-77.

[6] B. C. Karahasan and E. Uyar, "Spatial Distribution of Education and Regional Inequalities in Turkey," *Mpra Paper* (2009).

（2）义务教育空间差异研究

现有的义务教育空间差异方面的研究主要关注教育机会、财政资源配置和师资配置。[①] 教育机会差异是由自然环境、经济机制和社会机制的差异造成的，[②] 而关于学校空间分布变化及其差异的研究，包括将研究结果应用于实践（学校政策、区域发展、社区规划），在地理领域几乎没有得到发展。此外，就这些主题进行的任何地理研究都主要集中于城市空间，仅在一些例外情况下集中于农村地区。[③] 中国义务教育经费总体差异主要是由区域内部配置不均等造成的，但是地区间不均等的影响程度在增加。[④] 徐慧超采用多种数据分析方法对辽宁省义务教育资源的差异特征进行分析，应用熵值法确定指标权重，运用 GIS 得出辽宁省内部义务教育资源配置差异方面的空间演变特征。[⑤] 虽然各县经费投入水平的相对差异有所减小，但绝对差异有不断扩大的趋势。如果不同群体在空间上均匀分布，而且教育供给在各地区之间均匀分布，那么义务教育发展在地区间将没有差异。[⑥] 一些实证研究结果表明，地区经济实力和政府重视程度对义务教育阶段教育财政资源有着显著影响，[⑦] 例如西北地区义务教育经费投入不足的问题虽有所改善，但经费投入的区域差异依然存在，并有逐渐扩大的趋势。[⑧] 与大多数城市学校相比，规模较小的农村学校在办学条件和师资力量上都较弱。[⑨] 相比传统办学条件，现代化办学条件差异较大，初中办学条件差异高

---

① 罗明东：《教育地理学》，云南大学出版社，2003。

② M. Hampl, "Enviroment, Society and Geographical Organization: the Problem of Integral Knowledge," *GeoJournal* 3（1994）: 191-198.

③ M. Walker and G. Clark, "Parental Choice and the Rural Primary School: Lifestyle, Locality and Loyalty," *Journal of Rural Studies* 3（2010）: 241-249.

④ 曹杰：《中国义务教育经费地区差异研究——基于不均等水平分解的实证分析》，硕士学位论文，北京师范大学，2011。

⑤ 徐慧超：《辽宁省义务教育资源配置空间分布特征研究》，硕士学位论文，辽宁师范大学，2014。

⑥ T. Butler and C. Hamnett, "The Geography of Education: Introduction," *Urban Studies* 7（2007）: 1161-1174.

⑦ 吴师师：《义务教育经费投入的区域差异研究》，硕士学位论文，湖南农业大学，2016。

⑧ 秦浩：《西北地区义务教育经费投入区域差异性研究——基于甘肃、新疆、宁夏的调查》，《科技·经济·市场》2012 年第 8 期。

⑨ J. Sherman and R. Sage, "Sending Off All Your Good Treasures: Rural Schools, Brain-Drain, and Community Survival in the Wake of Economic Collapse," *Journal of Research in Rural Education* 11（2011）.

于小学,[①] 小学的空间分布越来越广,但学校数量却在减少。[②] 初中教育资源配置存在较大的区域差异,但是城乡差异逐年减小。而关于东部、中部、西部三大经济地带的研究结果表明,义务教育资源配置方面出现了西部地区落后于东部和中部地区的现象。[③] 也有学者的研究表明,我国大部分地区县域义务教育均衡发展已经达到国家标准,县域内资源配置差异在缩小。[④] 另外全国义务教育阶段教师平均工资水平明显提高,但教师津贴补贴的县际差异加大,[⑤] 创新县域教师队伍建设机制、提高教师待遇、完善教师权益保障依然是县域义务教育均衡发展的重要奋斗目标。[⑥] 有些地区义务教育信息化程度低,因此缩小义务教育信息化发展差距成了区域教育资源优化配置的关键,也是实现教育公平发展的必由之路。[⑦]

1.3.2 研究现状述评

从已有研究可以看出,学者从不同的视角,应用不同的方法对义务教育公共投资和分配差异、学校空间布局和可达性、城乡差距及其存在的问题和解决对策进行了较为深入的研究,这些研究为我国义务教育区域均衡发展做出了贡献,但仍有以下几点不足。

1. 义务教育空间秩序研究被忽略

探索义务教育的地区差异性问题、空间分布问题和空间秩序问题不仅关系到教育机会均等,而且关系到全国义务教育的整体发展水平。目前关

---

① 冯羽、胡咏梅:《我国农村义务教育办学条件省际差异及特殊地区差异研究》,《教育科学文摘》2012 年第 1 期。

② S. Kucerova and Z. Kucera, "Changes in the Spatial Distribution of Elementary Schools and Their Impact on Rural Communities in Czechia in the Second Half of the 20th Century," *Journal of Research in Rural Education* 11 (2012): 17.

③ 宋珊:《我国义务教育资源指数构建及其区域差异分析》,硕士学位论文,华东师范大学,2016。

④ 刘学敏、孙崴、许红梅:《县域义务教育均衡发展趋势及约束性条件分析》,《教学与管理》(理论版) 2019 年第 6 期。

⑤ 吴红斌、马莉萍:《义务教育教师工资水平、结构与地区差异变化——基于对绩效工资改革前后的比较研究》,《教师教育研究》2015 年第 6 期。

⑥ 冯仰存:《教师视角下义务教育优质均衡认可度研究——基于一线城市 S 的实证研究》,《现代教育管理》2019 年第 9 期。

⑦ 卢春、周文婷、吴砥:《区域义务教育信息化发展指数及区域差异研究——基于 2014、2015 东部 G 市教育信息化数据分析》,《中国电化教育》2016 年第 5 期。

于义务教育差异性和空间分布方面的研究已经非常完善，这对义务教育区域均衡发展做出了巨大的贡献，但是关于义务教育空间时间序列特征、省域尺度空间单元空间依赖关系的研究却很少。

2. 义务教育要素之间整合力度不够

很多学者认为义务教育区域发展不均衡主要是由资源配置不均衡造成的，从而在义务教育空间秩序研究方面过多关注资源配置，忽略了对义务教育的其他要素如教育机会、师资力量、办学条件、教育质量和教育信息化程度的研究，这为本书留下了一定的研究空间。我国义务教育良好空间秩序的建立应该是各要素综合作用的结果，是义务教育诸要素的有机统一，而不是某一要素的空间秩序就能代表义务教育整体的空间秩序。因此本书的研究并不简单局限于探索某个方面的空间秩序，而是研究了教育机会、财政资源、师资力量、办学条件、教育质量和教育信息化程度的空间秩序，以此从义务教育各要素的空间秩序中找到我国义务教育空间秩序的整体特征，为国家义务教育资源调控和政策制定提供决策依据。

3. 义务教育研究的空间尺度主要集中在微观尺度

我国地区性城乡经济发展水平不平衡，二元经济结构凸显导致了区域义务教育差距，这种差距存在于不同的省域、市域（县域）、城乡和校际。目前大多数义务教育空间研究都集中在微观尺度，更多地关注校际和县域间的空间差异，而省域间的义务教育空间研究却被忽略。本书从我国义务教育现状出发，以行政省域为区域研究尺度，以全国 31 个省域为研究对象，进行义务教育空间秩序研究，目的是找到省域间的空间格局特征，为省域义务教育均衡发展提供决策依据。

4. 义务教育空间秩序的动因机制研究依然空缺

义务教育不均衡发展的影响因素研究已经非常成熟，但由于我国教育地理学起步较晚，相关研究较为滞后，义务教育空间秩序背后的动因机制研究较为薄弱。一定的义务教育区域空间秩序是在义务教育系统内外部诸多因素综合作用下形成的，如何根据不同因素的影响和区域发展特征综合考虑义务教育的区域分布、形成合理的义务教育空间格局，对促进国家义务教育均衡发展有着重要的意义。另外，已有研究成果表明义务教育学生规模和义务教育的教育经费分布存在不均衡的现象，虽然国家和政府近年来一直加大对欠发达地区、农村地区和民族地区的财政和政策支援力度，使欠发达地区与发达地区、乡村与城市之间的差距逐渐缩小，但省际义务教育非均衡发展问题仍然存在，短时间内难以缓解地理空间和经济发展水平对义务教育均衡发展的巨大影响，仍呈现一些特殊的、隐性的空间格局特征，至今没有被挖掘出来，义务教育空间秩序课题仍然值得研究和探索。

有鉴于此，本书基于人地关系地域系统理论和相关的教育地理、区域发展等理论和方法，开展我国省域义务教育空间秩序研究：以义务教育为研究对象，省域为研究尺度，揭示我国省域义务教育的空间秩序、时间序列特征，在此基础上进一步揭示我国义务教育在省域尺度的空间关联程度和依赖关系，最后分析影响我国省域义务教育空间秩序形成的主要因素。希望经过这些深入研究，为下一步改善义务教育空间秩序和不均衡发展状态提供参考基础，为教育管理部门提供决策依据。

1.4 研究内容

本研究以定量研究为主要研究方法，应用空间自相关分析方法，探索我国省域义务教育空间秩序，应用主成分分析方法和空间回归分析方法构建我国省域义务教育空间秩序影响因素模型。本书的研究内容如图 1.1 所示。

1. 构建我国省域义务教育指数

不同空间尺度的义务教育发展指标体系在指数及其权重方面具有一定差别，遵循这一空间尺度转换思想，在参考袁振国教授最早提出的教育均衡发展指数、翟博的义务教育均衡指数和潘玉君教授的教育区划等研究基础上，以"我国省域义务教育均衡发展"为指数体系的决策目标，遵循系统性、地域性（突出地理思想）、针对性、可行性、定量研究五个基本原则，选取教育机会、办学条件、财政资源、师资力量、教育质量和教育信息化六个指数构成我国省域义务教育研究指数，应用熵值法确立指标体系的权重，最后计算出义务教育综合得分。

2. 研究我国省域义务教育综合指数空间秩序

根据综合指数得分，首先应用聚类分析方法将义务教育综合指数分为四类：一类地区为义务教育高发展水平地区，二类地区为义务教育较高发展水平地区，三类地区为义务教育中发展水平地区，四类地区为义务教育低发展水平地区，分析不同类别地区之间的异同。另外，根据三大经济地

中国省域义
务教育发展
指标体系

- 教育机会
- 办学条件
- 财政资源
- 师资力量
- 教育质量
- 教育信息化

中国省域义务教育空间秩序

省域义务教育综合指数研究

- 综合指数发展水平区划类型研究
- 综合指数时空分布和空间格局研究
- 综合指数三大经济地带对比研究

省域义务教育分指数时空分布和空间格局研究

- 教育机会空间格局研究
- 办学条件空间格局研究
- 财政资源空间格局研究
- 师资力量空间格局研究
- 教育质量空间格局研究
- 教育信息化空间格局研究

中国省域义务教育空间秩序影响因素模型研究

探究中国省域义务教育空间秩序影响因素

- 自然环境
- 交通状况
- 人口数量
- 区域经济
- 家庭收入

构建中国省域义务教育空间秩序影响因素模型

- 中国省域义务教育教育机会影响因素模型
- 中国省域义务教育办学条件影响因素模型
- 中国省域义务教育财政资源影响因素模型
- 中国省域义务教育师资力量影响因素模型
- 中国省域义务教育教育质量影响因素模型
- 中国省域义务教育教育信息化影响因素模型

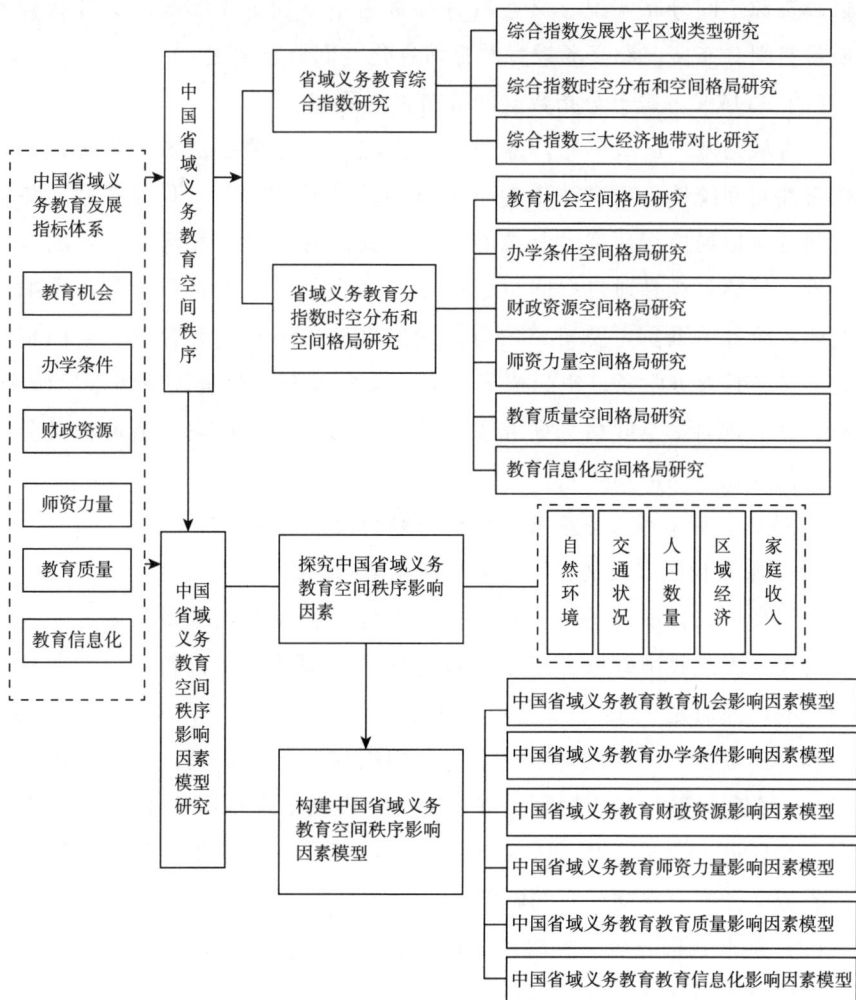

图 1.1　研究内容

带的区域划分进一步分析区域之间的义务教育发展水平差异，最后找到义
务教育综合指数所形成的空间分布状态和空间格局。

3. 研究我国省域义务教育分指数空间秩序

（1）省域义务教育分指数空间分布实况研究

遵循地理研究综合范式理论、民族地理思想及区域义务教育公理，在
指数体系的研究基础上，从时序演变和空间分布两个方面研究我国省域义

务教育教育机会空间分布实况、义务教育办学条件空间分布实况、义务教育财政资源空间分布实况、义务教育师资力量空间分布实况、义务教育教育质量空间分布实况和义务教育教育信息化空间分布实况。

（2）省域义务教育分指数空间分布格局研究

以省域为基本区域单元，遵循吴传钧院士人地关系地域系统理论，应用探索性空间统计分析方法中的空间自相关分析方法，对我国省域义务教育空间分布格局进行研究，其核心是认识我国省域义务教育各指数的空间依赖性，最终目标是通过空间位置建立我国省域义务教育各指数与影响因素之间的统计关系。主要研究内容：我国省域义务教育教育机会空间格局研究、义务教育办学条件空间格局研究、义务教育财政资源空间格局研究、义务教育师资力量空间格局研究、义务教育的教育质量空间格局和义务教育教育信息化空间格局研究。

4. 研究我国省域义务教育空间秩序影响因素模型

（1）探究我国省域义务教育空间秩序影响因素

由于义务教育本身是一个非常复杂的体系而且我国幅员辽阔，地理环境差异大，因此我国省域义务教育空间秩序不但受到义务教育内部各种因素的影响，同时还受到自然环境、交通、经济、人口、国家政策、家庭、学校和个体等多种因素的影响。本部分根据中国地域广阔且经济发展水平差异大、义务教育发展不均衡等基本国情，遵循地理环境整体性思想重点，探究自然环境、交通状况、人口数量、区域经济、家庭收入等外部因素对我国省域义务教育空间秩序的影响。

（2）提取我国省域义务教育空间秩序影响因素的主成分

在研究我国省域义务教育指数空间格局和空间秩序影响因素的基础之上，结合我国义务教育现状，应用主成分分析方法提取我国省域义务教育空间秩序影响因素的主成分。主要研究内容为：提取我国省域义务教育教育机会影响因素主成分、义务教育办学条件影响因素主成分、义务教育财政资源影响因素主成分、义务教育师资力量影响因素主成分、义务教育教育质量影响因素和义务教育教育信息化影响因素主成分。

（3）研究我国省域义务教育空间秩序影响因素模型

应用空间回归分析方法，构建我国省域义务教育教育机会影响因素模型、义务教育办学条件影响因素模型、义务教育财政资源影响因素模型、义务教育师资力量影响因素模型、义务教育教育质量影响因素模型和义务教育教育信息化影响因素模型。

1.5 研究思路和方法

1.5.1 研究思路

本书遵循马克思主义教育理论和人地关系思想，按照人地关系地域系统和（既有的）教育地理、区域发展等理论和方法，以我国省域义务教育为研究对象，综合利用 ArcGIS 10.2 地理信息系统、IBM SPSS 20.0 统计分析软件、Geodata 分析软件，应用探索性空间分析、主成分分析和空间回归分析等方法、技术和理论探索我国省域义务教育的空间分布实况、空间分布格局和空间分布规律，找到我国省域义务教育各指数与外部影响因素的具体数量关系，并探讨我国省域义务教育空间秩序的形成原因和对策。本书的研究技术路线如图 1.2 所示。

1. 空间秩序研究方面

第一，在学习理论知识、概念辨析和文献综述的基础上归纳分析我国省域义务教育空间秩序的研究背景和研究意义；收集整理义务教育数据和影响因素数据，其中义务教育数据主要包括教育机会、师资力量、办学条件、财政资源、教育质量和教育信息化六个方面，而影响因素数据主要包括地区数据和部门数据，分别涵盖地理环境、人口、经济和交通等方面；将所收集的义务教育数据进行统计分析和处理后，分别计算出我国省域义务教育指数，为后续研究提供相关数据。具体研究步骤：收集、整理和分析我国省域义务教育各指数的数据；用数学语言合理表达各指数信息，如用 Q-Q 图检验各指数数据的分布状态；应用 GIS 工具，以"地图语言"的形式科学表达我国省域义务教育空间分布实况。

第二，在对我国省域义务教育各指数进行描述性统计分析后，采用空间自相关分析方法对我国省域义务教育各指数进行全局空间自相关分析，探索指数的空间集聚和空间分布格局，即哪些指数是集聚的，哪些指数是分散的；在此基础上应用局部空间自相关分析以及莫兰（Moran）散点图进一步探讨集聚和分散的具体状态，例如集聚指数中哪些区域是"H-H"和"L-L"，分散

```
选题依据   理论研究  文献述评  概念辨析  研究背景  研究意义      文献综述
                                                              归纳分析
          我国省域义务教育空间秩序及其影响因素模型研究

研究区域            我国31个省份（澳门、香港、台湾除外）

研究对象   教育统计年鉴    义务教    影响因    地区数据       数据收集
          教育经费统计年鉴  育数据    素数据    部门数据       数据处理
          教育统计数据    义务教育指数    主成分
```

我国省域义务教育空间秩序 ／ 我国省域义务教育空间秩序影响因素模型 ／ 描述统计分析

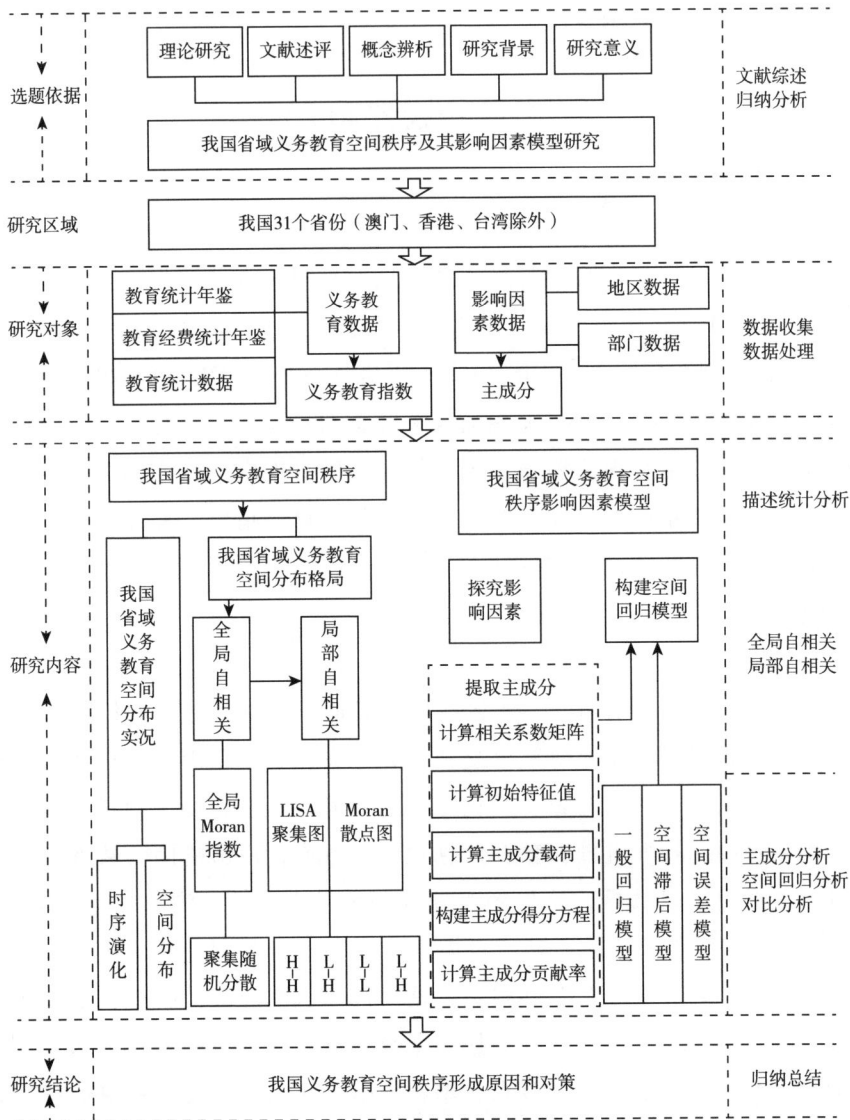

图 1.2　研究技术路线

指数中哪些区域是"L-H"和"H-L"；应用 LISA（Local indicators of spatial association）图从时间尺度对比分析各空间单元的演化路径和演化规律，例如研究近 6 年"教育机会"处于"H-H"区域的有哪些并分析成因，最终形成我国省域义务教育空间秩序。具体研究步骤：对计算得出的我国省域义务教育各指数进行数据处理和变换，构建基于距离的二进制空间权重矩阵；应用全局自相关的全局 Moran's I 反映义务教育指数体系中的各指数在中国省域之间的空间分布格局，根据全局 Moran's I 计算出全局 Moran 系数，Moran 系数的取值范围一般为 [-1, 1]；用标准化统计量 Z 检验所有区域义务教育是否存在空间自相关关系是否趋于空间集聚；用地图语言表达我国省域义务教育教育机会指数、办学条件指数、财政资源指数、师资力量指数、教育质量指数、教育信息化指数以及综合指数的空间集聚、随机和分散状态。

第三，由于全局空间自相关只能对整个研究对象的空间进行总体描述，仅对同质的空间过程有效，如果是异质性空间则无效。因此，全局自相关统计量仅提供了一个总体描述，为了能正确识别空间异质性，还需要应用局部空间自相关统计量进行详细的分析，进一步探索我国省域义务教育各指数的空间分布格局和空间演化路径。具体研究步骤：计算局部 Moran's I 的 Moran 系数；用局部标准化统计量检验局部 Moran's I，通过检验后绘制综合指数和分指数的 Moran 散点图，根据 H-H、L-H、L-L、H-L 分布状态汇总我国省域义务教育的演化规律；鉴于局部 Moran 散点图不能判断各地区的局部相关类型及其集聚区是否在统计意义上显著，因此将演化规律的结果绘制成各指数的 LISA 图，并进一步从时间尺度分析各空间单元的关联程度及演化路径。

2. 模型构建方面

第一，选定研究所需的影响因子，将收集到的影响因子数据进行整理，并做无量纲化处理，构建相关性系数矩阵；对所选取的影响因子进行相关性分析，检验影响因子之间是否具备显著的相关性；根据因子相关性分析的结果，计算影响因子的特征值与特征向量；计算影响因子的主成分贡献率、累计贡献率和主成分载荷；将影响因子的初始特征值、主成分贡献率和累计贡献率三者结合，提取影响因素的主成分（公因子），构建我国省域义务教育空间秩序影响因素主成分得分方程，为后续的空间回归分析奠定基础。

第二，以各义务教育指数为因变量，我国省域义务教育空间秩序影响因素的主成分为自变量进行空间回归分析，然后分别对义务教育各指数与影响因素主成分进行一般回归分析、空间滞后回归分析和空间误差回归分析，找到各义务教育指数与影响因素之间的具体数量关系，从量化的角度寻找我国省域义务教育空间秩序的形成原因并进行分析。

第三，由于事先并不能确定自变量和因变量之间的相关关系类型，暂时假设它们之间存在线性关系，在建立多元线性回归方程和空间回归方程之后，对比所建立的模型选定最优回归模型，对因变量与自变量之间存在线性关系的假设进行显著性检验。然后根据回归模型系数估计表建立我国省域义务教育空间秩序影响因素空间回归模型，最后分析我国省域义务教育空间秩序的主要影响因素，提出促进我国省域义务教育均衡分布的对策。

1.5.2　研究方法

1. 文献研究法

查阅、整理国内外义务教育空间研究方面的大量文献并进行文献综述，在整个文献研究过程中充分了解我国义务教育研究现状和相关的义务教育地理研究方法，最终确定本书的研究内容和研究方案。

2. 定量研究方法

定量研究方法主要从量的角度分析研究对象，它是一种运用数学方法度量和考察事物之间的相互作用的方法，本书采用的定量研究方法主要是以下四种。

（1）描述性统计分析方法

本书主要应用描述性统计分析方法对我国省域义务教育各指数和我国义务教育空间秩序影响因素所有变量的有关数据进行统计性描述，用偏度和峰度两个指标来检查相关数据，并用图形的方式展现其是否符合正态分布。

（2）空间自相关分析方法

空间自相关分析方法作为空间统计分析的重要方法之一，在多个学科中得到非常广泛的应用，常被用来从定量的角度客观描述事物在空间上的依赖关系。本书主要对我国省域义务教育教育机会、办学条件、财政资源、师资力量、教育质量和教育信息化六个指数进行全局自相关和局部自相关分析，探讨各个指数在空间上的空间依赖关系。

（3）主成分分析方法

主成分分析方法主要利用降低维度的思想，把多个指标转化为少数几个综合指标或者主成分，其中每个综合指标都能够客观反映原始变量的大部分信息，而且信息之间互不重复。本书应用主成分分析方法对我国省域义务教育空间秩序的影响因素进行研究，利用降低维度的思想提取我国省域义务教育空间秩序影响因素的主成分，根据主成分分析方法的原理构建主成分得分方程，为后续空间回归分析奠定基础。

（4）空间回归分析方法

空间回归模型是在经典回归模型的基础上发展而来，通过引入空间权重弥补后者在空间性上的不足，探讨两个以上空间变量之间相互关系的数据分析方法。本书应用空间回归分析方法建立我国省域义务教育空间秩序影响因素模型，主要构建教育机会空间秩序影响因素模型、师资力量空间秩序影响因素模型、办学条件空间秩序影响因素模型、财政资源空间秩序影响因素模型、教育质量空间秩序影响因素模型和教育信息化空间秩序影响因素模型，以期为我国省域义务教育空间秩序的成因分析和对策研究提供依据。

第 2 章　理论与方法

2.1　核心概念界定

空间秩序是指事物或系统要素之间的相互联系，以及这些联系在时间、空间中的表现。[①] 地理学中的空间秩序可以从地理事物或地理客体的地理位置、要素结构和地域结构等方面来理解。第一，从地理位置看，某地理事物或地理客体的空间秩序是其既有地理位置和未来地理位置的重组。第二，从要素结构看，某地区的诸多地理要素之间相互联系、相互作用，形成了该地区的要素结构。如果这些地理要素之间所形成的空间结构不利于区域发展，特别是区域经济发展，那么就要想办法优化要素结构，并对其进行重组或重建。第三，从地域结构看，某地区与相关区域之间相互联系所形成的特殊结构利于或者不利于彼此发展，要想办法保持或者改变这种地域结构，如对地域结构进行重组或重构。本书所指的义务教育空间秩序，是从地域结构角度出发，义务教育系统各要素之间相互联系以及这些区域联系在时间、空间中的具体表现形式，如义务教育发展的时间序列、空间分布和空间格局。

地理时间即地理现象发生发展的持续性和顺序性，是地理现象的存在形式之一。世界上没有脱离地理现象的地理时间，也没有不在地理时间中的地理现象。时间是推断因果关系的一个重要维度，地理学在这个维度上重构过去，解释现在，预告未来。[②] 时间序列是指地理事物的大小数量、要

---

① 谭见安主编《地理词典》，化学工业出版社，2008；潘玉君、武友德编著《地理科学导论》（第二版），科学出版社，2014。

② 蔡运龙等：《地理学方法论》，科学出版社，2011。

素结构以及地域结构变化的具体过程和变化趋势。这一过程和变化趋势，主要包括两个时期，一是"从过去到现在"的这个"'历史时期'中的具体过程和变化趋势"；二是"从现在到未来"的某个"'未来时期'中的具体过程和变化趋势"。本书的时间序列是指"从过去（2012 年）到现在（2017 年）"我国省域义务教育的具体过程和变化趋势。

空间格局在景观生态学中是指景观组成单元的类型、数目以及空间分布与配置，[①] 在地理学中可以引申为地理事物组成单元的类型、数目以及空间分布与配置。本书中的空间格局广义上是指各省域义务教育组成的类型、数目以及空间分布与配置，狭义上是指地域中相邻各省份的义务教育空间相关程度，即省域之间集聚、分散和独立随机分布的空间特征。

2.2　理论基础

2.2.1　人地关系地域系统理论

地理学着重研究地球表层人与自然的相互影响与反馈作用。与其他科学一样，地理学中也存在逻辑、理论和事实（描述）连续的相互作用，很难把它们分开。[②] 一直以来，人地关系理论都是地理学的研究核心，是地理学交叉学科研究的基础。[③] 毫不夸张地说，地理学基本上是关于地球表面特定区域特征间的独特组合（相互关系）的区域性研究。[④] 现代人类生存中面临的最重要的事实，是自然界的空间差异引起的社会空间差异，正是不同地区人群之间的这种相互差异性和依存性，创造出人类占据地球表面的多种模式，从而为人文地理学家提供了基本的研究课题。[⑤]

樊杰教授认为吴传钧先生对我国地理学发展做出的重大贡献就是提出了人地关系地域系统的理论思想，该思想主要来源于吴传钧先生长期对经

---

① 邬建国：《景观生态学——格局、过程、尺度与等级》（第二版），高等教育出版社，2007。
② 〔美〕威廉·邦奇：《理论地理学》，石高玉、石高俊译，商务印书馆，2011。
③ 陆大道、郭来喜：《地理学的研究核心——人地关系地域系统——论吴传钧院士的地理学思想与学术贡献》，《地理学报》1998 年第 2 期。
④ 〔美〕理查德·A. 约翰逊，迪安·W. 威克恩：《实用多元统计分析》（第六版），清华大学出版社，2008。
⑤ 〔英〕R. J. 约翰斯顿：《地理学与地理学家：1945 年以来的英美人文地理学》，唐晓峰等译，商务印书馆，2010。

济地理学发展过程、研究对象和主要研究内容的探究与实践，人地关系地域系统理论已成为我国地理学和地理交叉学科建设与发展的理论基础和研究指南。[①] 吴传钧先生创造性地提出了地理学的研究核心——人地关系地域系统，并在人地关系研究的重要作用和意义、理论方法以及人地关系的内容等方面做了详尽的论述。[②]

人地关系地域系统是一个多变量有机组合的系统，该系统中任何一个要素的变化都会引起相关要素的变化，因此人地关系地域系统是可变的、不稳定的系统。在分析人地关系地域系统时，只对要素进行定性分析是不够的，还要从定量的角度去分析，最好是定量分析和定性分析相结合。另外，研究人地关系地域系统时还应研究变量时间和空间的变化规律、地理因素和人文因素。[③] 例如除了考虑空间中变量地域的大小、位置和时间的过去、现在与未来变化，还要从自然指标和人文指标出发对其加以分析。[④]

2.2.1.1 人地关系地域系统内涵[⑤]

1. 人地关系地域系统中的"人地关系"

对于"人地关系"这一地理科学的重要概念，地理学家的认识或定义角度尚存在很大的差别，形成了不同的认识或角度：不加区域界定的人地关系的概念、不加区际界定的人地关系的概念、不加过程界定的人地关系的概念和不加时空界定的人地关系的概念。

（1）不加区域界定的人地关系的概念

这一概念泛指人类与地理环境之间的关系。这种定义存在没有具体界定区域等问题，是哲学思辨的概念，而不是地理科学的概念。

（2）不加区际界定的人地关系的概念

这种概念将人地关系定义为某区域的人地关系，是指这个区域内人的群体活动与这个区域内资源和环境条件之间的关系。这种角度要优于第一种角度，增加了区域界定，但也存在问题。这是因为某一个区域人地关系

---

① 樊杰：《"人地关系地域系统"学术思想与经济地理学》，《经济地理》2008 年第 2 期。
② 吴传钧：《经济地理学——生产布局的科学》，《科学通报》1960 年第 19 期。
③ 吴传钧：《论地理学的研究核心——人地关系地域系统》，《经济地理》1991 年第 3 期。
④ 国家自然科学基金委员会：《地理科学》，科学出版社，1995。
⑤ 潘玉君、陈路：《地理环境整体性理论的逻辑基础》，《自然辩证法研究》2005 年第 9 期。

的状况，是由这个区域内人的群体活动与区域内资源和环境条件之间的关系，以及区域与其相关区域之间的关系共同决定的，并不是只关注该区域内部人的群体活动与区域内资源和环境条件之间的关系。比如，我国西部某些地区人地冲突或临近冲突的状态，并不仅由这个区域内人的群体活动与区域内资源和环境之间的关系决定，而是由东部地区无偿或低价开发这里的资源和环境共同导致的。

（3）不加过程界定的人地关系的概念

这个角度要优于第二种角度，增加了区域联系，但也存在问题。这是因为某一个区域某一时期的人地关系状况，不仅是由这个时期该区域内人的各种活动与区域资源和环境条件之间的关系，以及该区域与其相关区域之间的关系共同决定的，还取决于这个区域历史时期的人地关系状态，以及规划的、未来时期的人地关系状态。

（4）不加时空界定的人地关系的概念

这个角度要优于第三种角度，增加了历史时期的人地关系和规划未来时期的人地关系对某一时期人地关系的作用，但也存在问题。最理想的是将空间和时间的关系和谐统一起来，最终形成一个有机的、和谐的人地关系地域系统。

2. 人地关系地域系统中的"地域系统"

人地关系地域系统中的"地域系统"有以下两个理解角度：要素关系的概念和地域关系的概念。地理学对于地域或者地域系统的研究不同于其他学科，研究中注重突出人地关系并力求达到人地协调的目的。[①]

（1）要素关系的概念

人地关系地域系统中的"地域系统"，是指某一个地域内的各种地理要素（自然地理要素、经济地理要素和人文地理要素）之间，通过能量流、物质流、信息流以及各种因果反馈关系形成和维持的系统。其中，等级较高的是这个地域内的"人的群体活动"子系统与"资源和环境"子系统之间的"人-地关系"。目前绝大多数学者是这样理解"地域系统"的。

---

① 潘玉君、罗思远、段勇：《地理学元研究：地理学的基本价值》，《云南师范大学学报》（自然科学版）2002 年第 5 期。

（2）地域关系的概念

人地关系地域系统中的"地域系统"，也可以看作某一个地域与其相关的其他地域——它的背景地域、相关地域和次级地域之间通过能量流、物质流、信息流以及各种因果反馈关系形成和维持的系统。

2.2.1.2 人地关系地域系统协调共生[①]

人地关系地域系统主要包括人地系统和地理环境系统，当这两种系统形成协调共生关系后，人类系统和地理环境系统便构成了更高级的系统。人类在这个更高级的系统中起着双重作用。一方面，人类系统从环境系统获得负熵，从而维持人类系统的有序结构，在这个过程中人类受到地理环境的影响。另一方面，人类通过输出来影响地理环境，使地理环境向有利于人类发展的方向变化，当然有时候也会朝着不利于人类发展的方向变化。因此，人类与地理环境共生的方法应当是人类为了自己的发展而不断创造有利条件，使自然结构、社会结构和经济结构相互促进，而不是使自然结构、社会结构和经济结构形成相互制约的状态，人类不能为了眼前利益而破坏地理环境的整体结构和功能。

人地关系地域系统是一个开放的熵方程系统，熵变量就是人地系统中人类系统与地理系统之间的熵流。熵变量主要有三种类型，当系统熵的变量小于零的时候，开放系统的有序度增加，负熵流的输入量会抵消系统内部的熵产生，这时候还有负熵的盈余；当系统熵的变量大于零的时候，负熵未输入或者所输入的负熵量不能抵消开放系统内的熵产生；当系统熵的变量等于零的时候，开放系统的有序度基本保持不变。这三种状态中，系统熵的变量小于零的时候属于人地共生，最理想的人地共生类型是人类系统和地理系统中的熵流同时小于零。人地系统的共生必须从外部环境中获取负熵，共生就意味着"人与自然界产生新的同盟"。

2.2.2 教育地理学理论

教育地理学是人文地理学的研究范畴，近几年的教育地理学研究呈现

---

① 潘玉君：《人地关系地域系统协调共生与区域可持续发展理论研究》，《齐齐哈尔大学学报》（哲学社会科学版）2000 年第 1 期。

蓬勃发展的势头，越来越多的学者认识到地理因素会对教育产生不同程度的影响。不可否认，世间万事万物都不能脱离地理因素独立存在，教育更是受到诸多地理因素的影响。根据空间尺度转换思想与原理，不同空间尺度的教育现象具有一定差别。作为重要人文事物之一的教育具有鲜明的空间属性，因此应该从地理学角度研究、探索、揭示和阐明教育以及教育的地理空间规律，发展教育地理学。

地理学具有自然科学和社会科学的双重属性，[①] 而教育既是一种现象，又是一个研究领域。尽管教育在国家建设、经济发展、再生产和文化、政治、社会等方面发挥着核心的作用，但教育一直处于地理学的研究边缘。[②] 教育地理研究作为地理学和教育学的交叉研究出现于 20 世纪中叶，早期教育地理研究主要借助地理学的视角和工具解决教育的空间问题。[③] 教育地理学横跨多个学科，涉及更广泛的社会科学，正是这些学科中的空间转向激发了人们对教育和学习领域的研究兴趣。[④] 在考虑不同文化背景、教育全球化的情况下，教育地理学这门新学科应寻求更多的发展机会，[⑤] 阐明地区间差异，在地域综合体范畴内研究事物和现象，承认综合体及其差异存在的客观性。[⑥] 教育地理学将教育的空间分布作为研究的中心内容，探索教育活动的地域分布状况、变化方式及过程、扩散机制及其相互作用关系，为教育管理和教育决策规划提供依据。[⑦] 教育地理学虽然是一门新兴学科，绝对年龄和相对年龄都较小，成熟度差，但教育地理学也有专门的研究对象。几十年前，学者发现"教育地理学"这一概念只存在于一些支离破碎的、偶发的、孤立的文献中，但是现在人们对教育地理学越来越感兴趣，研究

① 潘玉君：《地理环境整体性理论的初步探讨》，《地理科学》2003 年第 3 期。
② 尹梁明等：《在一般性与特殊性之间的地理学——以〈地理学思想：批判性导论〉为范本的考察》，《地理研究》2018 年第 10 期。
③ 杨颖、孙亚玲、孙俊：《国外教育地理研究回顾与借鉴》，《世界地理研究》2016 年第 4 期。
④ V. A. Cook and P. J. Hemming, "Education Spaces: Embodied Dimensions and Dynamics," *Social & Cultural Geography* 1 (2011): 1-8; R. Brooks and J. Waters, "Student Mobilities, Migration and the Internationalization of Higher Education," *Social & Cultural Geography* 2 (2013): 237-239.
⑤ S. L. Holloway and H. Jöns, "Geographies of Education and Learning," *Transactions of the Institute of British Geographers* 4 (2012): 482-488.
⑥ 〔苏联〕B. A. 阿努钦：《地理学的理论问题》，李德美、包森铭译，商务印书馆，1994。
⑦ 李舜、罗明东：《教育中心简论》，《云南师范大学学报》（哲学社会科学版）2001 年第 4 期。

范围已经从早期狭隘的成就模式研究拓展到对诸如择校、国际学生迁移、教育产业、知识经济形成与终身学习的探讨。① 明确地理学在现代学科体系中的位置以及地理科学的研究对象，是认识地理科学和发展地理科学的基础与前提。② 教育地理学作为地理学的次级学科，明确其研究对象当然也是刻不容缓的。

教育地理学属于人文地理学的研究范畴。人们对世界的认识总是从某个角度、某个位置出发，人们从这里看到，而不是从那里看到。③ 因此，可以用地理学方法来描述区域间教育的相互影响。④ 地理学和教育学都是综合学科，⑤ 英国地理学教授 Brock 指出，地理学、比较教育学、教育地理学的协同作用主要通过"信息流"体现，包括发生在教室、演讲大厅中的"信息流"，以及通过书本、收音机或者电视、网络等产生的一切"信息流"。同时，Brock 教授用图表对地理学和教育学两个不同的综合性学科分别进行了阐述。⑥ 从图 2.1 和图 2.2 中可以看出，Brock 教授将教育地理学列为教育学综合学科里的次级学科，而在地理学综合学科的研究范畴中，教育地理学属于教育与地理结合的教育综合学科。从图中也可以看出教育学和地理学存在一定的协同作用，因此教育地理学在教育学学科和地理学学科中拥有巨大的发展潜力。

---

① K. Mitchell, "Educating the National Citizen in Neoliberal Times: From the Multicultural Self to the Strategic Cosmopolitan," *Transactions of the Institute of British Geographers* 4 (2003): 387-403; N. J. Thrift and K. Olds, "Refiguring the Economic in Economic Geography," *Progress in Human Geography* 3 (1996): 311-317; D. R. Siddle and E. M. Warrington, "Diurnal Changes in UHF Propagation over the English Channel," *Electronics Letters* 21 (2005): 1152-1154; J. L. Waters, "Emergent Geographies of International Educationand Social Exclusion," *Antipode* 5 (2006): 1046-1068; N. Lewis, "Code of Practice for the Pastoral care of International Students: Making a Globalising Industry in New Zealand," *Globalisation Societies & Education* 1 (2005): 5-47.

② 陆大道：《地理科学的价值与地理学者的情怀》，《地理学报》2015 年第 10 期。

③ K. Mckittrick, *Demonic Grounds: Black Women and The Cartographies of Struggle* (Minneapolis: University of Minnesota Press, 2006).

④ S. Mills and L. P. Kraft, *Informal Education, Childhood and Youth* (London: Palgrave Macmillan, 2014).

⑤ C. Brock, "The Geography of Education and Comparative Education," *Comparative Education* 3 (2013): 275-289.

⑥ C. Brock, "Spatial Dimensions of Christianity and Education in Western European History, with Legacies for the Present," *Comparative Education* 3 (2010): 289-306.

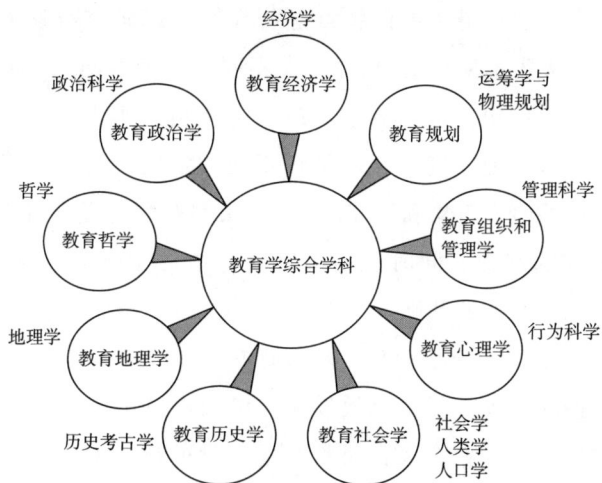

图 2.1　教育学：一个综合性学科

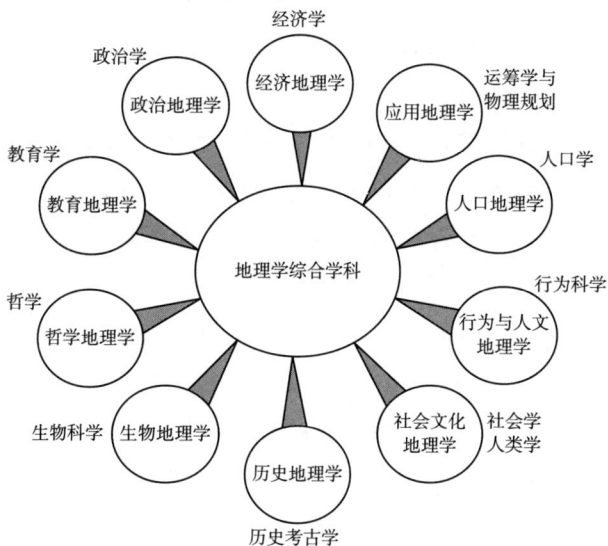

图 2.2　地理学：一个综合性学科

资料来源：C. Brock，*The Case for a Geography of Education*（Ph. D. diss.，University of Hull，1992），p. 25。

2.2.2.1　教育地理学研究对象

教育地理学是一个很典型的交叉学科，无论是脱离地理学基础探讨教育，还是脱离教育学基础探讨地理，这些都不是教育地理学所应该研究的内容和对象。交叉学科最主要的特点是研究对象或研究对象中的事物运动规律同时受到两大类性质因素的支配。[①] 不同国家和不同地区的地理环境不一样，因此教育的历史演变、分布变迁和空间结构等方面差异巨大，正是这种地域差异的形成使不同的区域呈现不同的空间特征和规律，构成教育地理学独具特色的研究对象和研究内容。[②] 明确教育地理学研究对象是开展教育地理学研究的起点，同时也是确定教育地理学研究方法、研究内容、学科体系、研究核心等的基础。

1. 国内学者对教育地理学研究对象的理解

罗明东教授的观点。罗明东教授作为国内对"教育地理学"这一学科进行系统论述和研究的第一人，对教育地理学的研究对象也有过深刻的阐述。教育与地理环境之间的关系问题，既是人文地理学的研究内容之一，也是教育地理学研究的核心问题，更是一个重大的教育基本理论问题。[③] 地理环境对教育产生了直接或者间接的影响，且这种影响是深远的、动态发展的。[④] 同时，罗明东教授还从教育的地理现象或问题的特殊规定性、教育地理整体性和差异性等方面对教育地理学研究对象进行了深入的研究。[⑤]

潘玉君教授的观点。潘玉君教授在《地理科学导论》一书中对地理科学研究对象进行了充分且详细的阐述，主要从地理科学研究对象的既有认识和基本认识以及地球表层陆地空间系统的界限与结构、认识历程等方面进行论述，并指出应该遵循马克思主义关于理论创新的最高原则——历史与逻辑的统一，即从"历史与逻辑的统一"的高度以及历史的角度和逻辑的角度进行研究，最后得出地理科学的研究对象是"地球表层陆地空间系统"。在《教育地理区划研究》一书中，潘玉君教授对教育地理学研究对象进行了系统阐述，他明确指出教育地理学是地理学的分支学科之一，教育地理学的研究对象及核心是地理学研究对象及核心的具体化和特殊化，教

① 陆大道：《京津冀城市群功能定位及协同发展》，《地理科学进展》2015 年第 3 期。
② 罗明东：《建立教育地理学刍议》，《教师教育研究》1997 年第 5 期。
③ 罗明东：《教育地理学：一个崭新的研究领域》，《教育发展研究》1997 年第 6 期；袁振杰、陈晓亮：《西方教育地理学研究评述与本土反思》，《地理科学》2019 年第 12 期。
④ 罗明东：《教育地理学简论》，《云南师范大学学报》（自然科学版）1998 年第 2 期。
⑤ 罗明东等主编《教育地理学》，云南大学出版社，2012。

育地理学的研究对象就是地球陆地表层的教育空间系统。

伊继东教授的观点。伊继东教授在《教育地理学研究对象及内容的思考》一文中对教育地理学的研究对象进行了系统的阐述："教育地理学的研究，在要素上表现为教育学内部诸多要素的有机结合，以教育问题和教育现象构成的要素系统为主。教育地理学的研究，在研究形式上表现为地理学的地域系统。教育地理学的研究对象与教育学的结构系统和地理学的地域系统紧密相关。"①

其他学者的观点。张东风指出某一特定区域内一切教育活动现象与地理环境之间的关系都属于教育地理学的研究范畴，主要包括教育事象的地域系统与空间分布系统以及两个系统之间的作用关系。② 王秋玲认为，教育地理学是研究区域教育产业及其地域组合的形成过程、发展演变和空间布局规律的科学。③ 钱春富指出，教育地理学的主要研究对象是教育地理现象，也就是教育活动的地理现象，主要包括教育地理问题、教育地理事实、教育地理理论。④

综观国内学者对教育地理学研究对象的探讨，虽然研究数量较少，却体现了国内学者对教育地理学研究对象的重视，同时也说明教育地理学确实是一个相对年龄和绝对年龄都较小的学科，因为研究对象是否明确，直接体现该学科的发展水平和成熟程度，也体现该学科科学性含量的多少。

2. 国外学者对教育地理学研究对象的理解

大多数国外学者对教育地理学研究对象的论述都不像国内学者那样具体，而是将其与教育地理学的概念、学科体系、发展历程等结合起来进行综合论述。教育是一个复杂的结构体系，教育地理学研究就是应用地理分析对不同尺度（国家、地区、社区、学校）教育空间和景观进行可观察的行为研究。⑤ Elsen 在《教育地理学》一文中指出，教育地理学主要应该研

① 伊继东、姚辉：《教育地理学研究对象及内容的思考》，《云南师范大学学报》（哲学社会科学版）2012 年第 2 期。
② 张东风：《中国教育地理学的形成与发展》，《衡阳师范学院学报》2000 年第 3 期。
③ 王秋玲：《关于创建教育地理学理论体系的几点思考》，《河南教育学院学报》（哲学社会科学版）1995 年第 1 期。
④ 钱春富：《论教育地理学的学科性质与价值——读罗明东教授〈教育地理学〉的启示与思考》，《楚雄师范学院学报》2014 年第 7 期。
⑤ T. McCreary, R. Basu, A. Godlewska, "Critical Geographies of Education: Introduction to the Special Issue," *The Canadian Geographer* 3 (2013): 255-259.

究地球表面跟教育相关联的任何一个部分的教育环境（conditions），这种教育环境主要包括具备教育特征的任何人们居住的区域或地区（area）的教育环境类型，同时 Elsen 还指出教育地理学中的"教育"（education）从广义上理解应包括正规教育和非正规教育。① 换句话说，"教育"既包括学校教育，也包括那些没有学校的地区中由社区、图书馆、教堂和其他组织机构所形成的非正规教育组织。Ryba 认为，教育地理学就是研究教育现象的空间模式，对教育现象进行地理研究，不仅要研究现在的发展状况，还要研究历史教育现象和预测未来教育现象，其中最重要的是对动态发展的教育现象的地理格局进行研究。② 同时 Ryba 还从三个方面展开论述：教育潜在因素的地理审视，教育现象空间格局考察，教育作为影响地理格局和其他社会文化现象的因素的作用。

Hones 和 Ryba 在《为什么没有一门教育地理学》一文中明确指出教育地理学应该应用地理科学技术解决各种各样的教育问题。③ 换句话说，教育地理学的研究对象是可以用地理技术解决的一切教育问题，例如学区界限的划定、教育机会和学校供给相关的区域变量、教育机构的空间分布格局等。从宏观层面来看，教育地理学也可以应用地图来表达和分析全球尺度下的教育数据。Taylor 在《走向教育地理学》中对教育地理学研究对象也进行了阐述，他认为，教育地理学的研究对象是不同地区或区域中教育空间（space）、位置（place）、时间（time）观念和一切受地理因素影响的教育问题。④ Taylor 非常重视教育地理学的空间和地方的研究，强调应用电子地图来帮助研究者加强对空间和地方的理解，并进行空间分析（spatial analysis）和空间统计（spatial statistics），比如网络分析（network analysis）、时空分析（space-time analysis）、多层次建模（multi-level modelling）及地理加权统计分析（geographically-weighted statistical analysis）。"位置"在地理学里代表一个永恒的主题，例如美国地理教育全国委员会将"位置"列

---

① E. E. Elsen, "The Geography of Education," *Journal of Geography* 9 (1951): 374-382.

② R. H. Ryba, "The Geography of Education and Educational Planning," *Conceptual Schemes* (1971): 1-7.

③ G. H. Hones and R. H. Ryba, "Why Not a Geography of Education," *Journal of Geography* 3 (1972): 135-139.

④ C. Taylor, "Towards a Geography of Education," *Oxford Review of Education* 5 (2009): 651-669.

为地理学五个定义的主题之一。① 教育地理学强调了一种文化方法的价值，主要通过不同的空间探索教育的不同表现形式，② 探索随着空间变量而改变的教育供给、消费和教育效果等一切教育现象。③ 在教育地理学研究中，主要应考虑正规教育体系中从幼儿园到高等教育，以及非正规教育环境中家庭、邻里和社区组织间的空间生产、消费和所得到的启示。④

从国外学者对教育地理学研究对象的研究情况可以看出，教育地理学研究对象主要是受空间影响的"教育现象""教育环境""教育问题"等，不同的学者有不同见解，但大多数学者都强调"空间""时间""尺度"在这一学科中的重要性，尤其是在确立教育地理学研究对象时，更不能忽略它们去研究教育问题。

3. 教育地理学研究对象——教育地域综合体

随着科学技术的迅猛发展，地球上已经不存在不受人类活动影响的纯自然环境，⑤ 随着 20 世纪 50 年代学术地理学定量革命的兴起，对地方和地区的重视逐渐从大学和学校两级空间分析中分离。⑥ 地理学综合研究地理环境及社会整体，这个整体被称为地理环境的地域综合体，因此地理学不仅要分析地域综合体内部各要素的相互关系，还要研究结构和地域分异规律。⑦ 地理科学的研究对象是地球表层陆地空间系统，⑧ 罗明东、潘玉君等在研究中将地球表层陆地空间系统划分为不同尺度的区域（地区、地域），它们成为地理科学若干具体研究对象。教育地理学的理论基础之一是地理学，对教

① JCOG Education, *Guidelines for Geographic Education*: *Elementary and Secondary Schools* (Washington D. C. : National Council for Geographic Education, 1984).

② S. Mills, "Geographies of Education, Volunteering and the Lifecourse: The Woodcraft Folk in Britain (1925-75)," *Cultural Geographies* 1 (2016): 103-119.

③ C. H. Thiem, "Thinking through Education: The Geographies of Contemporary Educational Restructuring," *Progress in Human Geography* 2 (2009): 154-173.

④ S. L. Holloway and H. Jöns, "Geographies of Education and Learning," *Transactions of the Institute of British Geographers* 4 (2012): 482-488.

⑤ 李旭旦：《人文地理学的理论基础及其近今趋向》，《南京师大学报》（自然科学版）1982 年第 2 期。

⑥ R. Walford, *Geography in British Schools*, *1850-2000*: *Making a World of Difference* (London: Woburn Press, 2001).

⑦ 吴传钧：《地理学的特殊研究领域和今后任务》，《经济地理》1981 年第 1 期。

⑧ 罗明东、潘玉君、施红星：《义务教育均衡发展监测、评价与预警》（第一卷），北京大学出版社，2014。

育的研究如果脱离了"地理",那么它将不再是教育地理学研究的内容,因此教育地理学研究对象的总体逻辑是由地理学研究对象到教育地理学研究对象。按照这样的逻辑路径,教育地理学的研究对象即为地球陆地表层的教育空间系统。教育综合体中作为教育活动主体的"人"具有能动性,其类同于人地关系中的"人",教育的生存与发展依赖一定的物质基础与空间场所,地球陆地表层教育空间系统由于受到多种分异因素的影响而分异为不同尺度的地域(区域),每一地域拥有与其对应的教育地理事物。作为教育地理学研究对象的"地球陆地表层教育空间系统"与"地域"发生联系,因此可以凝练出一个更为具体的概念——教育地域综合体。

教育地域综合体从广义上理解,主要指不同时期某地域(地区、区域)范围内教育中的"人"与其所依托的地理环境中"地"的综合。所谓"地"是指自然和人文要素按照一定规律相互交织、紧密结合而构成的地理环境整体。① 狭义的教育地域综合体仅指某段时期内某一地域系统的教育,换句话说,可以指某一地域内具有一定的空间分布状态和空间分布形式的教育。广义的教育地域综合体中的"人"主要指一切与教育活动有关的人,包括学生、教师、教育管理者、学生家长等;广义的教育地域综合体中的"地"既包括自然环境,也包括人文环境,其中自然环境包括地貌、气候、水文、土壤等自然地理要素。

(1)教育地域综合体的空间结构

社会理论越来越关注对空间问题的分析,认识到空间已经被理论化、关系化,被强调时间和历史的现代主义边缘化。② 教育研究者最早于20世纪90年代中期开始讨论"空间"这一概念,Michael Peters是第一个这样做的人。③ 地理学成为空间科学的概念在地理学思想史中极为重要,④ 概念可以在经过时空语言的形式表述之后逐渐形成,抽象语言则可以促使地理

---

① 吴传钧:《论地理学的研究核心——人地关系地域系统》,《经济地理》1991年第3期。

② R. Walford, *Geography in British Schools, 1850-2000: Making a World of Difference* (London: Woburn Press, 2001).

③ D. R. Ford, *Education and the Production of Space: Political Pedagogy, Geography, and Urban Revolution* (New York: Routledge, 2017).

④ R. Hartshorne, "The Concept of Geography as a Science of Space, from Kant and Humboldt to Hettner," *Annals of the Association of American Geographers* 2 (1958): 97-108; R. Hartshorne, *The Nature of Geography* (Oxford: Blackwell Publishing Ltd, 1953).

学研究者基于一定的文化背景，开展多种形式的文化综合体的空间活动。① 因此，地理学是对历史上形成的，由生产方式限定的空间形式和结构的研究。地理环境的整体性不仅具有要素含义，而且具有地域含义，教育地域综合体可以从教育在空间中的位置、集聚程度及区域作用强度来理解，其空间结构主要包括教育地域综合体要素结构和教育地域综合体地域结构。

（2）教育地域综合体的要素结构

教育地域综合体的要素结构主要是指教育要素之间通过能量流、物质流和信息流等形成的相互影响、相互作用、相互制约的复杂教育空间结构。教育地理学与比较教育学和国际教育学之间的协同作用本质就是"信息流"，信息流不仅通过教育活动实现从学校到网络的知识方面的直接转移，它也可以通过人类迁移形成新的信息流。② 信息流在空间上是动态的，③ 流向上是从中心点向周围区域流动，然后与当地原有的自然、社会经济要素结合在一起，在距离中心不同的位置上形成新的集聚点。④

空间结构理论是指从空间角度研究各系统内部各种要素的空间组合、关联和演变规律。⑤ 教育地域综合体以学校、家庭、社区组织机构等教育（既包括正规教育也包括非正规教育）机构为"点"，以对教育具备一定影响作用的网络为"线"，以村、镇（乡）、市（县）、州为不同尺度的"面"，它们之间的信息流相互作用、协调，构成了教育地域综合体。其中"点"由教育者、受教育者、教育管理者、节点以内的"最小尺度"的环境（可理解为一切教育设施）构成，"线"主要由交通网络和无线网络构成，而"面"则由不同尺度的一切自然环境和人文环境构成。理解和描述这些不同的区域单元是地理学研究中较为重要的任务。⑥ 因此教育地域综合体是由各要素和谐有机组成的，而不是杂乱无章地拼凑到一起，更不是各要素简单

---

① 〔英〕大卫·哈维：《地理学中的解释》，高泳源等译，商务印书馆，2009。

② C. Brock, "The Geography of Education and Comparative Education," *Comparative Education* 3 (2013): 275-289.

③ J. E. Spencer and W. L. Thomas, "Cultural Geography: An Evolutionary Introduction to Our Humanize Earth," *American Journal of Cardiology* 6 (1970).

④ 陆大道：《关于"点—轴"空间结构系统的形成机理分析》，《地理科学》2002 年第 1 期。

⑤ 甄峰、曹小曙、姚亦锋：《信息时代区域空间结构构成要素分析》，《人文地理》2004 年第 5 期。

⑥ 〔法〕阿·德芒戎：《人文地理学问题》，葛以德译，商务印书馆，1993。

叠加，因此教育地域综合体中各个要素不可能孤立地存在。

（3）教育地域综合体的地域空间结构

郑度认为地理学是研究地域分异的一门科学，而区域则是自然与人文现象结合的具体体现。[①] 潘玉君教授在《地理科学导论》一书中将地域结构分为背景地域、相关地域、次级地域。自然分异规律导致不同区域（地区）的人口、经济、教育水平等存在巨大差异，因此教育地域综合体的地域空间结构可以被分为教育地域综合体背景地域、教育地域综合体相关地域、教育地域综合体次级地域。[②] 当然，随着所研究的地域结构的变化，教育地域综合体背景地域、相关地域、次级地域都会随之发生变化。教育地域综合体背景地域是教育地域综合体相关地域和教育地域综合体次级地域研究的基础，如果不考虑背景地域的特征和客观实际，那么对相关地域和次级地域的研究就是孤立的、片面的。教育地域综合体相关地域的研究在区域研究中发挥着重要作用，而次级地域的研究则是对相关地域研究的补充。因此教育地域综合体各个地域要素的研究是相互联系、相互影响的。例如，当研究者研究的教育现象或教育问题是基于"省域"的，那么背景地域应该是全国，相关地域应该是除了其主要研究省域以外的其他省域，次级地域应该是所研究省域内部包含的市域，因为不同的区域具有不同的发展特点，相对应的资源种类数量、组合方式、资源质量、自然条件和社会经济环境都不一样，导致区域发展潜力和发展过程存在差异。[③] 教育地域综合体的地域空间结构差异巨大，只有接受差异，找到差异的影响因素，教育地域综合体的研究才具备整体性和联系性，才不再是一项孤立的研究，其研究结果才能更明了、更有价值。

（4）教育地域综合体的时间结构

时间和空间是指社会中事物之间的一种次序，[④] 不同的社会产生不同的空间和时间概念，[⑤] 地理学脱离"历史"就像汽车没有了动力。教育学把基本

---

① 郑度：《关于地理学的区域性和地域分异研究》，《地理研究》1998 年第 1 期。

② 潘玉君编著《地理科学导论》，科学出版社，2016。

③ 李春芬：《地理学的传统与近今发展》，《地理学报》1982 年第 1 期。

④ E. Durkheim, *The Elementary Forms of The Religious Life*（Courier Corporation, 2008）.

⑤ P. Bourdieu, *Outline of a Theory of Practice*（Oxford：Cambridge University Press, 1977）, pp. 30-32；S. Lewis, "Text, Theory, Space：Land, Literature, and History in South Africa and Australia," *Research in African Literatures* 3（2000）：205-206.

的时空关系作为关键背景进行研究势在必行,① 教育地域综合体除了研究空间结构，还需研究时间结构。教育有着悠久的历史和漫长的发展历程，教育过程也是一个缓慢的知识传授和习得的过程，在研究教育地域综合体时，不得不考虑的另一个因素就是教育地域综合体的时间结构。教育地域综合体的时间结构可总结为"过去的"教育地域综合体、"当前的"教育地域综合体、"未来的"教育地域综合体。对"过去的"教育地域综合体进行详细研究的目的是用"过去的"经验和教训指导"当前的"教育地域综合体，预测"未来的"教育地域综合体。教育地域综合体的变化过程是客观存在的，人们不能忽略这一客观事实而做出主观臆断，对变化过程的深入研究也是时间序列方面的任务。在教育地域综合体实证研究中，研究教育地理事物或者教育地理现象的大小、数量非常重要，同时要随着时间变化的增减量，来研究不同区域（地区）的教育地域综合体时间序列问题，或者选择相同时间尺度对不同地域的教育地域综合体进行比较研究。例如通过收集大量的省域义务教育数据，对一定历史时间段内的中国省域义务教育进行定量研究（聚类分析、回归分析），从中找出中国义务教育时空结构变化的影响因素，构建均衡发展预警与对策系统。

2.2.2.2　教育地理学研究范畴

教育地理学之所以具备独特的研究对象，在于它应用时空观去研究教育。国内外学者也都非常重视对教育地理学研究对象的探讨，大多数学者强调在确定教育地理学研究对象时一定要从"空间""时间""尺度"等不同角度思考问题。时间和空间的概念与人类对整个世界图景的认识密切相关，它们不仅是哲学研究的对象，也是各门自然科学和人文社会科学研究的重要内容。在理论研究方面，有对教育地理本体论、认识论、方法论和知识论的探索研究，还有对教育地理学的研究方法、研究核心和学科体系等重要范畴的探究；在应用研究方面，主要有应用空间分析方法对各种教育现象和教育问题的研究、教育地图集研究、教育资源和教育机会的空间分布研究、区域教育结构比较研究、学校选址或空间布局研究等。同时，

---

① C. Brock and N. Alexiadou, *Education Around the World: A Comparative Introduction* (London: Bloomsbury Academic, 2013).

在确立了教育地理学研究对象后，应综合运用地理学、教育学和人口学等学科的多重研究方法，从"历史与逻辑的统一"的高度以及历史的角度和逻辑的角度，遵循从定性到定量综合集成的研究思路，主要使用地理考察法、资料分析法、比较法、地图分析法、地理模型法、地理区划法、SWOT分析法、指标法、归纳法以及情景分析法等地理实证研究方法进行教育地理学研究。

2.2.2.3 义务教育地理学内涵及公理

教育地理学以教育设施、资源的供给及其空间变化的地理基础为出发点，演绎出义务教育地理学的概念①：义务教育地理学是基于一定的义务教育区位背景，研究义务教育中的软硬件设施和各类资源的均衡供给、运作以及受教育者群体的地理空间变化的地理学，其中的地理空间包括国家、省域、市域、县域和乡域等区位。义务教育地域综合体是指义务教育综合体与其赖以生存的包括自然地理环境和人文地理环境在内的地理环境构成的系统，可以分为国家、省域、市域、县域、乡域等不同尺度下的义务教育地域综合体。

我国省域义务教育区域均衡发展的研究基础是地理学研究对象"地球表层陆地空间系统"及地理学研究的核心——人地关系地域系统，以空间秩序、时间序列和动因机制为科学研究维度，以地理环境的整体性、差异性、动态性和人地性为世界观，以"从定性到定量综合集成法"为学科方法论。因此，地理学的思想与方法为区域义务教育均衡发展提供了直接的理论基础与研究方法。杰出的地理学家吴传钧院士提出了"人地关系地域系统是地理学研究核心"的重要思想。这里的"人地关系"，是某一个地域内人的群体活动与这个地域内诸多环境资源之间相互联系、相互作用形成的关系，比如某一区域内义务教育活动与这个区域内的社会经济环境和资源之间的关系就构成了一种人地关系。人们期盼实现"人-义务教育"与"地-社会经济环境和资源"之间相互促进的和谐发展，即社会经济环境和资源与义务教育之间形成良性的正因果反馈关系。这里的"系统"有三重

---

① 罗明东、潘玉君、施红星：《义务教育均衡发展监测、评价与预警》（第一卷），北京大学出版社，2014。

含义：一是某一个区域内各种地理要素之间相互联系、相互作用形成的"要素空间系统"；二是某一个区域与其他相关区域——这个区域的次级区域和背景区域之间相互联系、相互作用形成的"地域空间系统"；三是某一个区域不同发展阶段的历史继承与未来发展之间相互联系形成的"时间系统"。人们期盼实现区域系统内部和不同区域之间要素的和谐、区域的均衡与时间的延续。据此，存在如下地理学公理：公理Ⅰ——任何区域都是人地关系的区域，公理Ⅱ——任何区域都是区域系统的区域，公理Ⅲ——任何区域都是历史发展的区域。从这一公理系统出发，可以推出区域义务教育地理学的公理系统：区域义务教育公理Ⅰ——任何义务教育的区域都是义务教育与社会经济环境和资源之间的区域，区域义务教育公理Ⅱ——任何义务教育的区域都是义务教育区域系统中的区域，区域义务教育公理Ⅲ——任何义务教育的区域都是历史继承与未来发展中的区域。这是系统研究我国省域义务教育空间秩序及其均衡发展的逻辑基础。

2.2.2.4 义务教育地理学研究内容

1. 义务教育地理学理论研究

各国的自然环境、社会制度、经济发展水平、历史文化背景和传统教育方式各不相同，因此，各国义务教育的发展特点和现实问题存在很大差异，形成了不同的义务教育观念和理论派别。在梳理各国义务教育地理学最基本的理论问题，即义务教育与地理环境之间的关系问题时，不仅要弄清楚地理环境与义务教育之间的内在机制，还要厘清它们之间相互制约、相互影响的内容和方式，最终形成教育与地理环境之间相互关系问题的整体观念，也就是义务教育地理学观念。

2. 义务教育区域差异和差距研究

义务教育均衡发展的目标是努力控制教育差异程度。义务教育发展的均衡度是通过设定标准测度差异获得的。我国各地区之间自然环境差异大、经济发展不平衡、城乡二元结构矛盾突出，制约了义务教育的均衡发展。近些年党和国家高度重视义务教育，各地区的义务教育都有了很大的发展，但是地区之间、城乡之间、校际的义务教育差距仍然存在，某些特殊地区还有差距扩大的趋势，所以义务教育的均衡发展成为研究者高度关注的问题。

3. 义务教育均衡研究

显而易见，各地区的义务教育发展差异是客观存在的，不可能将其完全消除，但是过大的发展差异会带来一系列社会问题。义务教育作为教育公共产品，整体上必须达到相对公平和均衡，因此要在一定程度上保证全国义务教育均衡发展。均衡发展是相对的，不是绝对的，校际的均衡发展是义务教育均衡发展的基础。[①] 义务教育均衡发展主要是指我国不同地区之间、同一地区不同学校之间、同一学校不同群体之间的义务教育能够均衡发展。[②] 任何有限地区，不论多么小，其中都包含许多半独立因素的相互联系因素复合体，所有这些因素在不同区域的表现形式都不同。[③] 在义务教育资源分配方面，政府应为义务教育阶段的学生提供基本平等的办学条件，使不同区域之间、区域内部、校际教育内部多种要素实现均衡协调发展。在义务教育制度或者政策导向方面，应保障受教育者教育机会、过程和结果的相对公平。

4. 义务教育资源空间配置研究

城乡义务教育资源的配置是城乡基本公共服务均等化、推进新型城镇化的一项重要内容。义务教育资源配置均衡主要是从财政支援的角度提出来的，义务教育不仅要解决适龄青少年儿童"有学上"的问题，更要解决适龄青少年儿童"上好学"的问题。保障公民受教育机会是义务教育资源配置的基础，属于机会均衡阶段，还未涉及教育过程和教育结果。

5. 学校选址及学区布点规划研究

学校基于一定范围的地理区域而建，其校址的选择与外部、人为的因素有关，尤其是与地理环境的关系最为密切。一般而言，校址的选择不仅要考虑学校周围的自然环境条件，如气候、地理位置等，还要充分考虑学校周围交通便利情况、受教育者的人口密度、周边人文历史环境等综合因素，与学校选址紧密相关的是学区的布点规划问题。近年来，不少研究人员利用 GIS 技术对学校选址进行不同角度的实验模拟，为政府部门的教育决策提供有力依据，有助于教育资源优化配置和空间布局规划。

6. 义务教育专题地图研究

多年来，地理学一直对参与式研究和方法感兴趣，与教育研究相关的

---

① 赵庆华：《义务教育均衡发展问题研究》，硕士学位论文，东北师范大学，2005。

② 轩颖：《我国义务教育阶段禁止择校政策的有效性分析》，《教育探索》2012 年第 10 期。

③ 〔美〕理查德·皮特：《现代地理学思想》，周尚意等译，商务印书馆，2007。

趋势是数字地图使用频率的逐渐提升。[①] 义务教育专题地图能够更直观地表现不同时期义务教育发展的空间格局状态、空间组合形式和影响因素之间的关系。义务教育专题地图的分类十分广泛，包括义务教育区域地图、部门地图、要素专题地图、区划图和规划图等。

2.3 方法基础

2.3.1 从定性到定量综合集成法

钱学森院士在 20 世纪 80 年代初就对处理复杂行为系统的定量方法做了概括，从 80 年代末到 90 年代初，钱学森院士在对社会经济系统、人体系统和地理系统进一步研究与实践的基础上，分析了还原论方法的局限性，从而提炼出"开放复杂巨系统"研究的设想及其方法论，提出处理"开放复杂巨系统"的方法，即"从定性到定量综合集成法"[②]，简称 M-S 综合集成法。M-S 综合集成法[③]的实质是将专家群体的意见、数据和各种信息与计算机技术有机地结合起来，将各种学科的科学理论和人的经验知识结合起来，以发挥整体优势和综合优势。该方法具有如下特点：（1）不仅要求定性分析与定量研究相结合，而且强调从多方面的定性认识上升到定量认识；（2）将科学理论与经验知识结合起来，把人对客观事物的零散知识综合起来解决复杂问题；（3）将软硬技术结合起来，把现代方法和传统方法结合起来，按系统思想把自然科学、社会科学等多种学科结合起来进行综合研究，并在方法上互补。[④]

M-S 综合集成法的应用过程可以分为以下五个步骤。（1）组织系统工程专家和相关领域的专家进行研讨，依据他们掌握的科学理论和经验知识，对实际系统的问题进行分解与研究，对系统分析的途径和方法做出定性判断。（2）用系统思想和观点把研讨的结论纳入系统框架，界定系统边界，明确变量的类型，如状态变量、环境变量、控制变量和输出变量。（3）建

---

① C. Taylor, "Towards a Geography of Education," *Oxford Review of Education* 5（2009）：651-669.

② 钱学森：《谈地理科学的内容及研究方法（在 1991 年 4 月 6 日中国地理学会"地理科学"讨论会上的发言）》，《地理学报》1991 年第 3 期。

③ 钱学森：《一个科学新领域——开放的复杂巨系统及其方法论》，《上海理工大学学报》2011 年第 6 期。

④ 潘玉君编著《地理科学导论》，科学出版社，2016。

立用数学模型、概念模型、逻辑模型等描述的实际系统的结构、功能、目标、输入-输出关系，即系统模型。一般情况下，一个复杂系统的功能、结构或属性可以分解为一系列子系统，对子系统进行建模描述，再将它们综合成总的系统模型。（4）在系统模型基础上，进行系统功能的计算机模拟和仿真，从而研究系统在不同输入条件下的反应，系统的动态特性以及对未来的预测等。（5）通过以上步骤获得定量分析结果，再由专家进行分析、讨论和判断。这里包括理性的科学知识和感性的经验知识的相互补充，其结果可能是可信的，也可能是不可信的。对于后者，还应修改模型和调整参数，回到第二步，直到结果可信，再做出结论。

2.3.2 探索性空间数据分析

探索性空间数据分析[1]是借助统计学中的相关原理和方法，对空间信息特征进行描述、分析和鉴别，从而确定模型的结构和解法，它注重研究数据的空间依赖性与空间异质性。基于 GIS 和 GeoData 空间数据处理软件，将地理信息数据的空间分析与专题数据的关联测度功能融合，同时利用可视化技术，将相关结果显示在基础底图上，增强直观效果。

地区分级图是一种对面状数据进行探索性空间数据分析时常用的空间数据可视化地图，其方法是根据空间单元中某个观测变量的值，对每个空间单元进行分类，然后基于不同的分类准则确定地区分级图的类别数量和间距。常用的分类准则是 Sturges 规则[2]：分类的数量 N 介于 $[\log_2 n-1, \log_2 n]$，其中 n 为区域的个数。关于类别间距的确定，通常有四条准则，分别是自然间隔法、分位数间断法、等间距间断法和标准差分类法，[3] 本书采用的是自然间隔法，即确定类别数目后根据数据的自然组群进行分类。

空间自相关测度是研究空间单元属性值随其空间距离变化所呈现的相似性程度或不相似性程度。对于面状数据而言，其空间自相关性是指所研

① 〔美〕Kang-tsung Chang：《地理信息系统导论》（第3版），陈健飞等译，清华大学出版社，2009。
② 王远飞、何洪林编著《空间数据分析方法》，科学出版社，2007。
③ 汤国安、杨昕等编著《ArcGIS 地理信息系统空间分析实验教程》（第2版），科学出版社，2012；M. M. Fischer and Jinfeng Wang, *Spatial Data Analysis: Models, Methods and Techniques* (Berlin: Springer, 2011)。

究的空间单元 A_i 上观测到的变量值与邻近空间单元 A_j 上观测到的变量值的相关程度。它测度了观测变量 Y 与其邻近空间单元相似或不相似的程度，如果观测变量 Y 与其邻近空间单元的观测变量间具有相似值，那么观测变量 Y 的空间格局特征呈现正的空间自相关，简称"空间正相关"；反之，如果观测变量 Y 与其邻近空间单元的观测变量间具有不相似值，那么观测变量 Y 的空间格局特征就呈现负的空间自相关，简称"空间负相关"。判断观测变量 Y 是空间正相关还是空间负相关，或其相关度的方法有很多，其中最常用的有 Moran's I、Geary's C 和 Getis-Ord General G 等。本书采用的是 Moran's I 分析法，下面将对该分析法进行简单介绍。

1. 构建空间权重矩阵

进行空间统计分析，首先要构建空间权重矩阵，空间权重矩阵是进行空间探索分析的基础，同时还能揭示事物现象在区域之间的空间关联程度。利用探索性数据分析技术对观测变量 Y 进行全局或者局部空间自相关研究时，必须先定义观测变量 Y 的权重元素"邻近"关系，其常用的定义方法主要有邻接定义法和重心距离法。本书采用的是邻接定义法，其基本思路是为观测变量 Y 定义一个空间权重矩阵 $W_{n \times n}$。空间权重矩阵 $W_{n \times n}$ 表达了 n 个不同位置的空间邻近关系，其邻近关系可根据空间单元之间的邻接标准来度量。空间权重矩阵如式（2-1）所示：

$$\begin{bmatrix} W_{11} & W_{12} & \cdots & W_{1n} \\ W_{21} & W_{22} & \cdots & W_{2n} \\ \vdots & \vdots & \ddots & \vdots \\ W_{n1} & W_{n2} & \cdots & W_{nn} \end{bmatrix} \qquad 式（2-1）$$

式（2-1）中，确定空间权重矩阵 $W_{n \times n}$ 有很多种不同的规则，本书主要采用简单的二进制邻接矩阵和基于距离的二进制空间权重矩阵两种规则，如式（2-2）和式（2-3）所示：

$$W_y = \begin{cases} 1 & 当区域 i 和 j 相邻接 \\ 0 & 其他 \end{cases} \qquad 式（2-2）$$

$$W_y = \begin{cases} 1 & 当区域 i 和 j 的距离小于 d \\ 0 & 其他 \end{cases} \qquad 式（2-3）$$

2. 全局空间自相关

空间自相关的全局指标用全局 Moran's I 来度量。全局 Moran's I 反映空间邻接或邻近的区域单元属性值的相似程度。具体可定义 x_i 为区域单元 i 所观测到的值，$(x_i - \bar{x})(x_j - \bar{x})$ 反映了区域单元间观测值的相似程度，一旦确定了位置邻近关系 W_{ij} 和观测到的值的相似性 C_{ij}，就可计算得到全局 Moran's I，如式（2-4）所示：

$$I(d) = \frac{\sum_{i=1}^{n} \sum_{j \neq i}^{n} W_{ij}(x_i - \bar{x})(x_j - \bar{x})}{S^2 \sum_{i=1}^{n} \sum_{j \neq i}^{n} W_{ij}} \qquad \text{式（2-4）}$$

其中，$S^2 = \sum_{i=1}^{n}(x_i - \bar{x})^2$，$\bar{x} = \frac{1}{n}\sum_{i=1}^{n} x_i$，$n$ 为样本总量，即空间位置单元的总数。x_i、x_j 是空间位置 i 和 j 的观测值，W_{ij} 表示空间单元位置 i 和 j 之间的邻近关系。当 i 和 j 处于邻近的空间位置时，$W_{ij} = 1$；反之，$W_{ij} = 0$。全局 Moran's I 的取值范围是 $[-1, 1]$。

对于全局 Moran's I，可用标准化全局自相关统计量 Z 值来检验 n 个区域是否存在空间自相关关系，标准化全局自相关统计量 Z 值的计算方法如式（2-5）所示：

$$Z(d) = \frac{I(d) - E(I)}{\sqrt{VAR(I)}} = \frac{\sum_{j \neq 1}^{n} W_{ij}(d)(x_j - x_i)}{S_i \sqrt{W_{i(n-1-W_i)/(n-2)}}} \quad j \neq I \qquad \text{式（2-5）}$$

其中，$E(I)$ 和 $VAR(I)$ 是全局 Moran's I 的数学期望和方差。数学期望 $E(I) = \dfrac{-1}{n-1}$。

当 Z 值为正且显著性检验结果显著时，说明区域单元间存在正的空间自相关，换句话说，就是相似观测值的空间特征趋于空间集聚；当 Z 值为负且检验结果显著时，说明区域单元间存在负的空间自相关，也就是说，相似观测值的空间特征趋于分散分布；Z 值为零时，观测值为独立随机分布。

全局 Moran's I 能很好地从整体上反映观测单元变量空间分布的集聚、

分散和随机分布特征关系，却不能反映观测单元变量的局部分布特征关系。本书研究的区域，一方面观测空间与其邻近单元存在关联，另一方面不同空间单元之间又存在差异，即空间异质性。其空间自相关值可能大于零也可能小于零，使得不同空间区域单元的空间自相关关系呈现不同的显著性，因此本书采用局部自相关统计量 LISA 和局部 Moran 散点图进行深层次的分析，目的是探究观测值的空间局部集聚现象，以及各空间区域单元在全局自相关中的贡献程度和变异程度。

3. 局部空间自相关

（1）局部自相关统计量 LISA

空间联系的局部指标需满足两个条件，一是每个空间区域单元的 LISA 描述的是该区域单元的领域之间空间集聚程度的指标；二是所有空间区域单元 LISA 的总和与全局的空间联系指标成比例。

本书空间联系的局部指标主要是局部 Moran's I，局部 Geary's C 不在本书的研究范畴内。局部 Moran's I 计算公式如下：

$$I_i = \frac{y_i - \bar{y}}{\delta^2} \sum_{j=1}^{n} W_{ij}(y_i - \bar{y}) \qquad \text{式（2-6）}$$

式中，$\delta^2 = \frac{1}{n} \sum_{j=1}^{n} (y_i - \bar{y})^2$，$\bar{y} = \frac{1}{n} \sum_{i=1}^{n} y_i$，$y_i$ 是区域空间单元观测到的值，$\bar{y}$ 是所有观测值 y_i 的均值，对 j 的求和 $\left(\sum_{j=1}^{n} W_{ij}(y_i - \bar{y}) \right)$ 包含了 i 的所有邻近空间单元。其中，当 $I_i > 0$ 时，该区域空间单元周围是高值或低值的空间集聚；当 $I_i < 0$ 时，该区域空间单元周围是非相似值的空间集聚。

在进行数据分析前，先将空间权重矩阵 W_{ij} 进行如下标准化处理：

$$Z(I_i) = \frac{I_i - E(I_i)}{\sqrt{VAR(I_i)}} \qquad \text{式（2-7）}$$

$$VAR(I_i) = \frac{(n-a)W_i^{(2)}}{n-1} + \frac{(2a-n)(W_i^2 - W_i^{(2)})}{(n-1)(n-2)} \qquad \text{式（2-8）}$$

其中，$E(I_i) = -\frac{W_i}{n-1}$，$W_i = \sum_{j=1}^{n} W_{ij}$，$W_i^{(2)} = \sum_{j=1}^{n} W_{ij}^2$，$a = \frac{n \sum_{i=1}^{n} (y_i - \bar{y})^4}{\left[\sum_{i=1}^{n} (y_i - \bar{y})^2 \right]^2}$。

根据式（2-7）计算检验统计量，可以获得 I_i 的显著性水平。

（2）局部 Moran 散点图

局部 Moran 散点图的坐标形式为 (W_z, Z)，其中，W_z 是经过标准化的空间权重矩阵，而 Z 是由所有观测值与均值的偏差组成的向量。局部 Moran 散点图是对空间滞后因子 W_z 和 Z 数据进行可视化处理后的二维图。但由局部 Moran 散点图并不能得出局部空间集聚的显著性指标，所以局部 Moran 散点图不是 LISA 图，两者有显著区别。[①]

在局部 Moran 散点图中用横纵坐标表示要分析的数据，局部 Moran 散点图用来研究局部空间不稳定性时，共分为四个象限，分别对应所研究的区域空间单元与其邻近区域空间单元之间四种类型的局部空间关系。第一象限的散点表示的是所研究的高观测值的区域空间单元，被同样是高观测值的区域空间单元包围的空间关系（高-高类型）；第二象限的散点表示的是所研究的低观测值的区域空间单元，被高观测值的区域空间单元包围的空间关系（低-高类型）；第三象限的散点表示的是所研究的低观测值的区域空间单元，被同样是低观测值的区域空间单元包围的空间关系（低-低类型）；第四象限的散点表示的是所研究的高观测值的区域空间单元，被低观测值的区域空间单元包围的空间关系（高-低类型）。与全局自相关 Moran's I 不能具体识别何种空间联系形式相比，局部 Moran 散点图能进一步区分区域空间单元与其邻近区域空间单元之间属于高-高类型、低-高类型、低-低类型还是高-低类型的空间格局特征。

2.3.3　主成分分析法

主成分分析（principal components analysis，PCA）法源于 1901 年 Karl Pearson[②] 的非随机变量的多元转换分析，Hotelling[③] 在 1933 年将这种方法推广到随机变量。无论是自然地理学还是人文地理学研究，研究对象都处于一个巨大的空间系统中，有时所涉及的变量达上千个，面对这种复杂的指标体系，首先要搞清楚如何揭示变量之间的关系，另外还要知道如何将

---

① 胡芳芳：《北京市空气污染的空间统计分析》，硕士学位论文，首都经济贸易大学，2010。

② K. Pearson, "Mathematics and Biology," *Nature* 63 (1901): 274-275.

③ H. Hotelling, "Analysis of a Complex of Statistical Variables into Principal Components," *Journal of Educational Psychology* 6 (1933): 417-441.

地理分析过程变得简单化，具备可操作性。[1]

主成分分析法就是研究怎样由少数几个原始变量构成的主要成分来描述或解释更多变量的一种方法。[2] 对于任意 n 个变量，均值、方差、协方差可以用来描述变量间相互关系的特征数值，参数的数量计算公式如下：

$$n + \sum_{i=1}^{n} i = n + \frac{1}{2}n(n+1) \qquad \text{式（2-9）}$$

经主成分分析后，新变量的均值变为 0，协方差也简化为 0，变量系统的参数减少为 m 个，计算公式如下：

$$n + \sum_{i=1}^{n-1} i = n + \frac{1}{2}n(n+1) \qquad \text{式（2-10）}$$

如果原来有两个变量，变量长度 x_1 和变量宽度 x_2，那么就会有 2 个均值、2 个方差和 1 个协方差，这样一共就有 5 个参数，经过主成分分析后，均值和协方差都为 0，那么只剩下 2 个方差。

1. 主成分分析法的数学原理

假设所要研究的问题 X 中有 n 个样本，并且每个样本又有 p 个变量，其中 p 是随机变量，可以记为 x_{n1}，x_{n2}，$\cdots$，x_{np}，这样就构成了 $n \times p$ 阶的矩阵：

$$X = \begin{bmatrix} x_{11} & x_{12} & \cdots & x_{1p} \\ x_{21} & x_{22} & \cdots & x_{2p} \\ \vdots & \vdots & \ddots & \vdots \\ x_{n1} & x_{n2} & \cdots & x_{np} \end{bmatrix} \qquad \text{式（2-11）}$$

当 $n \times p$ 的值较大时，想要在多维空间中处理这类问题是比较困难的，因此需要降低 $n \times p$ 个变量的维度，将 $n \times p$ 个变量转变成 m 个新变量组合 F，F 称为原始变量 x 的公共因子，其形式为 F_1，F_2，$\cdots$，F_m（$m < p$），即：

① 陈彦光编著《地理数学方法：基础和应用》，科学出版社，2011。

② 〔美〕理查德·A. 约翰逊，迪安·W. 威克恩：《实用多元统计分析》（第六版），清华大学出版社，2008。

$$
\begin{cases}
F_1 = a_{11}x_1 + a_{12}x_2 + \cdots + a_{1p}x_{p1} \\
F_2 = a_{21}x_1 + a_{22}x_2 + \cdots + a_{2p}x_{p2} \\
\qquad\qquad\qquad \cdots \\
F_p = a_{p1}x_1 + a_{p2}x_2 + \cdots + a_{pp}x_{pp}
\end{cases}
\qquad \text{式（2-12）}
$$

式（2-12）需要满足以下条件：

（1）$m<p$，即提取的公共因子个数少于原始变量个数；

（2）$\mathrm{cov}(F,\ \varepsilon)=0$，即公共因子和特殊因子不相关；

（3）$\mathrm{var}(F)=1$，即各公共因子不相关且方差为 1；

（4）$\mathrm{cov}(\varepsilon_i,\ \varepsilon_j)=0$，$\mathrm{var}(\varepsilon_i)=\delta_i$，即各特殊因子不相关且方差不同。

如式（2-12）所示，新的公因子组合 F 大大简化了原始的系统结构，并且能充分保留原始指标变量中的大部分信息，而且原始指标变量彼此间相互独立，这就是主成分分析法的主要原理。

2. 主成分分析法的数学求解步骤

（1）数据标准化

主成分分析法在实际应用中，存在指标量纲不同的问题，因此在计算之前应先消除量纲的影响，将原始数据进行标准化处理。标准化公式为：

$$
Z_{ij} = \frac{x_{ij} - \overline{x_i}}{\sigma}\ (i=1,2,\cdots,n;\ j=1,2,\cdots,p) \qquad \text{式（2-13）}
$$

式（2-13）中 x_{ij} 为原始数据，Z_{ij} 为原始数据标准化后的数据，$\overline{x_i}$ 和 σ 分别为第 i 个变量的样本均值和标准差。标准化后的指标均值为 0，方差为 1。

（2）计算相关系数矩阵

$r_{ij}(i,\ j=1,\ 2,\ \cdots,\ p)$ 为原变量 x_i 与 x_j 的相关系数，其中 $r_{ij}=r_{ji}$，计算公式为：

$$
r_{ij} = \frac{\sum\limits_{k=1}^{n}(x_{kj-\overline{x_i}})(x_{kj-\overline{x_j}})}{\sqrt{\sum\limits_{k=1}^{n}(x_{kj-\overline{x_i}})^2 \sum\limits_{k=1}^{n}(x_{kj-\overline{x_j}})^2}} \qquad \text{式（2-14）}
$$

$$\boldsymbol{R} = \begin{bmatrix} r_{11} & r_{12} & \cdots & r_{1p} \\ r_{21} & r_{22} & \cdots & r_{2p} \\ \vdots & \vdots & \ddots & \vdots \\ r_{p1} & r_{p2} & \cdots & r_{pp} \end{bmatrix} \qquad 式(2-15)$$

（3）KMO 检验和 Bartlett's 球形检验

KMO（Kaiser-Meyer-Olkin）检验和 Bartlett's 球形检验用来检验所研究的指标变量是否适合做因子分析。KMO 检验通过比较各研究变量之间的简单相关系数和偏相关系数的大小，来判断研究变量间的相关性：

$$KMO = \frac{\sum\sum\limits_{i \neq j} r_{\bar{ij}}^{\,2}}{\sum\sum\limits_{i \neq j} r_{\bar{ij}}^{\,2} + \sum\sum\limits_{i \neq j} p_{\bar{ij}}^{\,2}} \qquad 式(2-16)$$

其中，r_{ij} 表示变量 X_i 和变量 X_j 之间的相关系数，p_{ij} 表示偏相关系数。

KMO 的取值范围是 0 到 1，KMO 的取值大于 0.5 时，原有变量适合做因子分析；KMO 的取值小于 0.5 时，则原有变量不适合做因子分析。也就是说，KMO 的取值越接近 1，就越适合做因子分析。

而 Bartlett's 球形检验需要计算原有变量相关系数矩阵的行列式，如果值较大且概率 $p < \alpha$（α 通常取 0.05），那么原有变量就适合做因子分析；反之，则不适合做因子分析。

（4）求特征值和特征向量

求解特征方程 $|S - \lambda I| = 0$，其中 I 是单位矩阵：

$$\begin{vmatrix} S_{11} - \lambda & S_{12} & \cdots & S_{1p} \\ S_{21} & S_{22} - \lambda & \cdots & S_{1p} \\ \vdots & \vdots & \ddots & \vdots \\ S_{p1} & S_{p2} & \cdots & S_{pp} - \lambda \end{vmatrix} = 0 \qquad 式(2-17)$$

解得 P 个特征值，并使其按照大小顺序排列：λ_1，λ_2，$\cdots$，λ_p（$\lambda_1 \geq \lambda_2 \geq \cdots \geq \lambda_p$）。

λ_k 所对应的单位特征向量为 $\alpha_k (k = 1, 2, \cdots, p)$，需要解方程组 $(S - \lambda I) \alpha_k = 0$：

$$\begin{pmatrix} S_{11}-\lambda_k & S_{12} & \cdots & S_{1p} \\ S_{21} & S_{22}-\lambda_k & \cdots & S_{2p} \\ \vdots & \vdots & \ddots & \vdots \\ S_{p1} & S_{p1} & \vdots & S_{pp}-\lambda_k \end{pmatrix} \begin{pmatrix} \alpha_{1k} \\ \alpha_{2k} \\ \vdots \\ \alpha_{pk} \end{pmatrix} = 0 \qquad 式（2-18）$$

其中，$\alpha_k = (\alpha_{1k}, \ \alpha_{2k}, \ \cdots, \ \alpha_{pk})^q$，单位向量的条件为：$a_{1k}^2 + a_{2k}^2 + \cdots + a_{pk}^2 = 0$。

（5）计算主成分贡献率及累计贡献率

为了建立公因子模型，要先估计因子载荷矩阵 $L=(a_{ij})_{p\times m}$ 和特殊方差，主要有主成分分析法、主因子法和极大似然估计法三种方法，本书采用的是主成分分析法，因此只介绍该种方法。

设 n 个样本，p 个指标标准化后的观测值为：

$$X = \begin{bmatrix} x_{11} & x_{12} & \cdots & x_{1p} \\ x_{21} & x_{22} & \cdots & x_{2p} \\ \vdots & \vdots & \ddots & \vdots \\ x_{n1} & x_{n2} & \cdots & x_{np} \end{bmatrix} \qquad 式（2-19）$$

p 个指标相关系数矩阵的特征根从大到小依次为 $\lambda_1 \geq \lambda_2 \geq \cdots \geq \lambda_p \geq 0$，$e_1$，$e_2$，$\cdots$，$e_p$ 是相对应的特征向量，选取相对较小的主成分个数，使累计贡献率 $\sum_{i=1}^{m}\lambda_i / \sum_{i=1}^{p}\lambda_p$ 达到一个相对较高的百分比，这样因子载荷矩阵就变为：

$$L = (\sqrt{\lambda_1}e_1, \ \sqrt{\lambda_2}e_2, \cdots, \ \sqrt{\lambda_m}e_m) \qquad 式（2-20）$$

通常有两种公共因子个数的确定方法：一种是提取累积方差贡献率大于 85% 的前 m 个公共因子，另外一种是只提取特征根大于或等于 1 的公共因子。

（6）估计主成分得分函数

在最终建立的公因子模型中，将总体的原有变量分解为公共因子与特殊因子的线性组合 $x_i = a_{i1}F_1 + a_{i2}F_2 + \cdots + a_{im}F_m + \varepsilon_i$（$i=1$，$2$，$\cdots$，$P$），当然也可以把每个公共因子表示成原有变量的线性组合 $F_j = b_{j1}X_1 + b_{j2}X_2 + \cdots + b_{jp}X_p$

（$j=1$，2，$\cdots$，m），并称其为公因子得分函数，这样就可以计算每个观测对象在各公因子上的得分情况，解决了公共因子不可测量的问题。最后，获得因子得分函数的关键是求解估计参数 $\hat{b}_j = (\hat{b}_{j1}, \hat{b}_{j2}, \cdots, \hat{b}_{jp})'$。

2.3.4　空间回归分析

在为空间数据构建模型时，通常用与空间单元 A_i（$i=1$，2，$\cdots$，n）相互联系的一组变量 X_{i1}，X_{i2}，$\cdots$，X_{iQ} 来对观测变量 y_i 进行解释。当空间变化时，建立变量 y_i 和 X_{i1}，X_{i2}，$\cdots$，X_{iQ} 之间的多元空间回归模型就是一种常用的分析技术。

1. 普通最小二乘线性回归

普通最小二乘线性回归也称最小平方法。对于每一个空间单元 A_i（$i=1$，2，$\cdots$，n），以下关系成立：

$$y_i = \sum_{q=1}^{Q} X_{iq}\beta_q + \varepsilon_i \qquad\qquad 式（2-21）$$

在式（2-21）中，y_i 是因变量的一个观测值，X_{iq} 为解释变量的一个观测值，β_q 为回归系数，ε_i 为误差项。

为了不影响 y_i 的预测值，标准回归模型中假设误差项的均值为 0，即对于所有的 i，$E[\varepsilon_i]=0$ 都满足。然而，各变量之间是独立分布的，因此它们的方差为常数，即对所有的 i 有 $\mathrm{var}[\varepsilon_i]=\sigma^2$，且各变量之间是不相关的，即对于 $i\neq j$ 有 $E[\varepsilon_i\varepsilon_j]=E[\varepsilon_i]E[\varepsilon_j]=0$。如果用矩阵来表示，则回归模型可以写成：

$$y = X\beta + \varepsilon \qquad\qquad 式（2-22）$$

因变量的 n 个观测值组成一个 $n\times 1$ 的向量，解释变量的观测值被列成 $n\times Q$ 的矩阵 X，而 β 相应的是 $Q\times 1$ 的参数向量。随机误差项可写成 $n\times 1$ 的向量 ε，同时满足 $\varepsilon\sim N(0, \sigma^2 I)$，其中 0 是 $n\times 1$ 的零向量，I 是 $n\times n$ 的单位矩阵。

空间依赖性是指某单元上的观测值依赖于相邻单元上的观测值。在普通最小二乘线性回归模型中，虽然观测值的独立性假设检验在一定程度上简化了模型，但是误差项之间会有空间依赖性存在，因此这种简化假设很难成立。一旦普通最小二乘线性回归模型中的变量、残差、因变量之间存在空间依赖性，这种简化假设就会导致模型的定义错误，模型的拟合结果就会出现偏差，最后可能得到错误的结果。

2. 空间滞后模型

空间滞后模型是普通最小二乘线性回归模型的拓展，该模型考虑了空间单元 A_i 上因变量观测值依赖于相邻区域 A_j ($j \neq i$) 的观测值的情形，其一般形式为一阶的空间自回归（SAR）混合模型：

$$y_I = \rho \sum_{J=1}^{n} W_{ij} y_J + \sum_{q=1}^{Q} X_{iq} \beta_q + \varepsilon_i \qquad \text{式（2-23）}$$

其中，误差项 ε_i 独立分布。W_{ij} 是空间权重矩阵 $W_{n \times n}$ 中的第 (i, j) 个元素。如果用矩阵来表达，该混合模型可以转化成：

$$y = \rho W_y + X\beta + \varepsilon \qquad \text{式（2-24）}$$
$$\varepsilon \sim N(0, \sigma^2 I)$$

式（2-24）中，y 是因变量的观测值组成的向量，X 是 $n \times Q$ 矩阵，表示 Q 个解释变量的 n 组观测值，W 是按照行标准化后的空间权重矩阵，且 $\sum_j W_{ij} = 1$，W_y 是空间滞后变量。参数 ρ 反映空间邻接单元对因变量的解释程度，β 是解释变量 X 对因变量 y 变化的影响程度。

可以用极大似然估计法进行模型参数估计，具体步骤如下：

（1）对模型 $y = X\beta_0 + \varepsilon_0$ 实施 OLS 估计；

（2）对模型 $W_y = X\beta_L + \varepsilon_L$ 实施 OLS 估计；

（3）计算残差 $e_0 = y - X\hat{\beta}_0$ 和 $e_L = W_y - X\hat{\beta}_L$。

对于 e_0 和 e_L，找到使得下面似然函数极大的 ρ：

$$L_c = -\left(\frac{n}{2}\right) \ln 2\pi - \left(\frac{n}{2}\right) \ln [(e_0 - \rho e_L)'(e_0 - \rho e_L)] + \ln |I - \rho W| \qquad \text{式（2-25）}$$

设 $\hat{\rho}$ 使得 L_c 最大，计算 $\hat{\beta} = (\hat{\beta}_0 - \hat{\rho}\hat{\beta}_L)$，$\hat{\sigma}^2 = (1/n)(e_0 - \hat{\rho} e_L)'(e_0 - \hat{\rho} e_L)$。

3. 空间误差模型

空间误差模型用于判断误差项是否存在空间依赖性。不同空间单元的

误差之间的协方差有可能不为 0。其中，误差的一阶空间自回归模型是最常
用的模型，表示为：

$$\varepsilon_i = \lambda \sum_{j=1}^{n} W_{ij}\varepsilon_j + u_i \qquad \text{式}(2\text{-}26)$$

其中，λ 是自回归参数，u_i 是一个随机误差项，通常假设为独立同分布。

等式 $W_i = \sum_{j=1}^{n} W_{ij}$ 矩阵形式可改写成 $\varepsilon = \lambda W\varepsilon + u$，假设 $|\lambda| < 1$，解方程中
的 ε 可以得出：

$$\varepsilon = (I - \lambda W)^{-1} u \qquad \text{式}(2\text{-}27)$$

将式（2-27）代入标准回归模型 $y = X\beta + \varepsilon$ 中，可以得到空间误差模型：

$$y = X\beta + (I - \lambda W)^{-1} u \qquad \text{式}(2\text{-}28)$$

其中，$E[uu'] = \sigma^2 I$。于是最终误差方差矩阵如下：

$$E[\varepsilon\varepsilon'] = \sigma^2 (I - \lambda W)^{-1} (I - \lambda W^t)^{-1} \qquad \text{式}(2\text{-}29)$$

当研究的样本为大样本时，SEM 模型和标准回归模型对于参数 β 的点
的估计结果相同。但是当研究的样本为小样本时，对误差项建立正确的空
间模型能够提高参数估计的效率，而空间滞后模型在等式右边包含了空间
滞后项目 W_y，因此将产生与标准回归模型不同的期望。

第3章 我国省域义务教育综合指数空间秩序研究

义务教育本身是一个非常复杂的体系，考虑到我国幅员辽阔、地理环境差异大等实际因素，我国省域义务教育空间秩序不但受义务教育内部各种因素的影响，同时受自然环境、交通、经济、人口、国家方针政策、家庭、学校和学生个体等多种因素影响。因此，在对义务教育综合指数进行研究时，不仅要将义务教育的经费投入和资源配置纳入考虑范畴，还要考虑其他因素，如地方经济发展、人口、家庭收支、交通等。基于以上综合因素，本研究利用熵值法、聚类分析等统计分析方法，测算各地区的义务教育综合指数，并且进一步对所研究的各地区义务教育发展水平进行聚类分析。义务教育综合指数的研究成果对各级政府部门研究、制定义务教育政策，监测各地义务教育发展状况等有极为重要的理论和实践意义。

3.1 数据来源

本研究所采用的数据主要来源于 2012~2017 年《中国教育年鉴》、2012~2017 年《中国教育经费统计年鉴》、《中国义务教育质量监测报告》、各省份统计年鉴、2010 年第六次全国人口普查数据、2012~2017 年《全国教育事业发展统计公报》等，由于数据收集条件所限，研究区域主要包括中国 31 个一级行政区（香港、澳门和台湾地区除外）。本书收集的义务教育数据主要涉及教育机会、办学条件、财政资源、师资力量、教育质量和教育信息化等六个方面，包括小学和初中的招生人数、在校学生人数、毕业生人数、辍学人数、教职工人数、代课教师人数、兼任教师人数、中央财政支出、地方财政支出、校舍占地面积、图书数量、计算机数量、网络多媒体教室数量、体育运动场馆面积等具体指标。对所收集的数据进行整理分析及标准化处理后，计算得到义务教育综合指数和分指数，这些指数不仅能直观地反映所研究的某一特定区域义务教育发展基本状况、发展趋势和空间分布状态，同时可以体现这一地区义务教育发展水平所处的不同阶段。接下来评价不同地区义务教育发展水平状态，进一步分析我国义务教育发展是处于均衡状态还是非均衡状态，为本书后续义务教育空间格局研究和义务教育空间秩序影响因素模型研究奠定坚实的数据分析基础。

3.2 义务教育指标体系的构建

3.2.1 义务教育空间秩序指标体系的构建原则

1. 理论联系实际的原则

从我国义务教育的特殊性来看，东部地区、中部地区和西部地区之间发展差异巨大，各地区的经济发展状况不一致。义务教育均衡发展指标系统中的各个指标都有不同的科学内涵，应针对不同的经济水平和义务教育发展程度，选择能够反映义务教育发展真实情况的指标，而且所选取指标应该是非常重要且被公认的指标。对于那些所含信息量比较大的综合指标的选取，要从多个方面进行考虑，科学系统地合成指标并进行客观分析，同时要从义务教育均衡发展水平的目标和实际情况出发，遵循理论联系实际的原则客观选取各项指标。

2. 可获得性原则

义务教育指数的测算需要大量的数据支持，如果数据获得过程非常困难或者需要付出大量的人力、物力和时间，将不利于本研究顺利开展。初步选取的义务教育指标不仅要能准确反映本书研究对象的本质属性，还应满足易于获取、简明扼要、信息量大、便于分析运算和易于标准化处理的要求。如果教育指标设计得很完美，但没有数据的可获取途径，那就如同空中楼阁，失去了实际意义。另外，即便指标具有可获得性，但所获得的指标在其时间范围内不能完全反映研究事物的本质，也不能入选。基于此，本书选择了具有代表性的指标，并对所选择的指标做出了针对性处理。

3. 针对性和实用性原则

我国义务教育的均衡发展问题是一个非常复杂的实际问题，义务教育空间秩序的形成更是受到多种影响因素的综合作用。因此，在指标选取时应重点找出义务教育发展过程中的主要问题，从义务教育发展差距入手，选择有针对性的评价指标。义务教育统计指标还要具有实用性，应结合研究目标选取一些实用且与目标联系紧密的指标，不实用的指标不宜引入。例如在考虑空间秩序影响因素指标时，家庭的收支在一定程度上会对义务教育的入学率造成影响，从而影响教育机会指标，同时对师资均衡配置具有现实指导性，应予以引入。

4. 导向性原则

本书所建立的指标体系最终要服务于义务教育均衡发展的终极目标，因此只有所选取的指标满足导向性原则，才能更好地表达义务教育所包含的信息，定量分析才更有意义，评估结果才更准确。比如在选取指标时，应该重点考虑要促进哪些方面的发展，或者哪些方面的发展更有利于义务教育的均衡发展，研究义务教育空间秩序的根本目的是为义务教育均衡发展服务，因此，构建指标体系时应遵循义务教育均衡发展价值取向原则。即使有些指标对于提高义务教育质量作用不大，却是后续研究空间格局特征和影响因素所必需的指标，基于引导性原则，这种指标需纳入义务教育均衡发展指标体系，以引导探索教育发展过程中各个分指标的空间格局特征，起到促进义务教育均衡发展的基础作用。

3.2.2 确立义务教育各项指标

义务教育作为我国基础教育体系的一个子系统，本身具有一些独特之处，在借鉴许多学者的研究经验和理论，以及参考翟博等专家[1]关于义务教育评价指标体系构建的基础上，根据理论联系实际、可获得性、针对性、实用性和导向性等原则，初步构建了我国省域义务教育指标分类。如表 3.1所示，我国省域义务教育发展情况可分为以下 4 类指标：一级指标 1 个；二级指标 6 个，主要包括教育机会、师资力量、财政资源、办学条件、教育质量和教育信息化；三级指标 12 个；四级指标 38 个。

---

① 翟博：《均衡发展：义务教育的重中之重》，《求是》2010 年第 2 期。

表 3.1　我国省域义务教育指标分类

一级指标	二级指标	三级指标	四级指标
我国省域义务教育发展情况（A）	教育机会（B_1）	小学教育机会（C_{11}）	小学招生人数（D_{111}）
			小学在校学生人数（D_{112}）
			小学毕业生人数（D_{113}）
		初中教育机会（C_{12}）	初中招生人数（D_{121}）
			初中在校学生人数（D_{122}）
			初中毕业生人数（D_{123}）
	师资力量（B_2）	小学师资力量（C_{21}）	小学教职工人数（D_{211}）
			小学代课教师人数（D_{212}）
			小学兼任教师人数（D_{213}）
		初中师资力量（C_{22}）	初中教职工人数（D_{221}）
			初中代课教师人数（D_{222}）
			初中兼任教师人数（D_{223}）
	财政资源（B_3）	小学财政资源（C_{31}）	公共财政预算教育经费（D_{311}）
			政府性基金预算教育经费（D_{312}）
			事业收入（D_{313}）
		初中财政资源（C_{32}）	初中中央财政支出（D_{321}）
			初中地方财政支出（D_{322}）
			初中全国财政支出（D_{323}）
	办学条件（B_4）	小学办学条件（C_{41}）	小学校舍占地面积（D_{411}）
			小学图书数量（D_{412}）
			小学体育运动场馆面积（D_{413}）
		初中办学条件（C_{42}）	初中校舍占地面积（D_{421}）
			初中图书数量（D_{422}）
			初中体育运动场馆面积（D_{423}）
	教育质量（B_5）	小学教育质量（C_{51}）	小学毕业生人数（D_{511}）
			小学辍学人数（D_{512}）
			小学上学年在校生人数（D_{513}）
			普初、职初招生人数（D_{514}）
		初中教育质量（C_{52}）	初中毕业生人数（D_{521}）
			初中辍学人数（D_{522}）
			初中上学年在校生人数（D_{523}）
			普高、职高招生人数（D_{524}）

一级指标	二级指标	三级指标	四级指标
我国省域义务教育发展情况（A）	教育信息化（B_6）	小学教育信息化（C_{61}）	小学网络多媒体教室数量（D_{611}）
			小学计算机数量（D_{612}）
			小学平板电脑数量（D_{613}）
		初中教育信息化（C_{62}）	初中网络多媒体教室数量（D_{621}）
			初中计算机数量（D_{622}）
			初中平板电脑数量（D_{623}）

客观体现我国省域义务教育均衡发展基础条件的前提是进行科学合理的指标选取，这样才能全面、系统、准确地研究我国省域义务教育发展状况。结合前文所述的指标选取的各项原则，对一系列文献进行综合分析、研究，且经过专家咨询后，如表 3.2 所示，将表 3.1 的 38 个四级指标通过计算加工，缩减为 14 个四级指标。

表 3.2　我国省域义务教育缩减指标分类

一级指标	二级指标	三级指标	四级指标
我国省域义务教育发展情况（A）	教育机会（B_1）	小学教育机会（C_{11}）	小学净入学率（D_{11}）
		初中教育机会（C_{12}）	初中净入学率（D_{12}）
	师资力量（B_2）	小学师资力量（C_{21}）	小学生师比（D_{21}）
		初中师资力量（C_{22}）	初中生师比（D_{22}）
	财政资源（B_3）	小学财政资源（C_{31}）	小学生均财政支出（D_{31}）
		初中财政资源（C_{32}）	初中生均财政支出（D_{32}）
	办学条件（B_4）	小学办学条件（C_{41}）	小学办学条件（一）（D_{41}）
			小学办学条件（二）（D_{42}）
		初中办学条件（C_{42}）	初中办学条件（一）（D_{43}）
			初中办学条件（二）（D_{44}）
	教育质量（B_5）	小学教育质量（C_{51}）	小学毕业率（D_{51}）
		初中教育质量（C_{52}）	初中毕业率（D_{52}）
	教育信息化（B_6）	小学教育信息化（C_{61}）	小学生机比（D_{61}）
		初中教育信息化（C_{62}）	初中生机比（D_{62}）

3.2.3 计算表达义务教育各项指标

1. 教育机会指标

"机会"的英文表达是"opportunity",《剑桥国际英语词典》对它的定义是"使人有可能去做、想做或不得不做某件事情的时机或际遇,或者做某事的可能性",《辞海》中的定义是"行事的际遇时会、时机"。"义务教育的教育机会"就是"义务教育阶段受教育的可能性"。

(1) 小学教育机会

我国省域义务教育小学教育机会是指小学阶段我国不同省域适龄儿童受教育的可能性。本研究主要用小学净入学率表达小学教育机会。小学净入学率,是指小学招生人数占校内外小学学龄儿童总数的百分比,按照各地不同入学年龄和学制分别计算,公式如下:

$$D_{11} = \frac{D_{111}}{校内外小学学龄儿童总数} \times 100\% \qquad 式(3-1)$$

式(3-1)中,D_{11}表示小学净入学率,D_{111}表示小学招生人数。

(2) 初中教育机会

我国省域义务教育初中教育机会是指初中阶段我国不同省域适龄儿童受教育的可能性。本研究主要用初中净入学率表达初中教育机会,公式如下:

$$D_{12} = \frac{D_{121}}{D_{122}} \times 100\% \qquad 式(3-2)$$

式(3-2)中,D_{12}表示初中净入学率,D_{121}表示初中招生人数,D_{122}表示初中在校学生人数。

2. 师资力量指标

师资力量就是教师资源的总和,"师资"主要包括在校的教职工、代课教师和兼任教师等人才资源。义务教育师资力量是指义务教育阶段一切教师资源的总和,具有数量和质量两个方面的属性。从数量上来说,就是指义务教育阶段所有教师的数量,包括在校专任教师数量、代课教师数量、教辅教师数量或与学生的比例(如生师比)等;从质量上来说,就是指义务教育阶段教师的知识结构、教学水平、教育科研能力、学历水平、职称水平等综合水平。本研究的师资力量是指义务教育阶段的教职工、代课教师和兼任教师的人数。

（1）小学师资力量

本研究主要应用小学生师比来表达我国省域义务教育小学阶段师资力量，小学生师比等于小学在校学生人数除以小学师资总人数，公式如下：

$$D_{21} = \frac{D_{112}}{D_{211}+D_{212}+D_{213}} \qquad 式（3-3）$$

式（3-3）中，D_{21}代表小学生师比，D_{112}为小学在校学生人数，D_{211}为小学教职工人数，D_{212}为小学代课教师人数，D_{213}为小学兼任教师人数。

（2）初中师资力量

本研究主要应用初中生师比来表达我国省域义务教育初中阶段师资力量，初中生师比等于初中在校学生人数除以初中师资总人数，公式如下：

$$D_{22} = \frac{D_{122}}{D_{221}+D_{222}+D_{223}} \qquad 式（3-4）$$

式（3-4）中，D_{22}代表初中生师比，D_{122}为初中在校学生人数，D_{221}为初中教职工人数，D_{222}为初中代课教师人数，D_{223}为初中兼任教师人数。

3. 财政资源指标

教育资源是指在教育教学过程中占有、占用、使用和消耗的一切资源的总和，包括人力资源、财政资源以及物力资源。财政资源作为教育资源的重要部分，是指用于教育的人力和物力的货币表现方式。

（1）小学财政资源

小学财政资源是指公共财政预算教育经费、政府性基金预算教育经费及事业收入的总和。考虑到省域财政资源因学生规模的不同而差异巨大，因此本研究主要利用小学生均财政支出来表示我国省域小学财政资源情况，公式如下：

$$D_{31} = \frac{D_{311}+D_{312}+D_{313}}{D_{112}} \qquad 式（3-5）$$

式（3-5）中，D_{31}为小学生均财政支出，D_{311}为公共财政预算教育经费，

D_{312} 为政府性基金预算教育经费，D_{313} 为事业收入，D_{112} 为小学在校学生人数。

（2）初中财政资源

初中财政资源是指初中阶段中央财政支出、地方财政支出和全国财政支出的总和。考虑到省域财政资源因学生规模的不同而差异巨大，因此本研究主要利用初中生均财政支出来表达我国省域初中财政资源情况，公式如下：

$$D_{32} = \frac{D_{321} + D_{322} + D_{323}}{D_{122}}$$ 式（3-6）

式（3-6）中，D_{32} 为初中生均财政支出，D_{321} 为初中中央财政支出，D_{322} 为初中地方财政支出，D_{323} 为初中全国财政支出，D_{122} 为初中在校学生人数。

4. 办学条件指标

办学条件是指政府办一所合格学校所需要提供的各种物质条件。现有的教育事业统计一般把办学条件分为资产和校舍两个部分，其中，资产主要包括校园占地面积、校舍面积、纸质和电子图书藏量、计算机数量、语音实验室和多媒体教室数量，以及其他的固定资产如教学、实验仪器设备等。这实际上也是对办学硬件设施的统计。本研究的办学条件主要指办学硬件设施，包括校舍占地面积、体育运动场馆面积、图书数量和计算机数量。

（1）小学办学条件

①小学办学条件（一）

小学办学条件（一）主要是指小学办学硬件条件，用小学校舍占地面积与小学体育运动场馆面积之和除以小学在校学生人数来表达，本研究应用小学生均占地面积来表示小学办学条件（一），公式如下：

$$D_{41} = \frac{D_{411} + D_{413}}{D_{112}}$$ 式（3-7）

式（3-7）中，D_{41} 为小学生均占地面积，D_{411} 为小学校舍占地面积，D_{413} 为小学体育运动场馆面积，D_{112} 为小学在校学生人数。

②小学办学条件（二）

小学办学条件（二）主要是指小学图书、计算机和网络多媒体教室生均数量。本研究应用小学生均多媒体数量来表示小学办学条件（二），公式如下：

$$D_{42} = \frac{D_{412} + D_{612} + D_{611}}{D_{112}}$$ 式（3-8）

式（3-8）中，D_{42} 为小学生均多媒体数量，D_{412} 为小学图书数量，D_{612} 为小学计算机数量，D_{611} 为小学网络多媒体教室数量，D_{112} 为小学在校学生人数。

（2）初中办学条件

①初中办学条件（一）

初中办学条件（一）主要是指初中办学硬件条件。本研究应用初中生均占地面积来表示初中办学条件（一）。

$$D_{43} = \frac{D_{421} + D_{423}}{D_{122}}$$ 式（3-9）

式（3-9）中，D_{43} 为初中生均占地面积，D_{421} 为初中校舍占地面积，D_{423} 为初中体育运动场馆面积，D_{122} 为初中在校学生人数。

②初中办学条件（二）

初中办学条件（二）主要是指初中图书、计算机和网络多媒体教室生均数量。本研究应用初中生均多媒体数量来表示初中办学条件（二），公式如下：

$$D_{44} = \frac{D_{422} + D_{622} + D_{621}}{D_{122}}$$ 式（3-10）

式（3-10）中，D_{44} 为初中生均多媒体数量，D_{422} 为初中图书数量，D_{622} 为初中计算机数量，D_{621} 为初中网络多媒体教室数量，D_{122} 为初中在校学生人数。

5. 教育质量指标

从区域均衡发展研究角度看，随着九年义务教育普及任务的完成，我国大多数地区在义务教育机会方面的相对公平已经基本实现，但教育质量方面的区域差异依然较大。因此，努力提高义务教育阶段教育质量，推进我国基础教育发展是非常紧迫的任务之一。从宏观上看，义务教育质量是指义务教育事业和义务教育工作的优劣程度，具体可以从两个方面理解：一方面是义务教育活动本身开展的优劣程度，另一方面就是适龄儿童的满意程度和义务教育活动满足社会需要的程度。从微观上看，基于学生个体角度，义务教育质量通常体现在学生学业成就水平方面和学生学习过程中所获得的知识、技能、能力及价值观方面；基于学校和教职工的角度，义务教育质量又可以被定义为义务教育阶段的教学活动质量和学校管理质量。如果从更高层次去理解，义务教育质量通常体现为国家教育部门、各级地方教育行政部门制定及实施义务教育政策与决策的水平。本研究所指的义务教育质量基于学生个体角度，主要指通过义务教育阶段的教育，学生所达到的学业水平质量。

（1）小学教育质量

小学教育质量是指小学义务教育活动开展的优劣程度，本研究主要应用小学毕业率来表示小学教育质量，公式如下：

$$D_{51} = \frac{D_{511}}{D_{512} + D_{513}} \qquad \text{式（3-11）}$$

式（3-11）中，D_{51} 为小学毕业率，D_{511} 为小学毕业生人数，D_{513} 为小学上学年在校生人数，D_{512} 为小学辍学人数。

（2）初中教育质量

初中教育质量是指初中义务教育活动开展的优劣程度，本研究主要应用初中毕业率来表示初中教育质量，公式如下：

$$D_{52} = \frac{D_{521}}{D_{522} + D_{523}} \qquad \text{式（3-12）}$$

式（3-12）中，D_{52} 为初中毕业率，D_{521} 为初中毕业生人数，D_{523} 初中上学年在校生人数，D_{522} 为初中辍学人数。

6. 教育信息化指标

义务教育信息化是指在义务教育过程中，运用以计算机多媒体和网络通信为基础的现代化信息技术辅助教学的能力和水平，同时这种能力还要满足快速发展的信息化社会对于教育发展的新要求。

（1）小学教育信息化

小学教育信息化指在小学教育过程中，全面运用以计算机多媒体和网络通信为基础的现代化信息技术促进学生全面发展的能力。为了便于计算，用小学生机比来表示，公式如下：

$$D_{61} = \frac{D_{611} + D_{612} + D_{613}}{D_{112}} \qquad 式（3-13）$$

式（3-13）中，D_{61} 为小学生机比，D_{611} 为小学网络多媒体教室数量，D_{612} 为小学计算机数量，D_{613} 为小学平板电脑数量，D_{112} 为小学在校学生人数。

（2）初中教育信息化

初中教育信息化指在初中教育过程中，全面运用以计算机多媒体和网络通信为基础的现代化信息技术促进学生全面发展的能力。为了便于计算，用初中生机比来表示，公式如下：

$$D_{62} = \frac{D_{621} + D_{622} + D_{623}}{D_{122}} \qquad 式（3-14）$$

式（3-14）中，D_{62} 为初中生机比，D_{621} 为初中网络多媒体教室数量，D_{622} 为初中计算机数量，D_{623} 为初中平板电脑数量，D_{122} 为初中在校学生人数。

3.2.4　计算义务教育各项指标权重

在定量研究中，大量离散的数据最终将被合成综合指标体系，指标综合评价的方法主要有主观赋权评价法和客观赋权评价法。[1]　其中，客观赋权评价法根据客观环境所提供的原始数据信息，赋予指标科学的计算权重，而主观赋权评价法是研究人员基于自己的知识积累、经验和主观意志，赋予指标科学的计算权重。[2]　为了避免主观赋值所造成的计算权重的局限，本书采用熵值法对各项离散的指标进行科学的权重赋值，然后利用加权求和方法对义务教育均衡发展综合指数进行计算。

---

[1]　王大将等：《一种新的多指标综合评价方法》，《统计与决策》2007 年第 7 期。

[2]　王富喜等：《基于熵值法的山东省城镇化质量测度及空间差异分析》，《地理科学》2013 年第 11 期。

1. 熵值法的原理

熵的概念最初起源于热力学，它是对系统状态不确定性的一种度量。信息论中用信息熵表示随机变量的不确定度。熵值法能很好地体现各离散指标信息熵的效用价值，在经济学、地理学以及各综合学科的研究领域中发挥了重要的作用，[①] 其基本原理如下：假设有 n 个待评价的方案，有 m 个离散的评价指标，可将其表示为数据矩阵 $X = \{x_{ij}\}_{n \times m}$。数据的离散程度越大，那么信息熵就越小，其提供的信息量就越大，最后对应的指标对综合评价结果的影响就越大，其对应权重也越大；反之，数据矩阵中的各指标值差异越小，信息熵就越大，其提供的信息量就越小，最后对应的指标对综合评价结果的影响就越小，其对应权重也越小。

根据上述思想，本书建立了 n 个评价方案，m 个评价指标体系，全国义务教育相应指标的原始数据表示为矩阵 $M = \begin{array}{c} A_1 \\ A_2 \\ \vdots \\ A_n \end{array} \begin{bmatrix} x_{11} & x_{12} & \cdots & x_{1n} \\ x_{21} & x_{22} & \cdots & x_{2n} \\ \vdots & \vdots & \ddots & \vdots \\ x_{m1} & x_{m2} & \cdots & x_{mn} \end{bmatrix}$，其中，$n = 31$，$m = 6$。

2. 计算步骤

（1）对全国义务教育原始数据进行标准化处理，将所有指标分为正向指标与负向指标，公式分别如下：

$$z_{ij} = \frac{x_{ij} - \min(x_j)}{\max(x_j) - \min(x_j)} \qquad 式（3-15）$$

$$z_{ij} = \frac{\max(x_j) - x_{ij}}{\max(x_j) - \min(x_j)} \qquad 式（3-16）$$

式（3-15）和式（3-16）中，z_{ij} 为原始数据标准化处理后第 i 个方案中的第 j 个指标的数值。$i = 1, 2, \cdots, m$；$j = 1, 2, \cdots, n$。

（2）计算全国义务教育数据矩阵中第 j 个指标下第 i 个方案占该指标的比重（p_{ij}）：

---

① 杨浏洋、王美玲、李志强：《基于熵值法的农业经济发展质量综合评价——以湖北省为例》，《农业展望》2019 年第 6 期。

$$p_{ij} = \frac{z_{ij}}{\sum_{i=1}^{m} z_{ij}} \qquad\qquad 式（3-17）$$

式（3-17）中，$i=1$，2，$\cdots$，m；$j=1$，2，$\cdots$，n。

（3）计算全国义务教育数据矩阵中第 j 个指标的熵值（e_j）：

$$e_j = -k\sum_{i=1}^{m} p_{ij}\ln(p_{ij}) \qquad\qquad 式（3-18）$$

式（3-18）中，$k=1/\ln(m)$，$0 \leqslant e_j \leqslant 1$。

（4）计算全国义务教育数据矩阵中第 j 个指标的差异系数（d_j）：

$$d_j = 1 - e_j \qquad\qquad 式（3-19）$$

（5）计算全国义务教育数据矩阵中各项指标的权重（ω_j）：

$$\omega_j = \frac{d_j}{\sum_{i=1}^{n} d_j} \qquad\qquad 式（3-20）$$

（6）计算全国义务教育数据矩阵中各方案的综合得分（s_i）：

$$s_i = \sum_{j=1}^{n} \omega_j \cdot p_{ij}(i = 1,2,\cdots,m) \qquad\qquad 式（3-21）$$

根据上述权重计算步骤，对 2012～2017 年省域义务教育二级指标进行指标权重测算。如表 3.3 和图 3.1 所示，2013～2016 年，教育机会和教育质量的权重一直增大，说明这两项指标对义务教育发展水平的重要性持续增加，但从具体权重数值来看，教育机会的重要程度超过了教育质量。师资力量和办学条件的权重整体呈平稳态势且权重值较大，说明这两项指标在义务教育发展水平中的重要程度较一致，都处于非常重要的地位。财政资源和教育信息化的权重整体均呈下降趋势，说明财政资源和教育信息化不再是决定义务教育发展水平的关键因素。经过国家政策调控，各省份的财政资源和硬件设施均得到很大改善，因此义务教育要素中的软实力更能决定义务教育的发展水平，所以应重视软实力的建设，比如师资方面的建设，各地政府应建立科学合理的教师队伍管理、激励和评价机制，吸引更多的优秀教师前来任教。

表 3.3　2012~2017 年省域义务教育二级指标权重

年份	教育机会	师资力量	财政资源	办学条件	教育质量	教育信息化
2012	0.09504	0.12783	0.31142	0.17626	0.06263	0.22682
2013	0.13966	0.11048	0.30211	0.19942	0.02754	0.22081
2014	0.18101	0.12407	0.33607	0.15761	0.03057	0.17068
2015	0.19410	0.10944	0.31083	0.15778	0.05504	0.17279
2016	0.30819	0.10701	0.24574	0.13167	0.07249	0.13489
2017	0.23803	0.12461	0.26344	0.15690	0.05966	0.15736

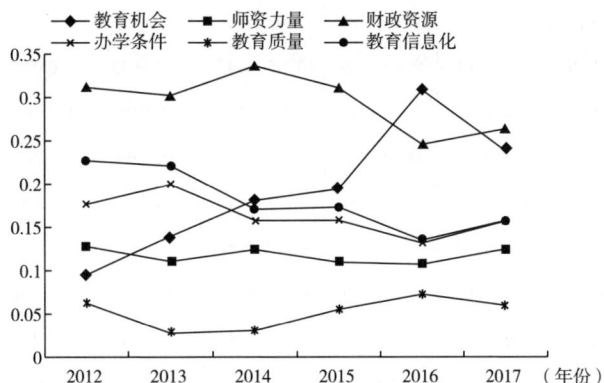

图 3.1　2012~2017 年省域义务教育二级指标权重变化趋势

3.3　义务教育综合指数区域类型划分

对 2012~2017 年我国 31 个省份各项指标的数据进行处理，计算出各省份义务教育综合指数、各分指数得分（见表 3.4 至表 3.9）。从得分排名来看，2012 年综合指数得分位居前列的省份有上海、北京、浙江、江苏、天津、青海和辽宁。2013 年综合指数得分位居前列的省份有上海、北京、浙江、天津、江苏、青海和辽宁。2014 年综合指数得分位居前列的省份有北京、上海、浙江、江苏、天津、西藏和青海。2015 年综合指数得分位居前列的省份有北京、上海、浙江、西藏、天津、青海和江苏。2016 年综合指数得分位居前列的省份有北京、上海、浙江、青海、西藏、江苏、天津。2017年综合指数得分位居前列的省份有北京、上海、浙江、天津、青海、江苏和西藏。

表 3.4　2012 年我国 31 个省份义务教育综合指数、各分指数得分

省份	教育机会	师资力量	财政资源	办学条件	教育质量	教育信息化	综合指数
北京	0.009776	0.009769	0.311422	0.025119	0.060566	0.22597037	0.642623
天津	0.026593	0.013164	0.178830	0.116692	0.006956	0.11057531	0.452811
河北	0.021158	0.069046	0.026393	0.060053	0.027668	0.05217103	0.256489
山西	0.050953	0.037752	0.025950	0.058255	0.025567	0.04093882	0.239415
内蒙古	0.045698	0.014488	0.081523	0.054810	0.048037	0.03923271	0.283789
辽宁	0.047847	0.029721	0.070326	0.096664	0.050833	0.12312989	0.418521
吉林	0.051836	0.000001	0.052406	0.059444	0.056603	0.05581748	0.276107
黑龙江	0.047623	0.021856	0.034933	0.022131	0.045504	0.05842603	0.230474
上海	0.000001	0.047687	0.217808	0.176258	0.037990	0.22681528	0.706559
江苏	0.014839	0.043050	0.088376	0.129099	0.045857	0.15212407	0.473346
浙江	0.028721	0.078898	0.084260	0.132544	0.042431	0.16507704	0.531931
安徽	0.035933	0.063251	0.025365	0.048622	0.048607	0.03660071	0.258378
福建	0.027614	0.046859	0.051591	0.070174	0.049495	0.06115621	0.306889
江西	0.026338	0.121121	0.009239	0.004816	0.039040	0.00468336	0.205237
山东	0.038156	0.054641	0.036554	0.088373	0.000001	0.10176288	0.319488
河南	0.015892	0.127827	0.002717	0.034325	0.012201	0.00444997	0.197412
湖北	0.028710	0.048432	0.014086	0.135928	0.057814	0.06984401	0.354814
湖南	0.036039	0.075918	0.023836	0.071851	0.052602	0.02334425	0.283590
广东	0.042507	0.103652	0.024072	0.069351	0.034757	0.06213047	0.336470
广西	0.043230	0.116153	0.013345	0.005944	0.058292	0.00226821	0.236967
海南	0.044187	0.056876	0.056795	0.027740	0.042348	0.02629709	0.254245
重庆	0.022296	0.074345	0.039390	0.000002	0.049247	0.03516972	0.220449
四川	0.034582	0.085521	0.020374	0.046915	0.051151	0.03411063	0.272653
贵州	0.071876	0.125509	0.000003	0.021522	0.049677	0.00386055	0.272447
云南	0.083620	0.092972	0.015496	0.008749	0.046274	0.01474468	0.261856
西藏	0.095044	0.063251	0.078409	0.048073	0.046381	0.05744357	0.388602
陕西	0.035007	0.028066	0.041126	0.098036	0.046800	0.06649122	0.315526

省份	教育机会	师资力量	财政资源	办学条件	教育质量	教育信息化	综合指数
甘肃	0.068674	0.052571	0.016603	0.038928	0.018934	0.04354204	0.239252
青海	0.049655	0.089495	0.088257	0.076393	0.053265	0.07940774	0.436473
宁夏	0.057207	0.088916	0.036337	0.029082	0.062634	0.07690694	0.351082
新疆	0.040134	0.021442	0.069793	0.036611	0.056484	0.05804395	0.282508

表 3.5　2013 年我国 31 个省份义务教育综合指数、各分指数得分

省份	教育机会	师资力量	财政资源	办学条件	教育质量	教育信息化	综合指数
北京	0.000001	0.022614	0.302107	0.134347	0.026789	0.21997898	0.705837
天津	0.023462	0.025064	0.190404	0.129315	0.020692	0.10764351	0.496581
河北	0.021297	0.062451	0.017641	0.094699	0.026046	0.05078776	0.272922
山西	0.062183	0.019883	0.018717	0.058607	0.016465	0.03985337	0.215708
内蒙古	0.052195	0.014633	0.071283	0.058142	0.024324	0.03819250	0.258769
辽宁	0.056677	0.028635	0.071890	0.107494	0.026615	0.11986522	0.411177
吉林	0.056003	0.004201	0.058427	0.050930	0.026510	0.05433753	0.250409
黑龙江	0.057574	0.000001	0.051993	0.012473	0.001000	0.05687692	0.178917
上海	0.003305	0.050059	0.212926	0.199415	0.023634	0.22080149	0.710141
江苏	0.012282	0.045368	0.089931	0.145481	0.025600	0.14809064	0.466752
浙江	0.030553	0.075263	0.075196	0.159479	0.026973	0.16070018	0.528164
安徽	0.036361	0.062521	0.024554	0.049540	0.025561	0.03563027	0.234167
福建	0.020921	0.051599	0.047815	0.070695	0.024605	0.05953471	0.275170
江西	0.024083	0.092836	0.009538	0.001045	0.022059	0.00455918	0.154121
山东	0.032924	0.051529	0.036477	0.095156	0.015664	0.09906474	0.330815
河南	0.017299	0.083175	0.000003	0.030813	0.018469	0.00433198	0.154091
湖北	0.027787	0.047328	0.020450	0.148327	0.025904	0.06799216	0.337788
湖南	0.039307	0.075613	0.026297	0.075291	0.025091	0.02272530	0.264324
广东	0.037251	0.085555	0.018211	0.074326	0.022138	0.06048314	0.297964
广西	0.045694	0.109009	0.010440	0.003604	0.025369	0.00000200	0.194118
海南	0.053350	0.052649	0.051689	0.029804	0.023814	0.02559985	0.236906
重庆	0.037891	0.068262	0.040293	0.000002	0.025727	0.03423723	0.206411
四川	0.052740	0.068192	0.024725	0.048756	0.024177	0.03320622	0.251796

续表

省份	教育机会	师资力量	财政资源	办学条件	教育质量	教育信息化	综合指数
贵州	0.139660	0.110479	0.002285	0.012445	0.022699	0.00375820	0.291327
云南	0.092027	0.080724	0.012749	0.009617	0.025650	0.01435373	0.235121
西藏	0.123132	0.060841	0.089191	0.054345	0.027537	0.05592051	0.410967
陕西	0.052813	0.027725	0.064111	0.127597	0.023716	0.06472827	0.360690
甘肃	0.095972	0.032906	0.015746	0.045901	0.019395	0.04238756	0.252308
青海	0.070859	0.070432	0.093090	0.085996	0.023892	0.07730232	0.421573
宁夏	0.062341	0.080514	0.033111	0.029454	0.026487	0.07486782	0.306774
新疆	0.049456	0.022894	0.075778	0.028375	0.025344	0.05650497	0.258352

表 3.6 2014 年我国 31 个省份义务教育综合指数、各分指数得分

省份	教育机会	师资力量	财政资源	办学条件	教育质量	教育信息化	综合指数
北京	0.114465	0.026145	0.336073	0.098112	0.025189	0.17067747	0.770662
天津	0.040515	0.030581	0.174612	0.095855	0.016917	0.08014274	0.438623
河北	0.027346	0.068927	0.011549	0.071956	0.027286	0.04627366	0.253338
山西	0.043477	0.022263	0.024212	0.050176	0.022301	0.05372917	0.216157
内蒙古	0.026833	0.018381	0.079168	0.048360	0.023670	0.04113257	0.237545
辽宁	0.023313	0.030265	0.055059	0.091721	0.020211	0.08561627	0.306185
吉林	0.115582	0.000158	0.043989	0.071584	0.017470	0.05041247	0.299197
黑龙江	0.035937	0.000001	0.039360	0.012957	0.000001	0.04659545	0.134851
上海	0.181002	0.054033	0.219829	0.157606	0.025510	0.11982132	0.757801
江苏	0.122315	0.055934	0.097228	0.108893	0.026393	0.08370740	0.494470
浙江	0.083864	0.081683	0.078676	0.120849	0.029464	0.11428978	0.508825
安徽	0.022518	0.072809	0.029335	0.043871	0.030573	0.03282716	0.231934
福建	0.040215	0.062114	0.047697	0.049620	0.030573	0.05031445	0.280532
江西	0.025140	0.104500	0.016074	0.004079	0.030330	0.00451257	0.184635
山东	0.053215	0.062272	0.031938	0.092306	0.028281	0.07140852	0.339421
河南	0.037401	0.092378	0.000003	0.024262	0.029417	0.00173480	0.185197
湖北	0.017251	0.048883	0.022126	0.122127	0.030573	0.04827379	0.289234
湖南	0.016464	0.086278	0.019675	0.054029	0.029583	0.01374197	0.219771
广东	0.059469	0.095468	0.028176	0.071082	0.029048	0.06100392	0.344246

续表

省份	教育机会	师资力量	财政资源	办学条件	教育质量	教育信息化	综合指数
广西	0.034017	0.124069	0.007622	0.010698	0.030535	0.00000200	0.206942
海南	0.067528	0.062034	0.052404	0.027612	0.027972	0.02576254	0.263313
重庆	0.000002	0.078830	0.040228	0.000002	0.028249	0.03333515	0.180646
四川	0.012300	0.078276	0.021557	0.044900	0.028417	0.02500700	0.210457
贵州	0.012204	0.121217	0.007055	0.035726	0.027442	0.01939115	0.223035
云南	0.047128	0.090556	0.021539	0.017637	0.028489	0.01892717	0.224276
西藏	0.097549	0.060133	0.093160	0.046150	0.030573	0.06777937	0.395345
陕西	0.055260	0.033275	0.048817	0.108528	0.025581	0.06334016	0.334802
甘肃	0.048270	0.033434	0.019545	0.047519	0.026274	0.04521325	0.220255
青海	0.076757	0.085010	0.064444	0.074824	0.028891	0.05803074	0.387957
宁夏	0.067899	0.090635	0.035353	0.036958	0.027482	0.08133147	0.339660
新疆	0.030923	0.025115	0.071859	0.034432	0.028450	0.03797534	0.228755

表 3.7　2015 年我国 31 个省份义务教育综合指数、各分指数得分

省份	教育机会	师资力量	财政资源	办学条件	教育质量	教育信息化	综合指数
北京	0.167394	0.015110	0.310832	0.100426	0.027489	0.17185591	0.793107
天津	0.045769	0.028738	0.166480	0.087130	0.055042	0.07335821	0.456517
河北	0.033813	0.073010	0.004456	0.065447	0.016092	0.03852838	0.231347
山西	0.038351	0.015887	0.019922	0.046080	0.016774	0.05375581	0.190770
内蒙古	0.027167	0.020477	0.060522	0.038973	0.055042	0.04434130	0.246522
辽宁	0.025357	0.026125	0.042453	0.096866	0.037944	0.09721640	0.325962
吉林	0.049980	0.000011	0.053446	0.084992	0.000006	0.05687091	0.245305
黑龙江	0.033122	0.003530	0.052208	0.009956	0.055042	0.04158290	0.195442
上海	0.194103	0.038270	0.183679	0.157781	0.036455	0.17279704	0.783086
江苏	0.041460	0.055923	0.086065	0.096164	0.018427	0.09677573	0.394813
浙江	0.092378	0.069197	0.068543	0.119262	0.027801	0.12074698	0.497928
安徽	0.022263	0.067079	0.021625	0.031580	0.041049	0.03833690	0.221932
福建	0.038636	0.059877	0.041564	0.039129	0.030071	0.04126236	0.250539
江西	0.014250	0.094193	0.015439	0.000002	0.025282	0.00323165	0.152397
山东	0.052868	0.055993	0.031094	0.084340	0.055042	0.07923042	0.358567

续表

省份	教育机会	师资力量	财政资源	办学条件	教育质量	教育信息化	综合指数
河南	0.038662	0.085014	0.000003	0.015213	0.049952	0.00102499	0.189869
湖北	0.032732	0.044837	0.033310	0.109135	0.028563	0.04747123	0.296048
湖南	0.013958	0.084802	0.018991	0.042049	0.035924	0.01265334	0.208378
广东	0.061607	0.074775	0.027003	0.067192	0.038475	0.07615790	0.345210
广西	0.024726	0.109445	0.004032	0.017817	0.041310	0.00000200	0.197331
海南	0.061661	0.052957	0.044872	0.020940	0.054908	0.02908478	0.264423
重庆	0.000002	0.065808	0.030244	0.000268	0.038584	0.03006178	0.164969
四川	0.017122	0.064608	0.020988	0.038123	0.038023	0.03354426	0.212408
贵州	0.024850	0.092357	0.004085	0.041566	0.055042	0.02005714	0.237957
云南	0.046129	0.079506	0.008964	0.015380	0.055042	0.01338590	0.218407
西藏	0.172137	0.037141	0.130003	0.043524	0.055042	0.05378785	0.491634
陕西	0.026650	0.030574	0.050753	0.109017	0.042248	0.06490569	0.324147
甘肃	0.050090	0.020124	0.018613	0.045553	0.055042	0.04434221	0.233764
青海	0.070370	0.067291	0.078439	0.075357	0.055042	0.05952312	0.406022
宁夏	0.047170	0.074917	0.027581	0.034158	0.054795	0.07388503	0.312506
新疆	0.026139	0.027538	0.068092	0.034427	0.055042	0.04684838	0.258086

表 3.8　2016 年我国 31 个省份义务教育综合指数、各分指数得分

省份	教育机会	师资力量	财政资源	办学条件	教育质量	教育信息化	综合指数
北京	0.308192	0.008772	0.245735	0.077693	0.000001	0.11811903	0.758511
天津	0.041091	0.028873	0.110144	0.069864	0.060401	0.03409157	0.344464
河北	0.033883	0.075875	0.008902	0.052911	0.012895	0.00000100	0.184465
山西	0.029474	0.016739	0.025091	0.038975	0.072494	0.04363646	0.226410
内蒙古	0.023513	0.024341	0.065174	0.042881	0.008136	0.04794329	0.211989
辽宁	0.021702	0.023245	0.034402	0.091318	0.036823	0.10229153	0.309781
吉林	0.026743	0.000001	0.051969	0.078149	0.060866	0.06258237	0.280310
黑龙江	0.027129	0.008552	0.047091	0.014572	0.072494	0.09238158	0.262221
上海	0.136505	0.034867	0.149327	0.131671	0.010394	0.13489364	0.597657
江苏	0.039717	0.060159	0.067668	0.076684	0.034633	0.07139567	0.350256
浙江	0.068455	0.067395	0.057510	0.100215	0.053716	0.08474419	0.432036

续表

省份	教育机会	师资力量	财政资源	办学条件	教育质量	教育信息化	综合指数
安徽	0.012882	0.071781	0.024231	0.025459	0.055536	0.03738146	0.227270
福建	0.031344	0.064472	0.035440	0.029419	0.042348	0.00475132	0.207774
江西	0.004497	0.098681	0.011856	0.005356	0.033355	0.03391930	0.187663
山东	0.036794	0.057235	0.026986	0.073626	0.072494	0.05655904	0.323694
河南	0.020488	0.093052	0.000001	0.014542	0.055348	0.03614799	0.219579
湖北	0.012803	0.052703	0.028665	0.083542	0.045626	0.03520544	0.258545
湖南	0.011286	0.089178	0.014398	0.034042	0.064215	0.04909137	0.262210
广东	0.049271	0.075582	0.030623	0.056459	0.050460	0.05771483	0.320110
广西	0.018688	0.107014	0.007909	0.032857	0.060490	0.02384065	0.250799
海南	0.044881	0.057162	0.043160	0.015992	0.032165	0.02309108	0.216450
重庆	0.000001	0.065787	0.036301	0.000001	0.048589	0.00000100	0.150677
四川	0.015912	0.065422	0.024894	0.027710	0.055376	0.06042746	0.249742
贵州	0.011516	0.087278	0.010789	0.042284	0.072494	0.04929258	0.273653
云南	0.033601	0.076971	0.019193	0.023688	0.072494	0.02529097	0.251238
西藏	0.081024	0.039911	0.131118	0.034954	0.072494	0.01647830	0.375979
陕西	0.025276	0.035964	0.036580	0.088046	0.072494	0.03993144	0.298291
甘肃	0.041379	0.019590	0.023891	0.039359	0.072494	0.04925344	0.245967
青海	0.045434	0.068199	0.060195	0.072872	0.067477	0.06277284	0.376950
宁夏	0.034494	0.074120	0.033646	0.033953	0.054977	0.04887764	0.280069
新疆	0.022192	0.032309	0.054239	0.030168	0.051761	0.06504728	0.255715

表 3.9　2017 年我国 31 个省份义务教育综合指数、各分指数得分

省份	教育机会	师资力量	财政资源	办学条件	教育质量	教育信息化	综合指数
北京	0.238027	0.003762	0.263444	0.092283	0.056726	0.09312097	0.747363
天津	0.066816	0.035969	0.121092	0.078236	0.054922	0.07894922	0.435984
河北	0.041124	0.095337	0.011490	0.054226	0.048166	0.05466201	0.305005
山西	0.038654	0.023766	0.026047	0.048028	0.041414	0.04830562	0.226214
内蒙古	0.033279	0.028812	0.064335	0.051393	0.059662	0.05201021	0.289492
辽宁	0.030279	0.024408	0.036363	0.112643	0.059662	0.11366704	0.377022
吉林	0.036502	0.000001	0.056628	0.092376	0.056367	0.09320823	0.335082

省份	教育机会	师资力量	财政资源	办学条件	教育质量	教育信息化	综合指数
黑龙江	0.038179	0.011011	0.054217	0.021358	0.000001	0.02074069	0.145506
上海	0.207929	0.036061	0.169922	0.156896	0.010592	0.15736345	0.738764
江苏	0.042973	0.078637	0.072055	0.079269	0.038157	0.07969788	0.390789
浙江	0.078609	0.082124	0.067606	0.113360	0.059662	0.11438863	0.515749
安徽	0.014459	0.092493	0.027485	0.026234	0.050327	0.02652178	0.237520
福建	0.041575	0.086804	0.038146	0.029648	0.037061	0.02972834	0.262962
江西	0.018135	0.124608	0.014051	0.003364	0.032997	0.00319894	0.196355
山东	0.043044	0.071847	0.031231	0.080263	0.013690	0.08027458	0.320349
河南	0.034774	0.110845	0.000003	0.015159	0.037152	0.01514444	0.213076
湖北	0.026155	0.074049	0.042442	0.090370	0.038412	0.09087763	0.362307
湖南	0.016950	0.107541	0.019685	0.038330	0.042770	0.03856661	0.263842
广东	0.067803	0.095246	0.038248	0.062086	0.048382	0.06257857	0.374343
广西	0.028943	0.124333	0.010713	0.036127	0.051462	0.03650030	0.288079
海南	0.033347	0.075334	0.049118	0.016771	0.047544	0.01694768	0.239063
重庆	0.000001	0.081298	0.036630	0.000001	0.043795	0.00000100	0.161724
四川	0.026189	0.077536	0.026831	0.032149	0.044840	0.03238075	0.239926
贵州	0.017653	0.104330	0.018299	0.053261	0.055634	0.05382070	0.302998
云南	0.044910	0.092952	0.022357	0.029821	0.056435	0.03023804	0.276714
西藏	0.106868	0.063589	0.127267	0.036359	0.018315	0.03615933	0.388557
陕西	0.039483	0.050100	0.037301	0.100830	0.047845	0.10157031	0.377129
甘肃	0.057371	0.025142	0.027063	0.049134	0.054620	0.04964864	0.262978
青海	0.058110	0.081849	0.062380	0.087137	0.052450	0.08786683	0.429793
宁夏	0.046055	0.091025	0.027837	0.039951	0.052960	0.04037562	0.298204
新疆	0.028806	0.041291	0.059213	0.033493	0.047454	0.03377936	0.244037

从以上综合指数得分排名情况可知，2012~2017年，义务教育发展水平高的省份和低的省份基本没有变化，北京、上海、浙江这三个地区的义务教育发展水平在全国处于领先地位且发展比较稳定。西藏和青海虽然属于我国经济欠发达地区，但义务教育综合指数得分都较高，2015年和2016年西藏跃居前五位，青海则在2016年和2017年跃居前五位，这两个省份

的义务教育表现出良好的发展势头。2016 年我国义务教育综合指数得分整体下滑，少数省份如江西、山西、河南、湖南、广西、四川、云南等的综合指数得分不但没有下降，反而有小幅度的上升。这些省份大部分是经济欠发达地区，这可能跟国家义务教育政策导向有关，国家不仅在财政方面向西部地区倾斜，还采取了很多促进义务教育均衡发展的措施，如加强西部地区义务教育均衡发展评估督导工作、出台加快中西部教育发展的指导意见等。

对综合指数得分进行描述性统计分析，得到表 3.10。从标准差来看，2012~2015 年标准差逐年增大，这说明大部分省份的义务教育综合指数得分与全国平均值之间的差异逐年增大，尤其是 2015 年的标准差达到最大值0.1567799，同年大多数省份的综合指数得分远离均值 0.313077，区域得分比较分散，区域之间的发展水平差异较大。2016 年标准差是 0.1211153，2017 年标准差是 0.1379129，从这两项数据来看，2015 年之后标准差有所下降，各省份义务教育综合指数得分向均值靠拢，省域之间的义务教育发展水平差距逐渐缩小。

表 3.10　2012~2017 年省域义务教育综合指数得分的描述性统计分析

年份	N	最小值	最大值	均值	标准差	方差
2012	31	0.1974	0.7066	0.332465	0.1234807	0.015
2013	31	0.1541	0.7101	0.321618	0.1405377	0.020
2014	31	0.1349	0.7707	0.313163	0.1509232	0.023
2015	31	0.1524	0.7931	0.313077	0.1567799	0.025
2016	31	0.1507	0.7585	0.296467	0.1211153	0.015
2017	31	0.1455	0.7474	0.330546	0.1379129	0.019
Valid N	31					

我国省域义务教育综合指数的变化趋势比较一致，2012~2015 年大多数省份的综合指数都有小幅度的下降，2016 年下降幅度较大，2017 年又大幅度提高，也有一些省份从 2015 年开始持续提高，如江西、广西、吉林、贵州等，尤其是广西的义务教育综合指数得分从 2013 年的 0.194118 提高到2017 年的 0.288079，能取得这样的进步非常不容易。北京和上海的综合得分 6 年间一直高于其他省份，尤其在 2015 年分别达到最高值 0.793107 和

0.783086，远高于 2015 年全国均值 0.313077。2012～2015 年，上海的综合指数得分一直保持小幅度增加，但 2016 年从 2015 年的 0.783086 下降到 0.597657，2017 年又提高到 0.738764。对分指数原始数据进行分析后发现，上海于 2016 年购买了大量的计算机设备用于辅助教学，使教育信息化程度得到很大改善，但教育信息化的权重较小，导致上海综合指数得分有所下降，然而上海的教育调节能力很强，2017 年指数得分已经恢复如前。

3.4 义务教育综合指数聚类结果分析

从表 3.4 至表 3.9 可以看出省域义务教育综合指数的空间差异十分明显，发展较好地区的综合得分是发展落后地区的近 6 倍。为便于从总体上把握省域义务教育综合指数的空间分异特征，运用 SPSS 统计分析软件，根据综合得分对 31 个省份进行系统聚类，并使用欧氏距离测度样本与样本间的距离，以类间平均距离测度样本与小类、小类与小类之间的距离，得到 2012～2017 年我国省域义务教育综合指数聚类谱系图（见图 3.2）。

为了便于对比分析，根据聚类结果，将全国 31 个省份义务教育综合指数划分为 4 个类别。如表 3.11 所示，分别是一类地区、二类地区、三类地区和四类地区。一类地区是义务教育高发展水平地区，综合指数得分均大于 0.59，6 年间北京和上海义务教育综合指数一直保持高发展水平，在全国处于领先地位，对周围区域乃至全国的教育发展起到开拓和牵引的作用。二类地区是义务教育较高发展水平地区，综合指数得分在 0.36～0.59 之间，2017 年位于该类别的省份数量有所增多，共有 9 个。虽然赶不上一类地区的发展水平，但二类地区的义务教育发展在全国仍处于较高水平，并且这类地区的省份数量除 2015 年和 2016 年外均保持稳定，应继续加快发展的步伐，尽量缩小与一类地区之间的差距。三类地区是义务教育中发展水平地区，综合指数得分在 0.25～0.36 之间，2012 年和 2013 年该类地区的省份数量最多，2014 年和 2015 年有所减少。四类地区是义务教育低发展水平地区，综合指数得分在 0.13～0.25 之间，2012 年和 2013 年四类地区的省份数量较少，2014 年开始激增，从 2013 年的 9 个省份增加到 14 个省份，这些省份大多数具有区位条件差、自然环境较恶劣、远离我国政治和经济中心、经济发展缓慢等共同特征，相应的义务教育发展也处于全国较低水平，一定

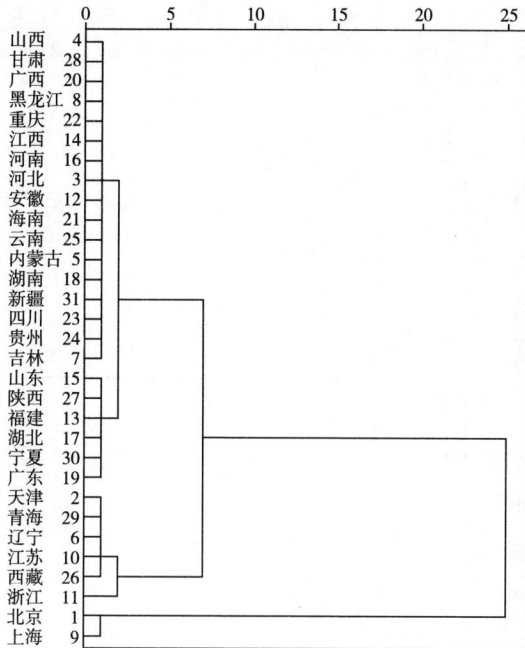

（a）2012年聚类情况

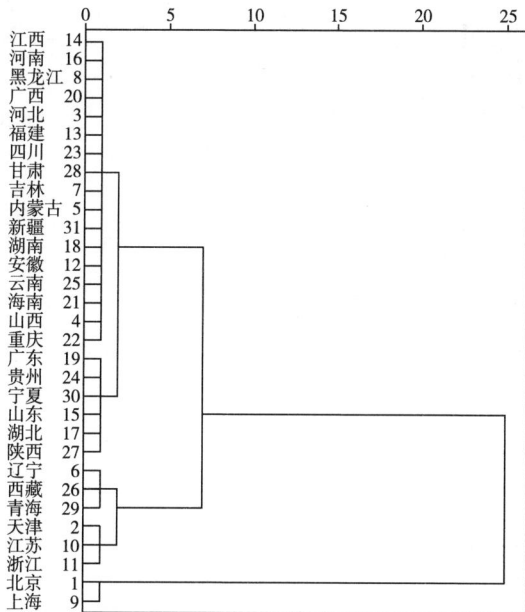

（b）2013年聚类情况

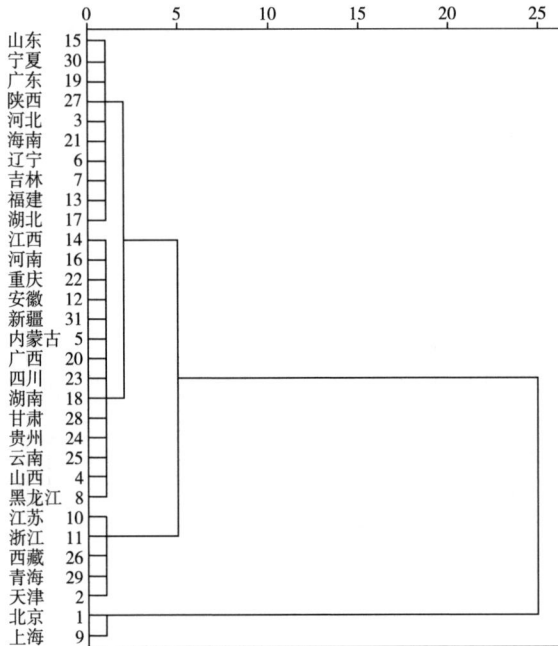

（c）2014年聚类情况

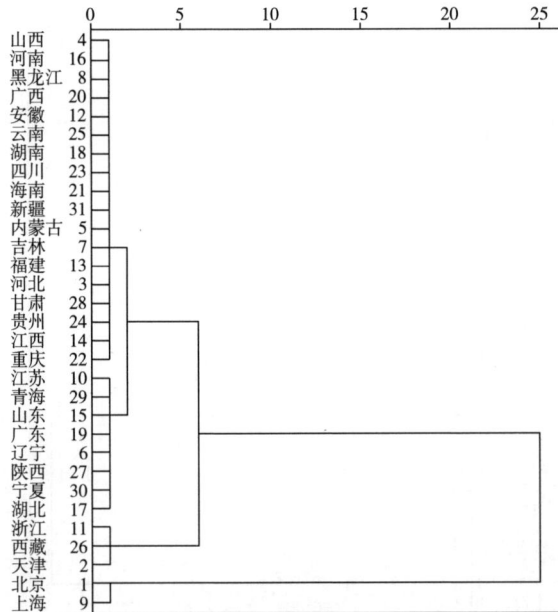

（d）2015年聚类情况

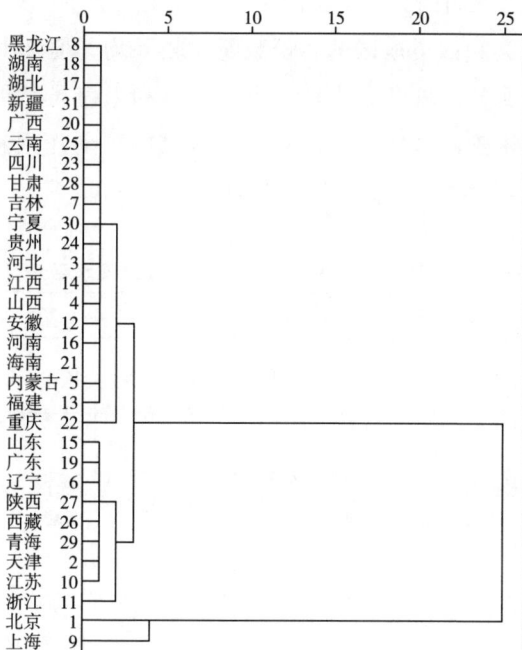

（e）2016年聚类情况

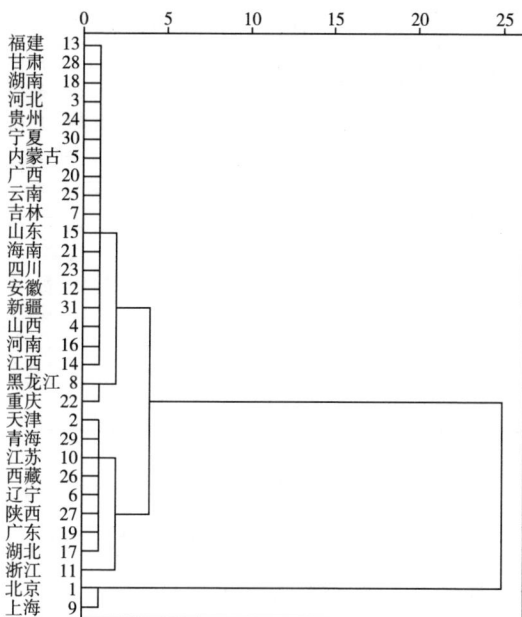

（f）2017年聚类情况

图 3.2　2012～2017 年我国省域义务教育综合指数聚类谱系图

时期内延缓和制约着周围甚至全国的义务教育发展水平。总体来看，2012～2014年二类、三类和四类地区的省份数量比较平均，但2015～2017年四类地区的省份数量较多，两极分化较严重。北京和上海虽然能发挥区域优势带动周边区域义务教育的发展，但对较远区域的拉动作用较小，这也是义务教育低发展水平地区的省份数量较多的原因之一。

表 3.11　31 个省份义务教育综合指数发展水平分类

类别	2012 年	2013 年	2014 年	2015 年	2016 年	2017 年
一类地区	北京、上海	北京、上海	北京、上海	北京、上海	北京、上海	北京、上海
二类地区	天津、青海、辽宁、江苏、西藏、浙江	辽宁、西藏、青海、天津、江苏、浙江、陕西	江苏、浙江、西藏、青海、天津	浙江、西藏、天津、青海、江苏	浙江、青海、西藏	浙江、天津、青海、江苏、西藏、辽宁、陕西、广东、湖北
三类地区	湖北、宁夏、广东、山东、陕西、福建、内蒙古、湖南、新疆、吉林、四川、贵州、云南、安徽、河北、海南	湖北、山东、宁夏、广东、贵州、福建、河北、湖南、内蒙古、新疆、甘肃、四川、吉林	广东、宁夏、山东、陕西、辽宁、吉林、湖北、福建、海南、河北	山东、广东、辽宁、陕西、宁夏、湖北、海南、新疆、福建	江苏、天津、山东、广东、辽宁、陕西、吉林、宁夏、贵州、黑龙江、湖南、湖北、新疆、云南、广西	吉林、山东、河北、贵州、宁夏、内蒙古、广西、云南、湖南、甘肃、福建
四类地区	山西、甘肃、广西、黑龙江、重庆、江西、河南	海南、云南、安徽、山西、重庆、广西、黑龙江、江西、河南	内蒙古、安徽、新疆、云南、贵州、甘肃、湖南、山西、四川、广西、河南、江西、重庆、黑龙江	内蒙古、吉林、贵州、甘肃、河北、安徽、云南、四川、湖南、广西、黑龙江、山西、河南、重庆、江西	四川、甘肃、安徽、山西、河南、海南、内蒙古、福建、江西、河北、重庆	新疆、四川、海南、安徽、山西、河南、江西、重庆、黑龙江

从表3.11可以看出，2012～2014年中国义务教育发展水平发生了很大的变化，总体上呈现逐年上升的趋势，2014～2016年四类地区的省份数量增多，义务教育发展水平保持稳定。就地区分布而言，我国义务教育发展水平最高的省份主要集中在经济发展水平较高的东部沿海地区，而义务教育发展水平最低的省份主要分布在我国的中西部地区，尤其是西南地区

分布最为集中。2012 年，二类地区和四类地区的省份数量分别是 6 个和 7 个，但三类地区有 16 个省份，2012 年处于低发展水平的省份数量太多，整体形势不乐观。2013 年，我国义务教育发展水平一类地区和二类地区在数量和空间上同上年相比并没有太明显的变化，但是三类地区较 2012 年在数量和空间上都有了明显变化。黑龙江、河南、江西、广西、海南、云南、安徽、山西、重庆依然处于义务教育发展水平最低的四类地区，三类地区主要集中在我国的中西部地区，四类地区的省份在空间上比较分散，这与此类地区的人口数量和经济发展水平有着十分密切的关系。就 2014 年的义务教育发展水平分布情况来看，二类地区的省份数量有了微弱的变化，辽宁和陕西从二类地区降低为三类地区，义务教育发展水平有所下降。2015 年，四类地区的省份数量增加，高发展水平和较高发展水平的省份数量为 7 个，低发展水平的省份数量为 15 个，2016 年有所好转，2017 年状况更好。

总的来说，2012~2017 年我国义务教育发展水平不断提高，东部沿海地区的少数省份义务教育发展水平一直位居前列，尤其是位于长江三角洲地区的江苏、浙江和上海，义务教育发展水平一直处于我国领先地位，主要原因在于这三个地区经济发展水平都比较高，并且区域之间的距离较近。我国中西部地区的绝大多数省份义务教育发展水平较低，处于四类地区的省份数量最多，并且在空间上的分布都较为集中，大致呈现一个"T"字形。随着社会经济发展水平的不断提高，政府应重点关注处于四类地区的义务教育低发展水平省份，努力提高这些省份的义务教育发展水平，进而提高我国义务教育整体水平。

3.5　义务教育综合指数空间格局研究

3.5.1　义务教育综合指数全局自相关分析

对义务教育综合指数进行全局自相关分析，得到全局 Moran's I 及其显著性数值。如表 3.12 所示，所有的全局 Moran's I 都大于 0，表明我国省域义务教育综合指数的空间分布并非是随机的，而是呈现全域正相关关系。相似水平的区域之间存在空间依赖性，出现空间集聚现象。从整体上来看，

2012～2017 年，我国省域义务教育综合指数的全局 Moran's I 都为正值，且
所有的 P 值都小于 0.01，全部通过显著性检验，进一步验证 6 年间义务教
育综合指数存在正的空间自相关，呈现高值或低值的空间集聚现象。省域
义务教育的综合指数具有明显的正向关联性，即义务教育发展充分的省域和
相对滞后的省域在地理空间上各自集聚。2012 年省域义务教育综合指数的全
局 Moran's I 是 0.278038，2013 年是 0.448944，2014 年是 0.251067，2015 年是
0.217969，2016 年是 0.165492，2017 年是 0.249907。全局 Moran's I 在 2013
年增大，随后又减少，说明省域义务教育综合指数的空间自相关和集聚特
征整体呈现减弱趋势，即随着年份的递增，我国省域义务教育空间集聚分
布的显著性整体趋于减弱。

表 3.12　省域义务教育综合指数的全局 Moran's I 及其显著性数值

年份	全局 Moran's I	Z	P
2012	0.278038	3.898710	0.000097
2013	0.448944	4.181001	0.000029
2014	0.251067	3.601418	0.000316
2015	0.217969	3.189493	0.001425
2016	0.165492	2.560409	0.001046
2017	0.249907	3.575327	0.000035

3.5.2　义务教育综合指数局部自相关分析

省域义务教育的总体空间差异有可能掩盖局部空间差异的变化，原因
在于全局 Moran's I 估计值只是区域总体空间差异的平均值。因此需要进行
省域义务教育的局部自相关统计量 LISA 分析，探讨其局部特征。从省域义
务教育综合指数的局部自相关 Moran 散点图来看，散点总体上比较分散，只
有 2016 年的散点较为集聚，义务教育整体均衡度较差，区域之间发展水平
差异大（见图 3.3）。以 2012 年为例，北京、天津、上海、江苏和浙江位于
第一象限，表现为正的空间自相关关系（H-H），属于高发展水平集聚区域；
贵州、湖南、山西、广西、重庆、云南、黑龙江和河南位于第三象限，同
样表现为正的空间自相关关系（L-L），却属于低发展水平集聚区域；其他

省域位于第二象限（包括河北、新疆、甘肃、安徽、江西等）、第四象限（包括广东、辽宁、青海、宁夏、陕西、山东、湖北），表现为负的空间自相关关系，这些省域的义务教育发展水平差异较大。从全国范围来看，我

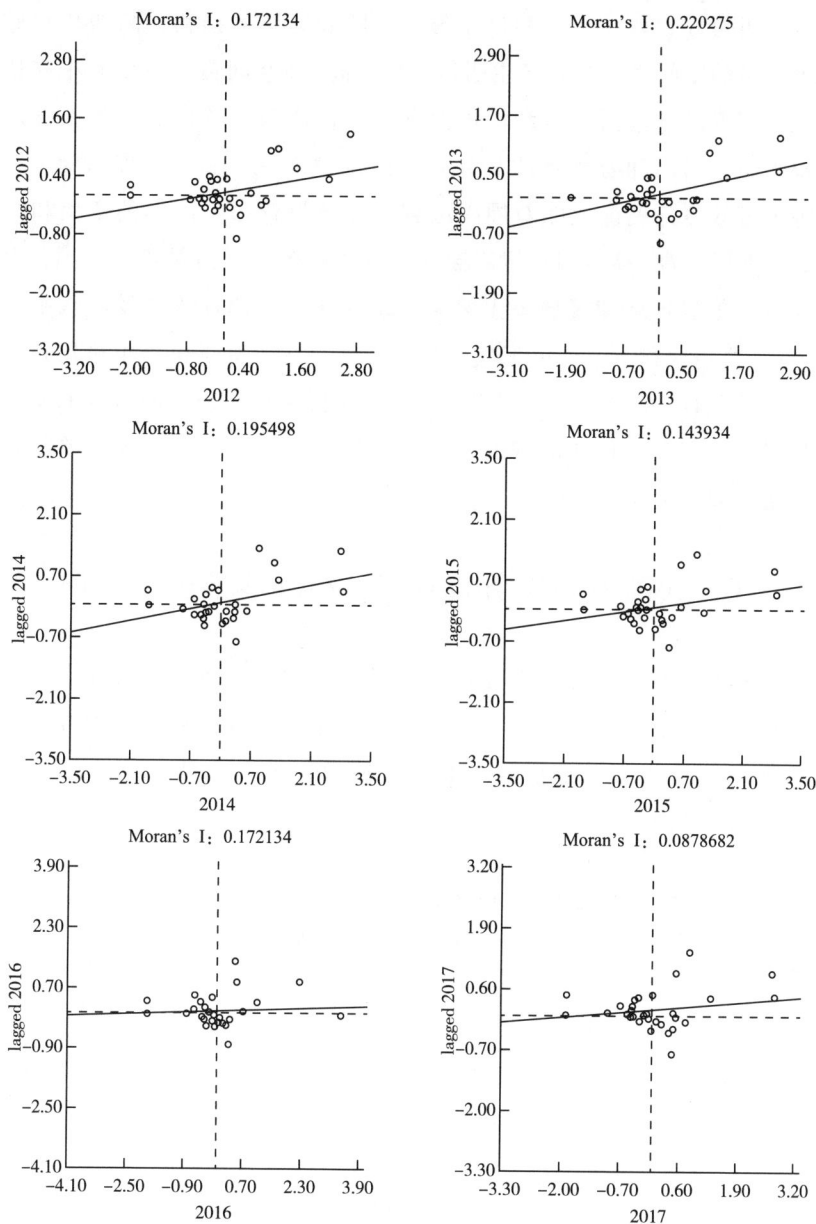

图 3.3 省域义务教育综合指数的局部自相关 Moran 散点图

国省域义务教育在地理空间的分布上存在明显的相互依赖性，呈现集聚特征，形成以沿海地区为核心的"核心-边缘"空间分布格局。

义务教育综合指数的集聚格局特征明显，以上海为中心的区域形成高-高的空间格局特征，以广东为中心的区域形成高-低的空间格局特征。因为集聚区域省份数量较少、集聚度不够强，随着时间的推移，高增长和低增长集聚区域的空间格局都未产生明显变化。高-高空间格局主要集中在长三角地区，集聚区域包括上海和江苏两个省份，这两个省份的义务教育发展水平都很高，它们拥有优越的义务教育区位、雄厚的义务教育基础、较高的义务教育效益，理论上能对周围区域的义务教育起到巨大的牵引和推动作用，但实际上高-高空间集聚区域的省份数量较少，辐射范围较小，没有获得应有的集聚效果和区域溢出效应。2017 年，天津加入高发展水平集聚区域，高-高空间格局扩大并形成两个核心区，在所有年份当中格局特征最明显，也最优越。广东一直呈现高-低的空间格局特征，说明自身的义务教育发展水平较高，但相邻区域的发展水平较低，广东与周边区域差距较大且没有带动周边区域的发展。

3.6　我国省域义务教育三大经济地带区域比较

为更好地把握各省份的义务教育发展共同特征以及各省份在区域中的地位和作用，本节对"七五"计划确定的东部、中部、西部三大经济地带的义务教育综合指数、分指数求取平均值后，进行区域对比分析（见表3.13、图3.4 至图3.9）。

表 3.13　2012~2017 年全国及三大经济地带义务教育综合指数和各分指数的平均值

年份	地区	教育机会	师资力量	财政资源	办学条件	教育质量	教育信息化	综合指数
2012	全国	0.040	0.061	0.059	0.061	0.043	0.068	0.332
	东部地区	0.026	0.050	0.109	0.096	0.036	0.128	0.445
	中部地区	0.037	0.062	0.024	0.054	0.042	0.037	0.256
	西部地区	0.053	0.070	0.043	0.038	0.048	0.041	0.294

续表

年份	地区	教育机会	师资力量	财政资源	办学条件	教育质量	教育信息化	综合指数
2013	全国	0.048	0.054	0.060	0.070	0.023	0.066	0.322
	东部地区	0.024	0.050	0.106	0.121	0.024	0.125	0.450
	中部地区	0.040	0.048	0.026	0.053	0.020	0.036	0.224
	西部地区	0.071	0.061	0.045	0.041	0.024	0.040	0.283
2014	全国	0.053	0.061	0.059	0.060	0.026	0.053	0.313
	东部地区	0.075	0.057	0.108	0.096	0.026	0.088	0.449
	中部地区	0.039	0.053	0.024	0.048	0.024	0.031	0.220
	西部地区	0.044	0.069	0.043	0.041	0.028	0.040	0.266
2015	全国	0.051	0.053	0.056	0.057	0.040	0.056	0.313
	东部地区	0.075	0.050	0.096	0.091	0.034	0.097	0.444
	中部地区	0.030	0.049	0.027	0.042	0.032	0.032	0.213
	西部地区	0.046	0.057	0.042	0.040	0.050	0.040	0.274
2016	全国	0.042	0.054	0.049	0.050	0.051	0.051	0.296
	东部地区	0.077	0.050	0.077	0.076	0.037	0.066	0.383
	中部地区	0.018	0.054	0.025	0.037	0.057	0.049	0.241
	西部地区	0.031	0.058	0.042	0.037	0.057	0.039	0.264
2017	全国	0.052	0.067	0.054	0.057	0.044	0.057	0.331
	东部地区	0.086	0.061	0.085	0.086	0.043	0.086	0.447
	中部地区	0.028	0.068	0.030	0.042	0.037	0.042	0.247
	西部地区	0.040	0.072	0.044	0.044	0.049	0.044	0.292

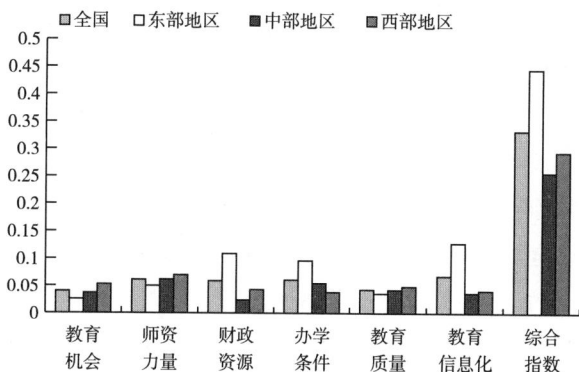

图 3.4　2012 年全国及三大经济地带义务教育发展水平对比

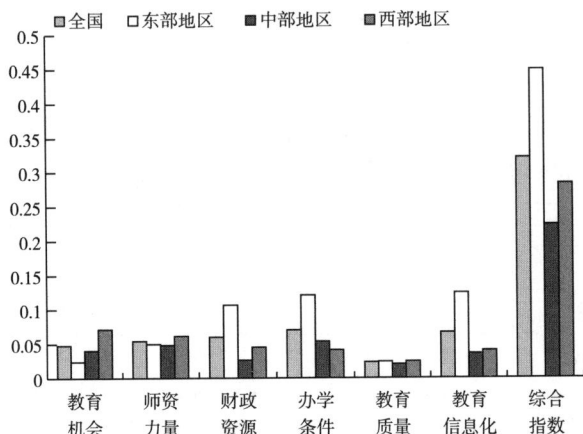

图 3.5 2013 年全国及三大经济地带义务教育发展水平对比

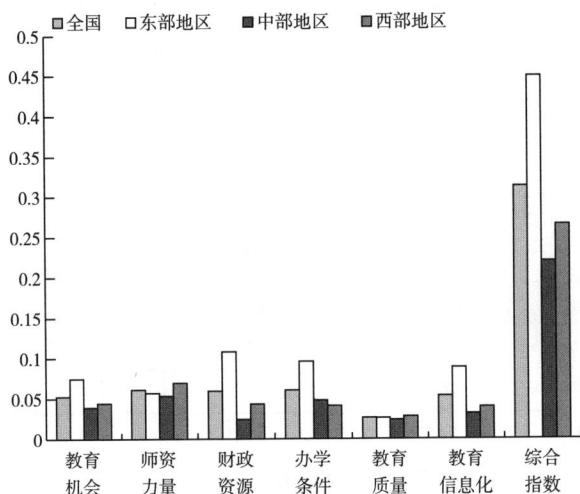

图 3.6 2014 年全国及三大经济地带义务教育发展水平对比

2012 年，义务教育综合指数全国均值为 0.332，东部地区为 0.445，中部地区为 0.256，西部地区为 0.294，东部地区义务教育发展水平最高，西部地区尚未达到全国平均水平，但高于中部地区。教育机会方面，全国均值为 0.040，东部地区为 0.026，中部地区为 0.037，西部地区为 0.053。师资力量方面，全国均值为 0.061，东部地区为 0.050，中部地区为 0.062，西部地区为 0.070。财政资源方面，全国均值为 0.059，东部地区为 0.109，中

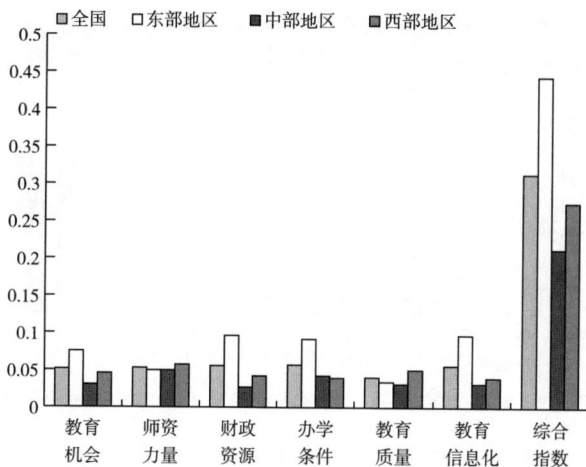

图 3.7　2015 年全国及三大经济地带义务教育发展水平对比

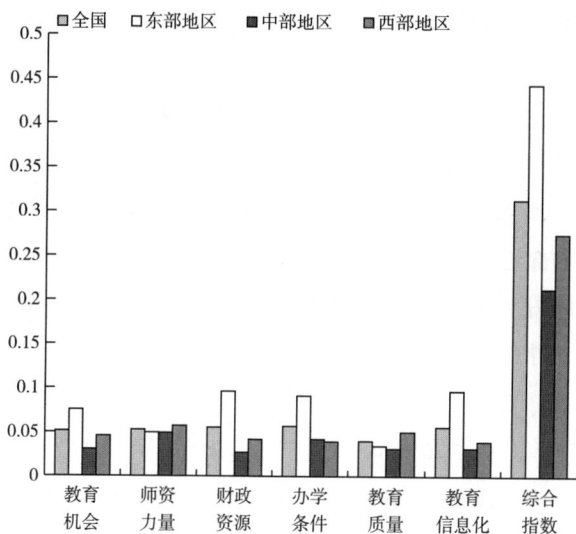

图 3.8　2016 年全国及三大经济地带义务教育发展水平对比

部地区为 0.024，西部地区为 0.043，东部地区约为全国均值的 2 倍、中部地区的 5 倍，是西部地区的 2 倍多，西部地区约为中部地区的 2 倍。办学条件方面，全国均值为 0.061，东部地区为 0.096，中部地区为 0.054，西部地区为 0.038，东部地区远高于全国、中部和西部水平，中部地区优于西部地区。教育质量方面，全国均值为 0.043，东部地区为 0.036，中部地区为

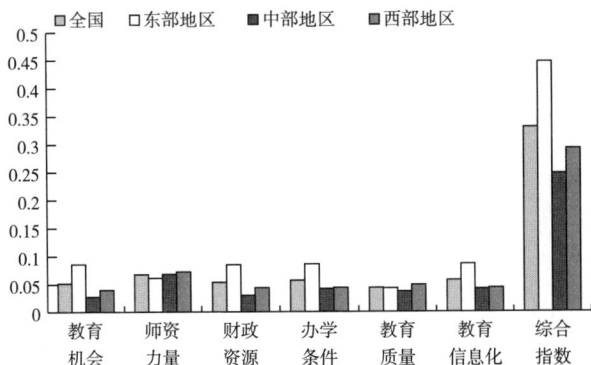

图 3.9　2017 年全国及三大经济地带义务教育发展水平对比

0.042，西部地区为 0.048，东部地区落后于全国和中、西部地区，全国与中、西部地区的差距不大。教育信息化方面，全国均值为 0.068，东部地区为 0.128，中部地区为 0.037，西部地区为 0.041，东部地区约为全国均值的 2 倍、中部地区和西部地区的 3 倍，中、西部地区差异不大。从 2012 年数据可知，东部地区的义务教育发展水平在财政资源、办学条件和教育信息化方面都优于中部地区和西部地区，但是教育机会、师资力量和教育质量没有达到全国平均水平，且落后于中部地区和西部地区。财政资源方面，东部地区约为中部地区的 5 倍，是西部地区的 2 倍多，这使得东部地区的义务教育办学条件得到很大改善，教育信息化程度得到很大提高，但东部地区的师资短缺，导致该地区义务教育机会较少、质量较差。

2013 年，义务教育综合指数全国均值为 0.322，东部地区为 0.450，中部地区为 0.224，西部地区为 0.283，东部地区义务教育发展水平远高于全国、中部地区和西部地区，西部地区优于中部地区。教育机会方面，全国均值为 0.048，东部地区为 0.024，中部地区为 0.040，西部地区为 0.071，西部地区全国领先，适龄儿童享有的义务教育权利落实效果较好。师资力量方面，全国均值为 0.054，东部地区为 0.050，中部地区为 0.048，西部地区为 0.061。财政资源方面，全国均值为 0.060，东部地区为 0.106，中部地区为 0.026，西部地区为 0.045，东部地区约为中部地区的 4 倍、西部地区的 2 倍，西部地区优于中部地区。办学条件方面，全国均值为 0.070，东部地区为 0.121，中部地区为 0.053，西部地区为 0.041，东部地区办学条件最好，中部地区优于西部地区。教育质量方面，全国均值为 0.023，东部地区为 0.024，中部地区为 0.020，西部地区为 0.024，东、中、西部的教育质量区域差异不大。教育信息化方面，全国均值为 0.066，东部地区为 0.125，中部地区为 0.036，西部地区为 0.040，东部地区约为全国平均水平的 2 倍，中、西部地区的 3 倍，中、西部地区差异不大。从 2013 年数据可知，东部地区的义务教育发展水平在财政资源、办学条件和教育信息化方面都优于中部地区和西部地区，教育机会和师资力量没有达到全国平均水平，其中教育机会落后于中部和西部地区；西部地区除了在办学条件方面稍微落后于中部地区，其他方面都超过了中部地区，甚至其教育机会和师资力量两方面都处于全国领先水平，表现出非常明显的优势，之前的师资短缺现象也得到很大改善。

2014 年，义务教育综合指数全国均值为 0.313，东部地区为 0.449，中部地区为 0.220，西部地区为 0.266，东部地区义务教育发展水平居于领先地位，西部地区优于中部地区。教育机会方面，全国均值为 0.053，东部地区为 0.075，中部地区为 0.039，西部地区为 0.044，东部地区教育机会有了较大改善。师资力量方面，全国均值为 0.061，东部地区为 0.057，中部地区为 0.053，西部地区为 0.069，东、中部地区的区域差距不大。财政资源方面，全国均值为 0.059，东部地区为 0.108，中部地区为 0.024，西部地区为 0.043，东部地区的财政资源远优于全国平均水平，西部地区优于中部地区。办学条件方面，全国均值为 0.060，东部地区为 0.096，中部地区为 0.048，西部地区为 0.041，东部地区居于领先地位，中部地区优于西部地区。教育质量方面，全国均值为 0.026，东部地区为 0.026，中部地区为 0.024，西部地区为 0.028，东部地区的教育质量与全国平均水平持平，中部地区的教育质量比西部地区略差。教育信息化方面，全国均值为 0.053，东部地区为 0.088，中部地区为 0.031，西部地区为 0.040，东部地区与中、西部地区的差异在缩小。从 2014 年数据可知，东部地区在教育机会和教育质量方面有很大的改善，在财政资源、办学条件和教育信息化方面仍然优于中部地区和西部地区，但与中、西部地区在教育信息化方面的差距逐渐缩小。

2015 年，义务教育综合指数全国均值为 0.313，东部地区为 0.444，中部地区为 0.213，西部地区为 0.274，东部地区义务教育发展水平居于领先地位，西部地区优于中部地区。教育机会方面，全国均值为 0.051，东部地区为 0.075，中部地区为 0.030，西部地区为 0.046，东部地区居于领先地位，西部地区优于中部地区。师资力量方面，全国均值为 0.053，东部地区为 0.050，中部地区为 0.049，西部地区为 0.057，全国、东部地区和西部地区的区域差异不大，但中部地区师资比较匮乏。财政资源方面，全国均值为 0.056，东部地区为 0.096，中部地区为 0.027，西部地区为 0.042，虽然东部地区的财政资源优于全国平均水平，但和往年相比财政资源有所减少，西部地区优于中部地区。办学条件方面，全国均值为 0.057，东部地区为 0.091，中部地区为 0.042，西部地区为 0.040，东部地区居于领先地位，中、西部地区基本持平。教育质量方面，全国均值为 0.040，东部地区为 0.034，中部地区为 0.032，西部地区为 0.050，西部教育质量保持领先地位，全国教育质量平均水平和往年相比提高很大。教育信息化方面，全国均值为 0.056，东部地区为 0.097，中部地区为 0.032，西部地区为 0.040，和上一年相比所有地区教育信息化水平变化都不大。从 2015 年数据可知，东部地区在教育质量方面有一定的改善；与东、中部地区相比，西部地区的师资较充足，在教育机会、师资力量、财政资源、教育质量和教育信息化方面都超过了中部地区。

2016 年，义务教育综合指数全国均值为 0.296，东部地区为 0.383，中部地区为 0.241，西部地区为 0.264，东部地区义务教育发展水平依然居于领先地位。教育机会方面，全国均值为 0.042，东部地区为 0.077，中部地区为 0.018，西部地区为 0.031，东部地区居于领先地位，西部地区优于中部地区。师资力量方面，全国均值为 0.054，东部地区为 0.050，中部地区为 0.054，西部地区为 0.058，中部地区和西部地区的差异不大，与 2015 年相比，中部地区师资力量情况有所好转。财政资源方面，全国均值为 0.049，东部地区为 0.077，中部地区为 0.025，西部地区为 0.042，东部地区的财政资源依旧优于全国平均水平，但已有所减少，西部地区优于中部地区。办学条件方面，全国均值为 0.050，东部地区为 0.076，中部地区为 0.037，西部地区为 0.037，东部地区居于领先地位，中、西部地区持平。教育质量方面，全国均值为 0.051，东部地区为 0.037，中部地区为 0.057，西部地区为 0.057，西部地区和中部地区教育质量均较高，各个区域之间教育质量的差距逐渐缩小。教育信息化方面，全国均值为 0.051，东部地区为 0.066，中部地区为 0.049，西部地区为 0.039，各个区域之间的差距已有所缩小。从 2016 年数据可知，东部地区在教育机会和教育质量方面有一定的改善；与东、中部地区相比，西部地区的师资较充足，在教育机会、师资力量、财政资源、教育信息化方面都超过了中部地区。

2017 年，义务教育综合指数全国均值为 0.331，东部地区为 0.447，中部地区为 0.247，西部地区为 0.292，东部义务教育发展水平居于领先地位，而且是中部地区的近 2 倍，西部地区还未达到全国水平，但优于中部地区。教育机会方面，全国均值为 0.052，东部地区为 0.086，中部地区为 0.028，西部地区为 0.040，东部地区是中部地区的 3 倍多，约为全国和西部地区的 2 倍，西部地区优于中部地区。师资力量方面，全国均值为 0.067，东部地区为 0.061，中部地区为 0.068，西部地区为 0.072，东部地区落后于其他地区，中部地区和西部地区基本持平，并同时超过了全国平均水平。财政资源方面，全国均值为 0.054，东部地区为 0.085，中部地区为 0.030，西部地区为 0.044，东部地区居于领先地位，西部地区优于中部地区。办学条件方面，全国均值为 0.057，东部地区为 0.086，中部地区为 0.042，西部地区为 0.044，东部地区居于领先地位，西部地区优于中部地区。教育质量方面，全国均值为 0.044，东部地区为 0.043，中部地区为 0.037，西部地区为 0.049，东部地区教育质量落后于西部地区，西部地区教育质量不但优于中部地区，甚至超过了全国平均水平。教育信息化方面，全国均值为 0.057，东部地区为 0.086，中部地区为 0.042，西部地区为 0.044，东部地区居于领先地位，西部地区优于中部地区，但区域差距不大。从 2017 年数据可知，东部地区的义务教育发展水平在综合指数、教育机会、财政资源、办学条件和教育信息化方面都优于中部地区和西部地区，但师资力量和教育质量没有达到全国平均水平，且落后于西部地区。东部地区区位条件优越，经济发展水平高，义务教育资源丰富，但义务教育质量却不高。东部地区应充分发挥区位优势，吸引更多的优秀教师，采取多种措施提高义务教育质量。

综上所述，2012~2017 年，东部地区在财政资源、办学条件和教育信息化方面一直处于全国领先水平，充分发挥了区位优势和经济优势，符合国家"优先发展一部分地区"的发展战略，成为全国义务教育的"领头羊"，但东部地区某些年份在教育机会、师资力量、教育质量等方面落后于西部地区。西部地区过去的义务教育发展水平一直较差，但由于近些年国家对西部地区义务教育的重视，2017 年西部地区义务教育的各个分指数都已经超过中部地区，尤其是在师资力量和教育质量两个方面表现非常卓越，某些年份中不但超过了中部地区，还超过东部地区，成为全国义务教育发展水平最好的区域。

3.7 本章小结

本章主要研究我国省域义务教育综合指数的空间秩序，介绍了数据收集和处理情况，构建了义务教育指标体系，应用聚类分析方法将我国 31 个省份的义务教育划分为不同的发展类型，结合三大经济地带进行对比分析，最后找到省域义务教育综合指数的空间格局特征。经过国家的努力，近几年我国义务教育发展水平有了很大的提高，尤其是西部地区，如青海、西藏等省份，这些省份的义务教育发展水平虽然和北京、上海等地相比还有一定差距，但已经有了较大提高。西部地区义务教育在一些方面已经超过了中部地区，如教育机会、师资力量、财政资源和综合指数等，西、中部地区的发展差距逐渐缩小。另外，我国省域义务教育综合指数空间格局特征明显，在长三角地区呈现以上海为中心的高-高空间格局特征，上海不仅义务教育发展水平高，还拉动了周边区域义务教育的发展。但这种空间格局随着距离的衰减而逐渐消失，因此具备高-高空间格局特征的省份数量不多。

第4章 我国省域义务教育分指数 空间秩序研究

4.1 教育机会指数空间秩序研究

4.1.1 教育机会数据概述

1. 小学教育机会数据概述

（1）小学教育机会描述性统计分析

从表4.1可知，小学教育机会的样本总量（N）为31，即中国31个省份的小学净入学率数据，不包括香港、澳门和台湾的数据。2012~2017年数据的极差分别为1.43、0.66、10.72、0.89、1.00、0.68。2014年极差达到10.72，数据离散程度最大，说明2014年各省份的小学净入学率差异较大。从标准差来看，2014年的标准差1.85358是6年中的最大值，说明2014年大部分省份小学教育机会的数值与其平均值之间差异较大；2013年标准差仅为0.18219，说明大部分省份的数值与其平均值之间差异较小。2012~2016年（2014年除外），小学教育机会标准差整体呈缩小趋势，这表明各省份之间小学教育机会的差异有所减小。

表 4.1 2012~2017 年我国省域小学教育机会描述性统计

年份	N	最小值	最大值	均值	标准差	方差
2012	31	98.57	100.00	99.7790	0.28348	0.080
2013	31	99.34	100.00	99.8284	0.18219	0.033
2014	31	99.29	110.01	100.0974	1.85358	3.436
2015	31	99.11	100.00	99.8390	0.23521	0.055
2016	31	99.00	100.00	99.8900	0.20000	0.040
2017	31	99.32	100.00	99.8500	0.20158	0.041
Valid N	31					

（2）小学教育机会数据正态性检验（以2012年数据为例）

Q-Q图是一种散点图，以标准正态分布的分位数为横坐标，样本值为纵坐标。要利用Q-Q图鉴别样本数据是否近似于正态分布，只需看Q-Q图上的点是否可以大致拟合成一条直线。从图4.1可知，2012年各省份小学教育机会的数据可以大致拟合成一条直线，因此可得出2012年小学教育机会数据总体上呈正态分布，数据正态检验通过，可以进行后续研究。

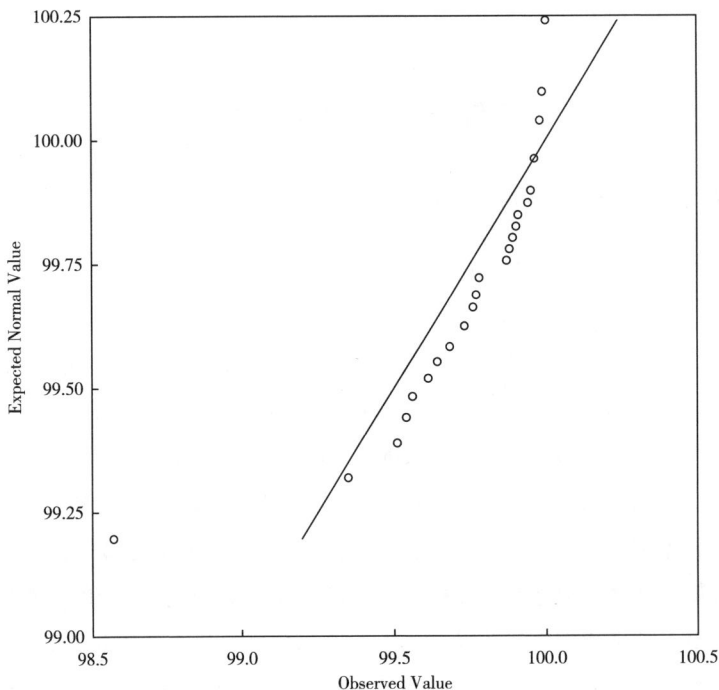

图4.1 2012年我国省域小学教育机会Q-Q图

2. 初中教育机会数据概述

（1）初中教育机会描述性统计分析

从表4.2可知，2012～2017年数据的极差分别为0.90、0.94、0.20、0.23、0.25、0.26，其中2012年和2013年的极差较大，其他年份的极差较小。2013年极差达到0.94，数据离散程度最大，说明2013年各省份的初中净入学率差异较大。从标准差来看，2013年的标准差0.34373是6年中的最大值，说明2013年大部分省份初中教育机会的数值与其平均值之间差异较大。2012~2017 年，初中教育机会的标准差均不大，这表明大部分省份初中教育机会的数值与其平均值之间差异较小。

表 4.2 2012~2017 年我国省域初中教育机会描述性统计

年份	N	最小值	最大值	均值	标准差	方差
2012	31	0.56	1.46	0.8559	0.32891	0.108
2013	31	0.64	1.58	0.8812	0.34373	0.118
2014	31	0.97	1.17	0.9400	0.29926	0.090
2015	31	0.97	1.20	0.9418	0.30193	0.091
2016	31	0.96	1.21	0.9359	0.29949	0.090
2017	31	0.96	1.22	0.9341	0.29930	0.090
Valid N	31					

（2）初中教育机会数据正态性检验（以 2012 年数据为例）

从图 4.2 可知，2012 年各省份初中教育机会的数据可以大致拟合成一条直线，因此可得出 2012 年初中教育机会数据总体上呈正态分布，数据正态检验通过，可以进行后续研究。

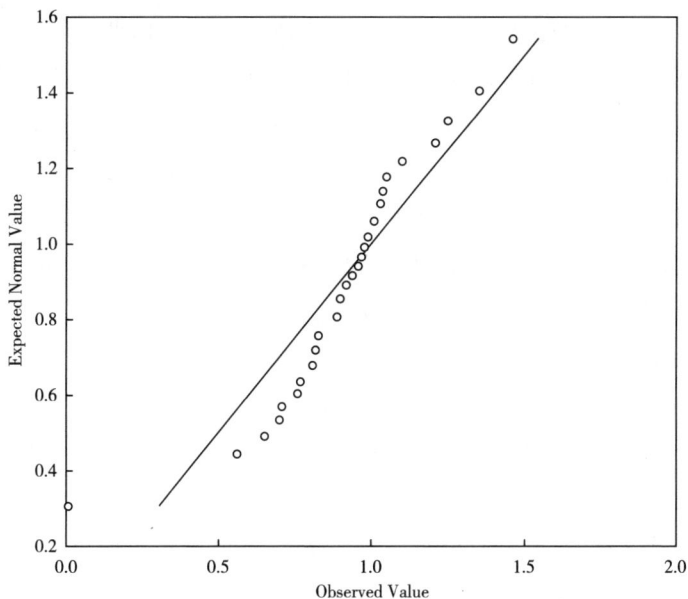

图 4.2 2012 年我国省域初中教育机会 Q-Q 图

4.1.2 教育机会时序演变

1. 小学教育机会时序演变

根据 2012~2017 年我国省域小学教育机会时序演变实况可知，2014 年江苏在小学教育机会方面有了明显的提高，小学净入学率达到 110.00，2017 年又有所下降。其他省份有波动但是波动幅度都比较小。宁夏、西藏、甘肃、陕西、贵州和海南 6 个省份的小学净入学率波动幅度较大。2012~2014 年西藏的小学净入学率一直处于上升趋势，但在 2015 年和 2016 年下降到 99.11，2017 年又上升到 99.44。2012~2017 年贵州小学净入学率一直增加，2012 年是 98.57，2017 年上升至 99.59，数据增长非常迅速，这跟国家近几年对贵州的教育优惠政策有密切关系。2012~2014 年海南小学净入学率数据保持平稳，但在 2015~2017 年波动较为剧烈，呈现急剧上升又急剧下降的态势，2015 年小学净入学率为 99.28，2016 年上升至 99.88，2017 年又下降至 99.33。

2. 初中教育机会时序演变

2012 年初中净入学率较高的省份是西藏、云南、贵州、甘肃、宁夏和吉林，较低的省份是上海、北京、江苏、河南、河北、重庆等。2013 年较高的省份是贵州、西藏、甘肃、云南、青海、宁夏和山西，较低的省份是上海、北京、江苏、河南、福建、河北等。2014 年较高的省份是上海、吉林、北京、西藏、浙江、青海、海南和宁夏，较低的省份是重庆、湖南、湖北、四川、贵州等。2015 年较高的省份是上海、西藏、北京、浙江、青海、海南和广东，较低的省份是重庆、湖南、江西、四川、安徽、辽宁等。2016 年较高的省份是北京、上海、西藏、浙江、广东、青海、海南和天津，较低的省份是重庆、江西、湖南、湖北、四川、安徽、贵州等。2017 年较高的省份是北京、上海、西藏、浙江、广东、天津、青海和甘肃，较低的省份是重庆、安徽、湖南、江西、贵州、湖北、四川、新疆等。

2012 年和 2013 年各省份的初中净入学率没有呈现明显的变化规律，而且大多数省份的数据波动幅度较大，例如贵州、四川、重庆和陕西。大多数省份的数据都在增大，但也有少部分省份出现下降，如云南、广西、广东、山东、福建、安徽、吉林、宁夏、天津和北京，其中下降幅度最大的是云南、吉林和宁夏。这些地区 2013 年的初中净入学率比 2012 年更小，这表明 2013 年的初中入学竞争更为激烈。2014 年各省份的教育机会差异不大。2015～2017 年，各省份的初中净入学率数据保持稳定，但北京和上海的数据增长较为迅速，教育机会增加得很快；西藏和浙江却相反，出现了明显的下降趋势，这两个省份的初中净入学率数值越来越小，初中入学竞争越发激烈。2014 年是各个省份初中净入学率变化的转折点，2014 年以前各个省份的数据比较分散，数值在 0.6～1.6，这表明区域之间的差异较大。2014 年以后各省份的差距逐渐缩小，初中净入学率的数值都集中到 1 附近，而且这一趋势保持到了 2017 年，这表明我国初中教育机会发展水平趋于稳定。

4.1.3　教育机会空间分布

1. 小学教育机会空间分布

2012 年，我国各省份小学教育机会呈现较明显的层级结构，以北京为中心区域的华北地区向西北地区、东部沿海地区和华中地区辐射，并对江西和安徽两个省份形成包围。其中小学教育机会较多的省份是内蒙古、辽宁、陕西、山西、河北、北京、河南、湖北、湖南、重庆、山东、江苏、上海、浙江、福建和广东。黑龙江、吉林、安徽、江西、西藏、甘肃、四川和云南次之，贵州小学教育机会最少。2013 年小学教育机会空间分布核心区域主要集中在我国东部沿海地区，然后向华中地区辐射，自东向西递减，其中小学教育机会较多的省份是辽宁、山东、江苏、浙江、福建、广东、江西、湖北和重庆，小学教育机会较少的是我国西南地区的四川、贵州、云南和西藏。2014 年小学教育机会空间分布核心区域不明显，整体水平不高。2015 年小学教育机会空间分布核心区域集中在东部地区，然后向西北地区辐射，其中小学教育机会较多的省份是辽宁、山东、江苏、安徽、上海、浙江、福建、江西、广东、湖南、湖北、陕西和北京，小学教育机会较少的省份是西藏、贵州、广西和海南。2016 年小学教育机会空间分布和 2014 年较为相似，核心区域不明显，只有甘肃、宁夏和山西的小学教育机会较多，自东向西递减。2017 年的小学教育机会空间分布和 2015 年较为接近，广西和黑龙江的小学教育机会增多，而山西和江苏的小学教育机会减少。

从小学教育机会空间分布来看，2012～2017 年，我国各省份小学教育机会分布较均衡的是 2013 年、2014 年和 2016 年，而 2012 年、2015 年和 2017

年呈现比较不均衡的状态，其中小学教育机会较多的省份集中分布在我国东部地区，而西部地区尤其是西南地区一直处于劣势，例如西藏、云南、四川和贵州等省份。

2. 初中教育机会空间分布

2012年初中教育机会较充分的地区主要分布在我国西南地区和西北部分地区，如西藏、云南、海南、贵州和甘肃；初中教育机会不足的省份比较分散，如河北、河南、江苏和重庆，总体上我国西北地区和西南地区的初中教育机会多于其他地区。2013年初中教育机会较多的省份是西藏、云南、贵州、海南和甘肃，初中教育机会较少的省份是河北、河南、江苏、福建、江西和重庆。从整体来看，大部分省份的初中教育机会较多，自西向东递减，总体上西部地区的初中教育机会多于东部地区。2014年初中教育机会较多的省份是北京和吉林，初中教育机会较少的省份是新疆、内蒙古、辽宁、河北、四川、贵州、湖南、湖北、安徽、江西和重庆，全国整体上初中教育机会不是很乐观，空间分布特征不明显。2015年初中教育机会较多的省份是西藏、云南、贵州、海南和甘肃，这些省份空间分布比较零散，不够集中；初中教育机会较少的省份是河北、河南、江苏、福建、江西和重庆。2016年初中教育机会较多的省份是北京、天津和上海，初中教育机会较少的省份是四川、贵州、重庆、湖南、湖北、江西和安徽，全国整体上初中教育机会比2015年好，但西南地区和华南部分地区的初中教育机会较少。2017年初中教育机会较多的省份是北京和上海，初中教育机会较少的省份数量较多，是6年中最差的一年。

2012~2017年，我国初中教育机会均衡度较好，其中2012年和2013年是高发展水平的均衡，2014~2017年是低发展水平的均衡，总体来看，各省份的初中教育机会区域差异不是很大。

4.1.4 教育机会空间格局

1. 小学教育机会自相关分析

（1）小学教育机会全局自相关分析

本部分主要对小学教育机会指数进行全局自相关分析，核心是认识我国小学教育机会的空间依赖性，表4.3是2012~2017年我国省域小学教育机会的全局 Moran's I 及其显著性。当 Moran's I>0 时，表示空间存在正相关性，其值越大，空间相关性越明显；当 Moran's I<0 时，表示空间存在负相关性，其值越小，空间差异越大；当 Moran's I=0 时，空间呈现随机性。从表 4.3 可知，所有的全局 Moran's I 都大于 0，表明我国小学教育机会的空间分布并非是随机的，而是存在全域范围的正的空间自相关，相似水平的区域集聚在一起，存在空间依赖性，出现空间集聚现象。2012 年小学教育机会的全局 Moran's I 是 0.449471，2013 年小学教育机会的全局 Moran's I 是 0.448944，2014 年小学教育机会的全局 Moran's I 是 0.450799，2015 年小学教育机会的全局 Moran's I 是 0.449647，2016 年小学教育机会的全局 Moran's I 是 0.449367，2017 年小学教育机会的全局 Moran's I 是 0.449361。从整体上看，2012~2017 年，我国小学教育机会的全局 Moran's I 都为正，且所有的 P 值都小于 0.01，全部通过显著性检验，进一步验证了我国小学教育机会 6 年间都存在正的空间自相关。尽管小学教育机会出现高值或低值的空间集聚现象，但无法确定是高值集聚还是低值集聚，必须通过后续的局部自相关检验来确定。

表 4.3　2012~2017 年我国省域小学教育机会的全局 Moran's I 及其显著性

年份	全局 Moran's I	Z	P
2012	0.449471	6.617169	0.000000
2013	0.448944	6.610020	0.000000
2014	0.450799	6.627801	0.000000
2015	0.449647	6.619660	0.000000
2016	0.449367	6.615841	0.000000
2017	0.449361	6.615749	0.000000

（2）小学教育机会局部自相关分析

图 4.3 是小学教育机会局部自相关 Moran 散点图，图中的横轴代表当年的小学教育机会水平，纵轴则代表当年小学教育机会水平的空间滞后，图中直线的斜率大小即是 Moran's I。图中的四个象限分别代表空间单元与相邻单元间四种形式的空间关系，其中第一象限表示空间单元的属性值高，其相邻单元的属性值也较高；第二象限表示属性值低的空间单元被属性值高的相邻单元围绕；第三象限表示空间单元及其相邻单元的属性值均较低；第四

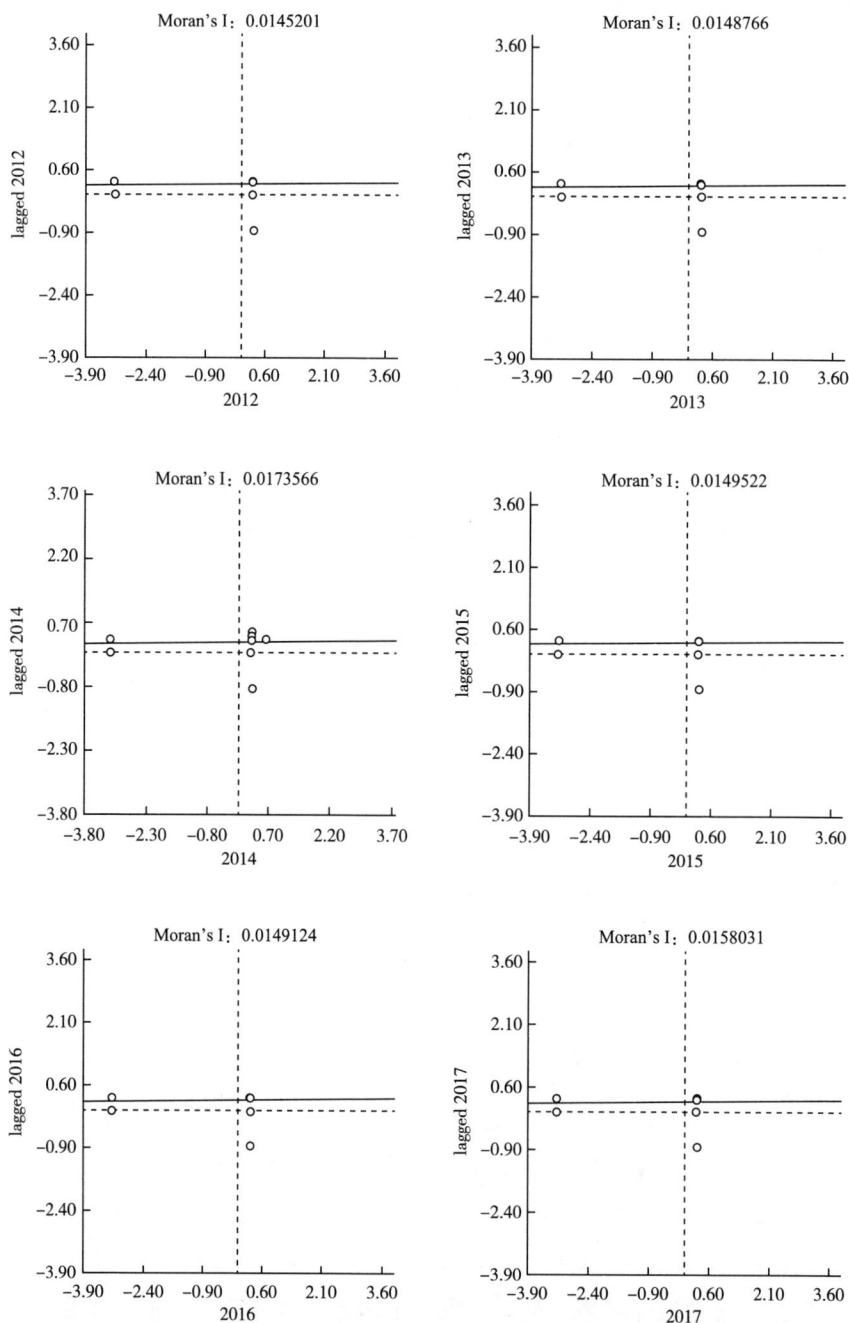

图 4.3　2012～2017 年我国省域小学教育机会局部自相关 Moran 散点图

象限表示属性值高的空间单元被属性值低的相邻单元围绕。从图 4.3 可以看出，2012 年大多数散点落在第一象限并重叠在一起，呈现高-高的集聚特征，这些省份的区域发展水平较高而且区域差异不大；有一个省份出现在第四象限，呈现高-低的集聚特征。2013 年的局部自相关 Moran 散点图与 2012 年相比差异不大，散点主要分布在第一象限和第四象限。2014 年的散点主要分布在第一象限和第四象限，但相比 2012 年和 2013 年有一定的变化，散点的位置不再重叠，只是分布相邻近。2015 年的局部自相关 Moran 散点图与 2012 年和 2013 年的比较相似，散点主要分布在第一象限和第四象限。2016 年和 2017 年的局部自相关 Moran 散点图都与 2012 年、2013 年、2015 年的比较接近，变化不大。从 6 年的小学教育机会局部自相关 Moran 散点图来看，除了 2014 年有细微变化，总体上差异不大，散点都主要分布在第一象限和第四象限，第二象限的高-低集聚现象和第三象限的低-低集聚现象较少。

　　小学教育机会局部自相关统计量 LISA 集聚表现出不同特征。2012 年，北京、河北、上海、安徽、江西和广东 6 个省份呈现明显的集聚特征。其中北京、河北、上海、安徽、江西呈现高-高集聚特征，任何一个区域的教育机会变大都会带动其他四个区域的教育机会随之增多。而广东呈现高-低集聚特征，如果北京、河北、上海、安徽、江西 5 个省份的教育机会有所减少，那么广东的小学教育机会就会增多。2013 年，北京、河北、江苏、安徽、江西、湖北和福建 7 个省份呈现明显的集聚特征，且是高-高集聚。2014 年，山东、安徽、浙江和上海呈现明显的集聚特征，且是高-高集聚。2015 年，北京、河北、江苏、安徽、湖北、江西、福建和浙江呈现明显的集聚特征，且是高-高集聚，这表明周边区域小学教育机会增多，这些区域的教育机会就会随之变多。广东虽呈现明显的集聚特征，却是高-低集聚，即周边的小学教育机会变少，广东的教育机会就会提高。2016 年，内蒙古、河北、河南、陕西和江西 5 个省份呈现高-高集聚特征，这表明周边区域小学教育机会增多，这些区域的教育机会就会有所增加；广东呈现高-低集聚特征。2017 年，山西、湖北、江西和江苏 4 个省份呈现高-高集聚特征，没有出现低-高集聚特征的省份。

　　总体来看，2013 年和 2015 年我国各省份小学教育机会的空间格局最为相似，其他四年的空间格局变化较大，尤其是 2016 年，我国北部几个省份呈现明显的高–高集聚特征。内蒙古横跨中国东北、华北、西北三大地区,邻接八个省份并与其中的两个省份共同呈现高–高集聚特征,也就是说这两个省份中任何一个区域的小学教育机会增多,内蒙古的小学教育机会也随之增多。从整体上看,小学教育机会呈现高–高集聚特征的省份数量较多,区域空间溢出效应非常明显,这种空间格局比较优越。

2. 初中教育机会自相关分析

(1) 初中教育机会全局自相关分析

从表 4.4 中可以看出,6 年内所有的全局 Moran's I 都大于 0,这表明我国省域初中教育机会的空间分布并非是随机的,而是存在全域范围的正的空间自相关,相似水平的区域集聚在一起,存在空间依赖性,出现空间集聚现象。2012 年初中教育机会的全局 Moran's I 是 0.336315,2013 年初中教育机会的全局 Moran's I 是 0.374249,2014 年初中教育机会的全局 Moran's I 是 0.443189,2015 年初中教育机会的全局 Moran's I 是 0.441267,2016 年初中教育机会的全局 Moran's I 是 0.449022,2017 年初中教育机会的全局 Moran's I 是 0.452081。从整体上来看,2012～2017 年,我国省域初中教育机会的全局 Moran's I 都为正值,且所有的 P 值都小于 0.01,全部通过显著性检验,进一步验证了 6 年间我国初中教育机会存在正的空间自相关,因此 2012～2017 年初中教育机会呈现高值或低值的空间集聚现象,但无法确定是高值集聚还是低值集聚,必须通过后续的局部自相关检验来确定。

表 4.4 2012～2017 年我国省域初中教育机会的全局 Moran's I 及其显著性

年份	全局 Moran's I	Z	P
2012	0.336315	4.695428	0.000003
2013	0.374249	5.181179	0.000000
2014	0.443189	6.496735	0.000000
2015	0.441267	6.446809	0.000000
2016	0.449022	6.556289	0.000000
2017	0.452081	6.596415	0.000000

(2) 初中教育机会局部自相关分析

从图 4.4 中可以看出,2012 年有 15 个省份的散点位于第一象限,呈现

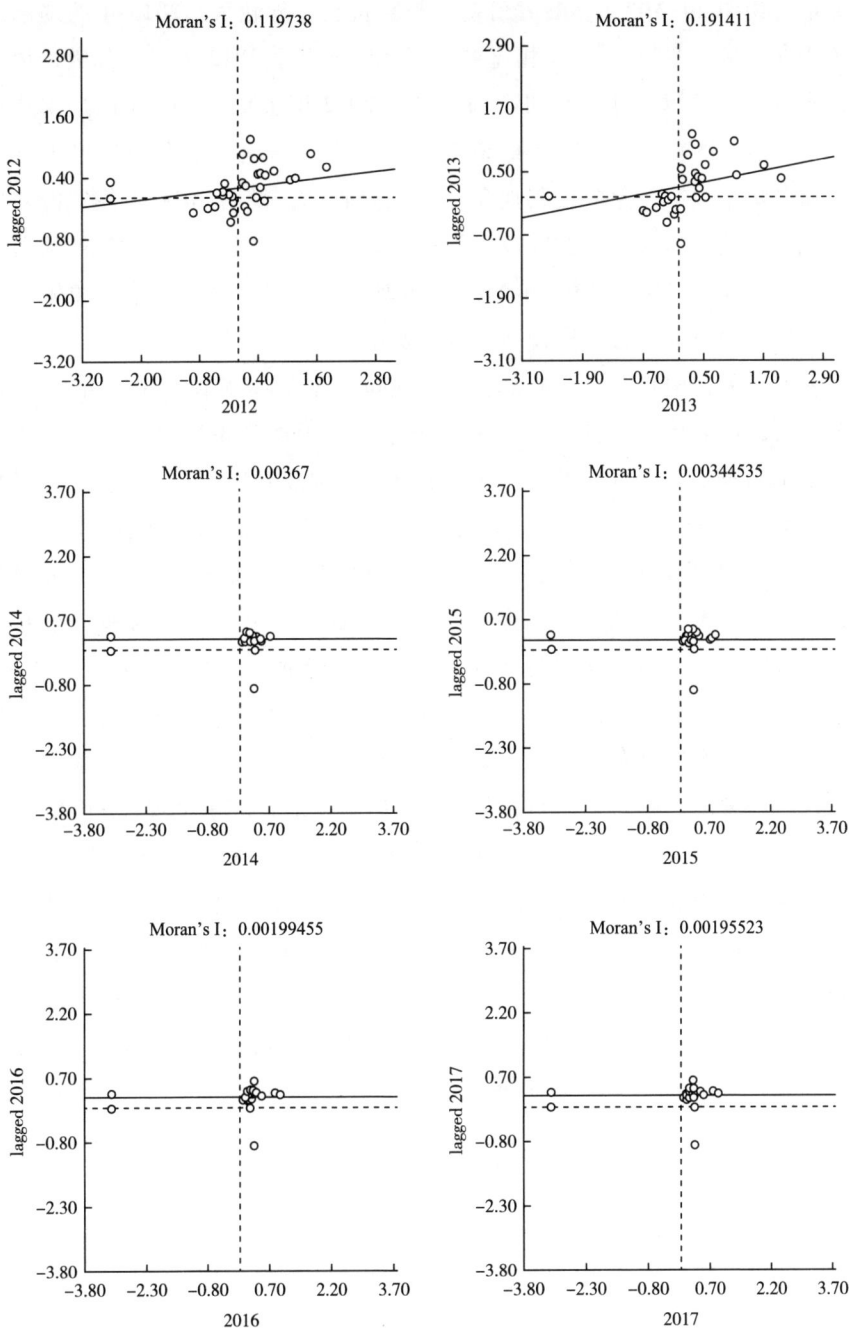

图 4.4　2012～2017 年我国省域初中教育机会局部自相关 Moran 散点图

高-高的集聚特征,但第二、第三和第四象限的散点也较多,整体上分布较为分散,说明 2012 年大多数省份初中教育机会差异较大。2013 年的局部自相关 Moran 散点图与 2012 年相比差异不大,散点比 2012 年更为分散,说明 2013 年各省份之间初中教育机会的差异比 2012 年还大。2014 年的局部自相关 Moran 散点图相比 2012 年和 2013 年有一定的变化,散点的位置不再分散,而是集中在第一象限,其他象限的散点较少,说明 2014 年各省份初中教育机会的差异非常小,发展较为均衡。2015 年、2016 年、2017 年的局部自相关 Moran 散点图与 2014 年的较为相似,散点主要分布在第一象限,说明各省份初中教育机会差异较小,整体发展比较稳定。

从 6 年的初中教育机会局部自相关 Moran 散点图来看,2012 年和 2013 年各省份的散点比较分散,尤其是位于第三象限的省份数量较多,整体发展水平不高,均衡度也较差,区域差异较大。从 2014 年开始,散点大多数集中在第一象限,初中教育机会发展水平比较高且均衡度较好,一直到 2017 年发展都非常稳定。从初中教育机会局部自相关统计量 LISA 集聚来看,2012 年,新疆、青海、内蒙古、西藏、四川、云南、广西和广东 8 个省份出现明显的空间集聚现象。其中,新疆、青海、内蒙古、西藏、四川、云南、广西呈现高-高集聚特征,这意味着任何一个区域的教育机会增多都会带动其他四个区域的教育机会增多。2013 年,新疆、青海、内蒙古、西藏、四川、云南、广西呈现明显的高-高集聚特征,广东呈现高-低集聚特征。2014 年,江苏呈现明显的空间集聚现象,且是高-高集聚,这表明周边区域初中教育机会增多,江苏的教育机会就会随之增多。而广东呈现明显的高-低集聚特征,这意味着当周边区域出现低的集聚趋势,广东就会出现高的集聚趋势,周边区域的初中教育机会减少,广东的教育机会就会随之增多。2015 年新疆呈现高-高集聚特征,周边区域初中教育机会增多,新疆的教育机会就会随之增多。广东呈现高-低集聚特征。2016 年和 2017 年的空间格局差异不大,天津呈现高-高集聚特征,广东呈现高-低集聚特征。

总体来看,2012 年与 2013 年我国各省份初中教育机会的空间格局较为相似,2014~2017 年初中教育机会的空间格局较为相似。2012 年和 2013 年,我国西部地区和西南地区的几个省份呈现明显的高-高集聚特征,也就是说这些省份中任何一个区域的初中教育机会增多,具备这种空间格局特征的其他省份初中教育机会也会随之增多。2015~2017 年空间格局特征不明显，只有新疆和天津呈现高-高集聚特征，广东呈现高-低集聚特征。

4.2　师资力量指数空间秩序研究

4.2.1　师资力量数据概述

1. 小学师资力量数据概述

（1）小学师资力量描述性统计分析

从表 4.5 可知，2012~2017 年数据的极差分别为 9.80、8.49、8.61、8.20、8.25 和 7.91，其中 2012 年的极差最大，2013~2017 年极差有轻微波动。从标准差来看，2012 年的标准差 2.56090 是 6 年中的最大值，说明 2012 年大部分省份小学师资力量的数值与其平均值之间差异较大，2017 年标准差为 2.15515。2012~2017 年，大部分省份的数值与其平均值之间差异较小。2014~2017 年，小学师资力量标准差呈下降趋势，这表明各省份师资力量的差异有所减小。

表 4.5　2012~2017 年我国省域小学师资力量描述性统计

年份	N	最小值	最大值	均值	标准差	方差
2012	31	11.90	21.70	16.526	2.56090	6.558
2013	31	11.28	19.77	16.0923	2.42566	5.884
2014	31	11.26	19.87	16.0687	2.47513	6.126
2015	31	11.63	19.83	16.2361	2.34535	5.501
2016	31	11.53	19.78	16.2974	2.26091	5.112
2017	31	11.33	19.24	16.1806	2.15515	4.645
Valid N	31					

（2）小学师资力量数据正态性检验（以 2012 年数据为例）

从图 4.5 可知，2012 年各省份小学师资力量的数据可以大致拟合成一条直线，因此可得出 2012 年小学师资力量数据总体上呈正态分布，数据正态检验通过，可以进行后续研究。

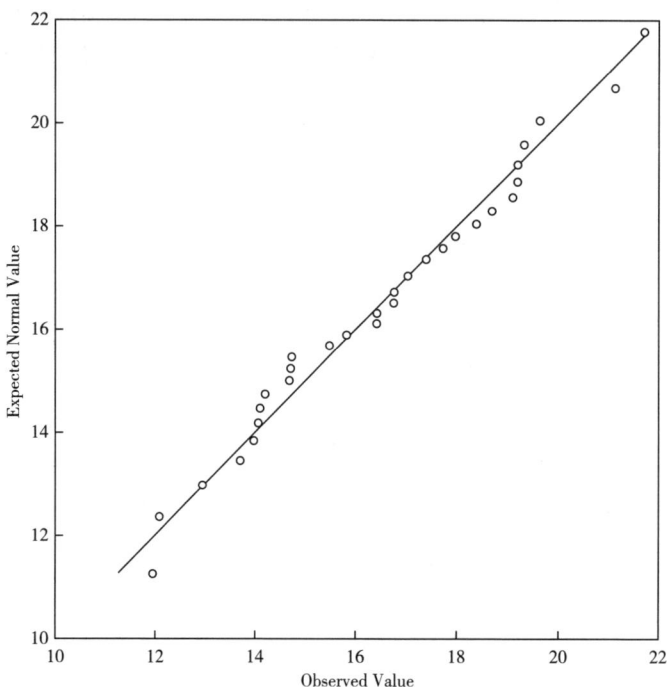

图 4.5　2012 年我国省域小学师资力量 Q-Q 图

2. 初中师资力量数据概述

（1）初中师资力量描述性统计分析

从表 4.6 可以看出，2012~2017 年数据的极差分别为 8.48、8.63、8.63、7.88、8.08、8.12，其中极差最大的是 2013 年和 2014 年，2014~2017 年后极差先缩小后变大。从标准差来看，2012 年的标准差 2.17549 是 6 年中的最大值，说明 2012 年大部分省份初中师资力量的数值与其平均值之间差异较大；2016 年标准差为 1.93996。2012~2017 年，大部分省份每年的数值与其当年的平均值之间差异较小，且初中师资力量标准差有减小趋势，说明各省份初中师资力量的差异逐年缩小。

表 4.6　2012~2017 年我国省域初中师资力量描述性统计

年份	N	最小值	最大值	均值	标准差	方差
2012	31	9.83	18.31	13.2355	2.17549	4.733
2013	31	9.60	18.23	12.5419	2.08756	4.358
2014	31	9.60	18.23	12.5397	2.08663	4.354

续表

年份	N	最小值	最大值	均值	标准差	方差
2015	31	8.62	16.50	12.0639	2.00841	4.034
2016	31	8.02	16.10	11.9919	1.93996	3.763
2017	31	7.73	15.85	12.0742	1.93337	3.738
Valid N	31					

（2）初中师资力量数据正态性检验（以 2012 年数据为例）

从图 4.6 可知，2012 年初中师资力量各省份的数据可以大致拟合成一条直线，因此可得出 2012 年初中师资力量数据总体呈正态分布，数据正态检验通过，可以进行后续研究。

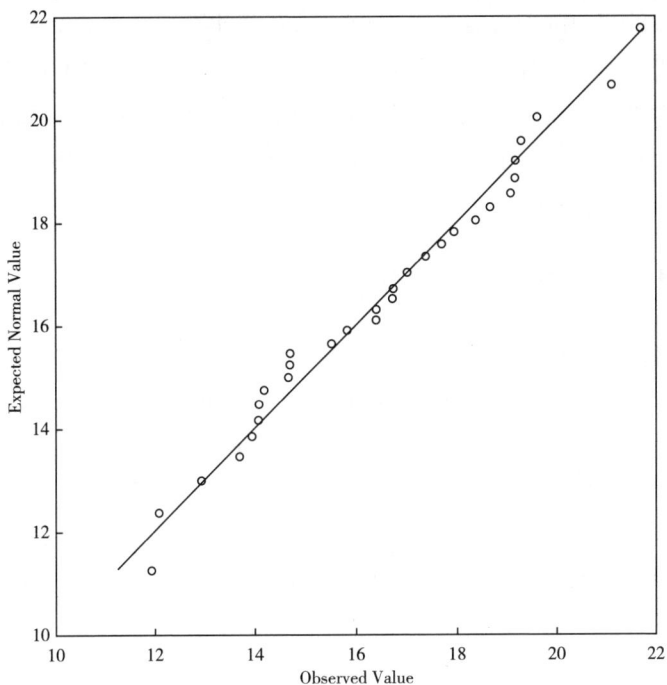

图 4.6　2012 年我国省域初中师资力量 Q-Q 图

4.2.2　师资力量时序演变

1. 小学师资力量时序演变

根据 2012～2017 年小学师资力量时序演变实况可知，北京、天津、内蒙古、江苏、福建、安徽、海南、陕西、新疆等省份的小学生师比逐年上升，师资力量有减弱的趋势。上海、河南、浙江、广西、宁夏、江西、山西、黑龙江等省份的小学生师比逐年降低，师资力量有增强的趋势。但是青海、西藏、甘肃、河北的数据波动幅度较大且不稳定。同时也可以看出，师资力量逐年增强的省份大多数位于东部地区，师资力量逐年减弱或者波动较大的省份大多数位于西部地区。

2. 初中师资力量时序演变

从 2012 年至 2016 年初中师资力量时序演变实况可知，江西的初中生师比先下降后又升高，师资力量经历了由弱变强再变弱的过程。2012 年，河北、江苏、河南和湖南的师资力量都较强，但 2013~2017 年这些省份的初中生师比一直在升高，初中师资力量持续减弱。总体来说，2012~2017 年，我国各省份的初中师资力量都在增强，尤其是北京、黑龙江、贵州、宁夏、山西、云南、广西、甘肃、西藏和四川。2012~2017 年，初中生师比降幅最大的两个省份是贵州和广东，贵州的初中生师比从 2012 年的 16.18 下降到 2017 年的 12.73，广东的初中生师比从 2012 年的 13.99 下降到 2017 年的 10.57，降幅分别为 3.45 和 3.42。

4.2.3 师资力量空间分布

1. 小学师资力量空间分布

2012 年小学生师比较高的省份是山东、四川、陕西、河北、上海、云南、甘肃、海南、新疆等，而生师比较低的省份是内蒙古、西藏、河南、广西、山西、吉林、湖南、安徽、广东、江苏等。2013 年小学生师比较高的省份是陕西、四川、河北、山东、云南、海南、上海、黑龙江、甘肃等，而生师比较低的省份是广西、湖南、福建、山西、吉林、内蒙古、河南、广东、江苏、安徽等。2014 年小学生师比较高的省份是陕西、四川、云南、山东、河北、海南、甘肃、上海、黑龙江、天津等，而生师比较低的省份是北京、湖南、山西、福建、吉林、内蒙古、河南、广东、安徽、江苏等。2015 年小学生师比较高的省份是陕西、云南、四川、山东、海南、河北、湖北、上海等，而生师比较低的省份是山西、湖南、福建、吉林、北京、河南、广东、内蒙古、安徽、江苏等。2016 年小学生师比较高的省份是云南、陕西、四川、山东、海南、湖北、青海、上海等，而生师比较低的省份是贵州、吉林、北京、福建、湖南、广东、河南、内蒙古、安徽、江苏等。2017 年小学生师比较高的省份是湖南、广西、江西、河南、广东、福建、江苏、安徽等，生师比较低的省份是天津、新疆、上海、辽宁、北京、山西、内蒙古、甘肃、黑龙江、吉林等。

从 2012~2017 年的小学师资力量空间分布来看，陕西、四川、云南、山东和上海的生师比连续 5 年都是全国较高的，直到 2017 年才有所改善，但改善幅度不大，综合来看，这几个省份小学师资力量一直处于较低的水平。从整体来看，2012~2017 年，我国各省份小学师资力量空间分布呈现一定的层级结构，我国北部地区师资力量较充沛，从北到南依次减弱，尤其是华南、西南和华中地区小学师资力量较弱。

2. 初中师资力量空间分布

2012 年初中生师比较高的省份是贵州、广西、广东、云南、河南、江西、宁夏、海南、西藏等，而生师比较低的省份是内蒙古、陕西、天津、吉林、湖北、新疆、北京、江苏等。2013 年初中生师比较高的省份是贵州、广西、云南、宁夏、广东、江西、西藏、河南等，而生师比较低的省份是山西、湖北、陕西、新疆、辽宁、江苏、天津、北京、吉林、黑龙江等。2014 年初中生师比较高的省份是贵州、广西、云南、宁夏、广东、江西、西藏、河南等，而生师比较低的省份是陕西、山西、湖北、新疆、辽宁、江苏、天津、北京、吉林、黑龙江等。2015 年初中生师比较高的省份是广西、贵州、云南、江西、河南、宁夏、河北等，而生师比较低的省份是江苏、新疆、湖北、辽宁、山西、陕西、天津、黑龙江、吉林、北京等。2016 年初中生师比较高的省份是广西、江西、贵州、云南、河南、宁夏、河北等，而生师比较低的省份是内蒙古、甘肃、新疆、陕西、山西、辽宁、黑龙江、吉林、北京、天津等。2017 年初中生师比较高的省份是江西、广西、云南、河南、贵州、河北、宁夏、湖南等，生师比较低的省份是甘肃、陕西、新疆、上海、黑龙江、山西、天津、辽宁、吉林、北京等。

从 2012~2017 年的初中师资力量空间分布来看，云南、贵州、宁夏、广西和河南的生师比连续 6 年都是全国较高的，并且改善幅度不大，这些省份初中师资力量一直处于全国较低的水平。2012~2017 年，我国各省份初中师资力量空间分布呈现一定的层级结构，我国东北地区师资较为充沛，从东北地区到西南地区师资力量依次减弱，尤其是西南地区的初中师资力量相对其他省份较弱。

4.2.4 师资力量空间格局

1. 小学师资力量自相关分析

（1）小学师资力量全局自相关分析

从表4.7可以看出，2012~2017年小学师资力量的所有全局Moran's I都大于0，这表明我国小学师资力量的空间分布既不是随机分布，也不是分散分布，而是存在全域范围的正的空间自相关，相似水平的省份集聚在一起，存在空间依赖性，出现空间集聚现象。2012年的小学师资力量全局Moran's I是0.289425，2013年的小学师资力量全局Moran's I是0.285333，与2012年相比出现小幅度下降，但2015年和2016年有所上升。小学师资力量的全局Moran's I在2012~2016年虽有波动，但是总体上呈现上升趋势，高水平的省份趋于向高水平的省份靠拢，低水平的省份趋于向相似水平的省份靠拢，呈现高-高和低-低的集聚特征，区域总体差异在2013年小幅度增大，2014~2016年又逐渐缩小。

同时，从表4.7可以看出，2012~2017年小学师资力量的Z值全部为正，且P值都小于0.01，全部通过显著性检验，因此2012~2017年小学师资力量出现高值或低值的空间集聚现象，但无法确定是高值集聚还是低值集聚。

表4.7 2012~2017年我国省域小学师资力量的全局Moran's I及其显著性

年份	全局Moran's I	Z	P
2012	0.289425	4.169395	0.000031
2013	0.285333	4.120783	0.000038
2014	0.286831	4.133422	0.000036
2015	0.293157	4.235549	0.000023
2016	0.295050	4.272275	0.000019
2017	0.296677	4.304839	0.000017

（2）小学师资力量局部自相关分析

从图4.7可以看出，2012~2016年，大多数省份位于第一、第二象限，其中分布在第一象限的省份最多。以2012年为例，山西、福建、广西、贵州、湖南、湖北、江西、安徽、重庆、浙江、四川、云南、西藏、上海、青海、山东、河北、天津都分布在第一象限，处于H-H区，呈现空间正相关，说明这些省份的小学师资比较充沛，而且一旦某一省份的小学师资力量增强，其相邻省份的小学师资力量也会随之增强。陕西、新疆、甘肃、北京位于第二象限，处于 L-H 区，呈现空间负相关，这 4 个省份的师资力量薄弱，但被师资充沛的省份包围。黑龙江、吉林、辽宁、内蒙古位于第三象限，处于 L-L 区，呈现空间负相关，说明这些省份的小学师资力量都较弱，而且相邻省份的小学师资力量也较弱。广东、河南、宁夏 3 个省份位于第四象限，处于 H-L 区，呈现空间负相关，说明这 4 个省份的小学师资充沛，但被师资力量薄弱的省份包围。2012~2016 年，有些省份处于不同的象限，河南 2012 年位于第四象限，呈现空间负相关，但 2013~2016 年一直处于第一象限，呈现空间正相关，说明 2012 年河南小学师资充沛，但被师资不充沛的省份包围，2013~2016 年一直被师资充沛的省份包围，呈现高-高的集聚特征。2012 年山西处于第一象限，呈现空间正相关，但 2013~2016 年却一直处于第二象限，呈现空间负相关。2012 年北京位于第二象限，2013~2016 年处于第四象限，一直呈现空间负相关，说明北京相邻省份的小学师资力量薄弱。青海只有 2013 年位于第四象限，呈现空间负相关，其他年份均处于第一象限，呈现空间正相关。2017 年小学师资力量局部自相关 Moran 散点图的散点都分布在坐标原点附近，而且散点之间比较紧密，说明 2017 年我国省域小学师资力量比较均衡，而且是 6 年间最均衡的。

从小学师资力量局部自相关统计量 LISA 集聚来看，我国省域小学师资力量出现明显的空间集聚现象。2012 年广西、贵州、湖南、湖北、安徽、江西、福建 7 个省份呈现集聚特征，2013 年云南、浙江、广西、贵州、湖南、湖北、安徽、江西、福建 9 个省份呈现集聚特征。2014 年山东、安徽、广西、贵州、湖南、湖北、江西、福建 8 个省份呈现集聚特征，且直到 2016 年空间格局都保持稳定。由此可见，2012~2016 年我国小学师资力量总体呈现高-高集聚特征，且这种特征非常显著和稳定，这些集聚省份的师资也比较充沛，这也就意味着其中一个省份的小学师资力量增强，其他具备集聚特征的省份小学师资力量也会随之增强。特殊的是，广东的经济实力雄厚，但是在小学师资力量上却没有与周边区域呈现高-高集聚特征，说明广东虽然对外开放度程度高，但与周边欠发达省份之间的义务教育联系较弱，还未在相关层面上展开义务教育合作。因而，广东与其相邻省份的空间相互作用较弱，在空间联系测度中表现不显著。

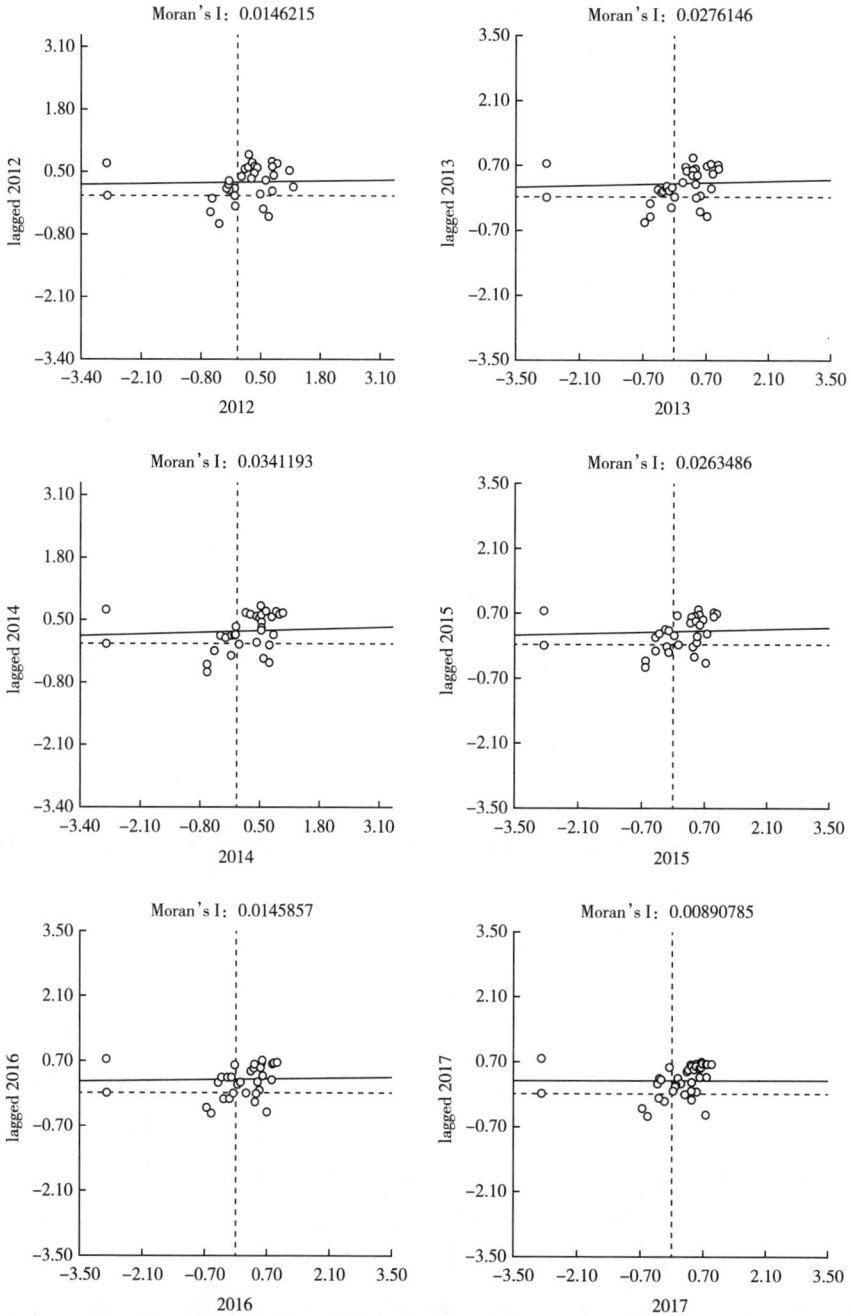

图 4.7　2012~2017 年我国省域小学师资力量局部自相关 Moran 散点图

2. 初中师资力量自相关分析

（1）初中师资力量全局自相关分析

从表 4.8 可知，在所研究的时段内，所有的全局 Moran's I 都大于 0，这表明我国各省份初中师资力量的空间分布并非是随机的，而是存在全域范围的正的空间自相关，相似水平的区域集聚在一起，存在空间依赖性，出现空间集聚现象。2012 年的初中师资力量全局 Moran's I 是 0.255416，2013 年是 0.261985，与 2012 年相比有小幅度的增加。2015 年和 2016 年都有所增加，2017 年初中师资力量全局 Moran's I 有小幅度的下降。2012~2016 年，我国初中师资力量的全局 Moran's I 虽有波动，但是总体上呈现上升趋势，高水平的省份趋于向高水平的省份靠拢，低水平的省份趋于向相似水平的省份靠拢，呈现高-高和低-低的集聚特征，2012 年区域总体差异较大，2014~2016 年区域差异逐渐减小。2012~2017 年我国省域初中师资力量的 Z 值全部为正，且 P 值都小于 0.01，全部通过显著性检验，因此 2012~2017 年初中师资力量呈现高值或低值的空间集聚现象，但无法确定是高值集聚还是低值集聚。

表 4.8　2012~2017 年我国省域初中师资力量的全局 Moran's I 及其显著性

年份	全局 Moran's I	Z	P
2012	0.255416	3.713005	0.000205
2013	0.261985	3.800280	0.000145
2014	0.261564	3.794935	0.000148
2015	0.269902	3.886676	0.000102
2016	0.274237	3.960010	0.000075
2017	0.265634	3.850283	0.000118

（2）初中师资力量局部自相关分析

从图 4.8 可知，2012~2016 年，大多数省份位于第一、第二象限，其中分布在第一象限的省份最多。以 2012 年为例，云南、贵州、四川、重庆、广西、湖南、西藏、青海、河南、浙江、山西、山东、河北、甘肃等省份处于 H-H 区，呈现空间正相关，说明这些省份的师资比较充沛，而且一旦某一省份的初中师资力量增强，其相邻省份的初中师资力量也会随之增强。陕西、福建、江苏、新疆、内蒙古位于第二象限，处于 L-H 区，呈现空间负

Moran's I: −0.057221

Moran's I: 0.0032786

Moran's I: 0.00264938

Moran's I: 0.046974

Moran's I: 0.049269

Moran's I: 0.0444462

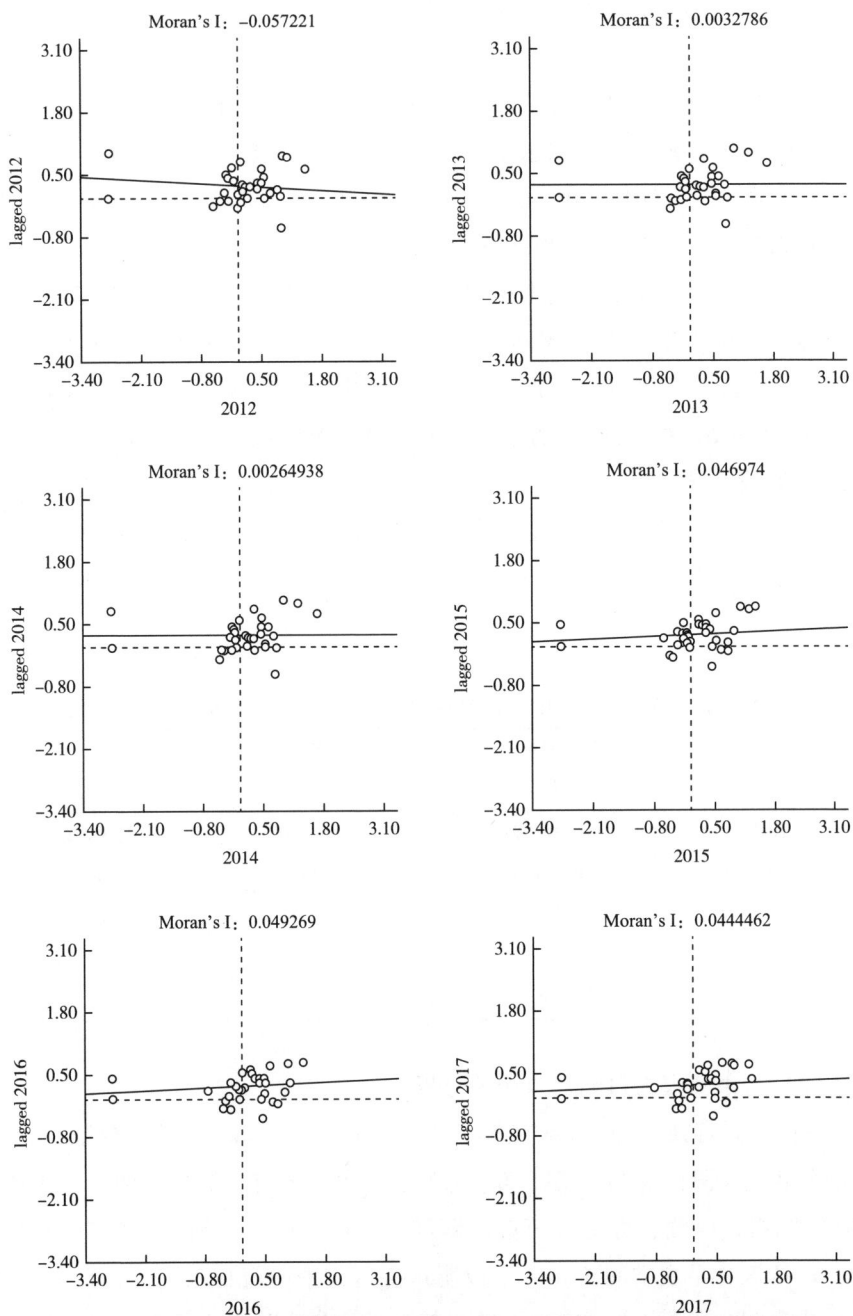

图 4.8　2012～2017 年我国省域初中师资力量局部自相关 Moran 散点图

相关，这几个省份的师资力量薄弱，但被师资充沛的省份包围。黑龙江、吉林、辽宁位于第三象限，处于 L-L 区，呈现空间负相关，这些省份的初中师资力量较弱，而且相邻的省份初中师资力量也很弱。北京、广东、上海、宁夏位于第四象限，处于 H-L 区，呈现空间负相关，这 4 个省份的初中师资充沛，但被师资力量薄弱的省份包围。2012～2016 年，有些省份处于不同的象限，广东、上海 2012 年位于第四象限，呈现空间负相关，但 2013～2016 年一直处于第一象限，呈现空间正相关。河南在 2012～2016 年一直被师资充沛的省份包围，呈现高-高的集聚特征。山西 2012 年处于第一象限，呈现空间正相关，但 2013～2016 年一直处于第二象限，呈现空间负相关。北京在 2012～2016 年处于第四象限，一直呈现空间负相关，北京相邻省份的初中师资力量薄弱。青海只有 2013 年位于第四象限，呈现空间负相关，其他年份均处于第一象限，呈现空间正相关。

局部自相关统计量 LISA 集聚特征方面，2012 年云南、贵州、四川、湖南和广西 5 个省份出现明显的空间集聚现象，且呈现高-高集聚特征，任何一个省份的师资力量增强，其他四个省份的师资力量也会随之增强，西南地区在师资力量方面的区域溢出效应明显。2012～2015 年，这种高-高集聚特征保持不变，2016 年四川不再呈现高-高集聚特征，只有云南、贵州、湖南和广西 4 个省份还呈现高-高集聚特征，这意味着周边区域初中师资力量一旦增强，这些区域的师资力量也会有所增强。2017 年，云南、贵州、广西、湖南、湖北和福建 6 个省份呈现高-高集聚特征。总之，西南地区的初中师资力量整体呈现高-高集聚特征，而且集聚省份数量较多，集聚范围较广，这表明西南地区的初中师资较为充沛，同时对相邻区域初中师资水平的提高有很大的推动作用。

4.3 财政资源指数空间秩序研究

4.3.1 财政资源数据概述

1. 小学财政资源数据概述

（1）小学财政资源描述性统计分析

从表 4.9 可知，2012～2017 年数据的极差分别为 21604.19、17122.20、

26728.01、19126.82、27656.18、21759.40，其中极差最大的是 2016 年，最小的是 2013 年，6 年间极差波动幅度较大。中央财政每年的支援力度都有所不同，区域之间的差异也不断波动，有时候差距缩小，有时候差距加大。从标准差来看，2016 年的标准差 6100.77065 是 6 年中的最大值，说明 2016 年大部分省份小学财政资源的数值与其平均值之间差异较大；2013 年标准差 4000.68598 是 6 年中的最小值，说明 2013 年大部分省份的数值与其平均值之间差异较小。总体来看，2012~2017 年，大部分省份每年的数值与其当年的平均值之间差异较小。

表 4.9 2012~2017 年我国省域小学财政资源描述性统计

年份	N	最小值	最大值	均值	标准差	方差
2012	31	3316.26	24920.45	8144.4997	4894.76378	23958712.426
2013	31	3520.52	20642.72	8039.4642	4000.68598	16005488.312
2014	31	4773.71	31501.72	10676.1200	5583.67263	31177400.031
2015	31	4496.34	23623.16	9784.4419	4693.91655	22032852.604
2016	31	5902.93	33559.11	13106.1790	6100.77065	37219402.519
2017	31	5119.81	26879.21	11892.7513	5102.37033	26034182.960
Valid N	31					

（2）小学财政资源数据正态性检验（以 2012 年数据为例）

从图 4.9 可以看出，2012 年小学财政资源数据总体呈正态分布，数据正态检验通过，可以进行后续研究。

2. 初中财政资源数据概述

（1）初中财政资源描述性统计分析

从表 4.10 可知，2012~2017 年数据的极差分别为 33219.61、35651.86、44874.41、48776.45、49817.62、57297.41，其中极差最大的是 2017 年，最小的是 2012 年，极差逐年增大，说明国家对不同省份的财政支援力度差异越来越大。由标准差可以看出，2017 年各省份初中财政资源的数据离散程度最大，而 2012 年各省份的数据离散程度最小。2017 年的标准差 11356.77959 是 6 年中的最大值，说明 2017 年大部分省份初中财政资源的数值与其平均值之间差异较大；2012 年标准差 6831.36358 是 6 年中的最小值，说明

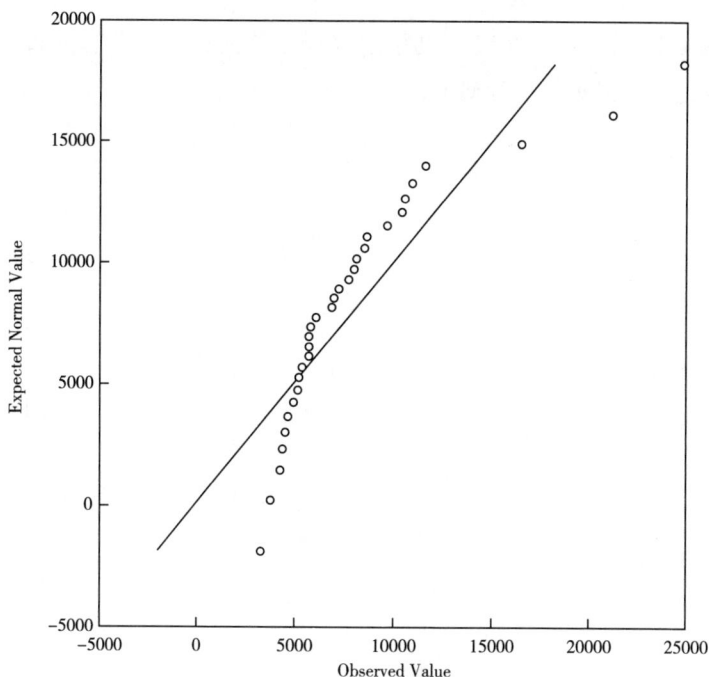

图 4.9　2012 年我国省域小学财政资源 Q-Q 图

2012 年大部分省份的数值与其平均值之间差异较小。总体来看，2012～2017 年，大部分省份每年的数值与其当年的平均值之间差异较大，且初中财政资源标准差有逐年增大的趋势，说明各省份初中财政资源的差异也在逐年增大。

表 4.10　2012～2017 年我国省域初中财政资源描述性统计

年份	N	最小值	最大值	均值	标准差	方差
2012	31	4607.35	37826.96	10582.4042	6831.36358	46667528.399
2013	31	5992.18	41644.04	12927.0655	7434.15629	55266679.773
2014	31	7814.66	52689.07	14852.0645	9298.86691	86468925.785
2015	31	7833.03	56609.48	15951.5058	9560.63807	91405800.322
2016	31	9654.09	59471.71	17938.1313	9936.34108	98730874.004
2017	31	10472.49	67769.90	19764.0045	11356.77959	128976442.674
Valid N	31					

（2）初中财政资源数据正态性检验（以 2012 年数据为例）

从图 4.10 可得出，2012 年初中财政资源数据总体呈正态分布，数据正态检验通过，可以进行后续研究。

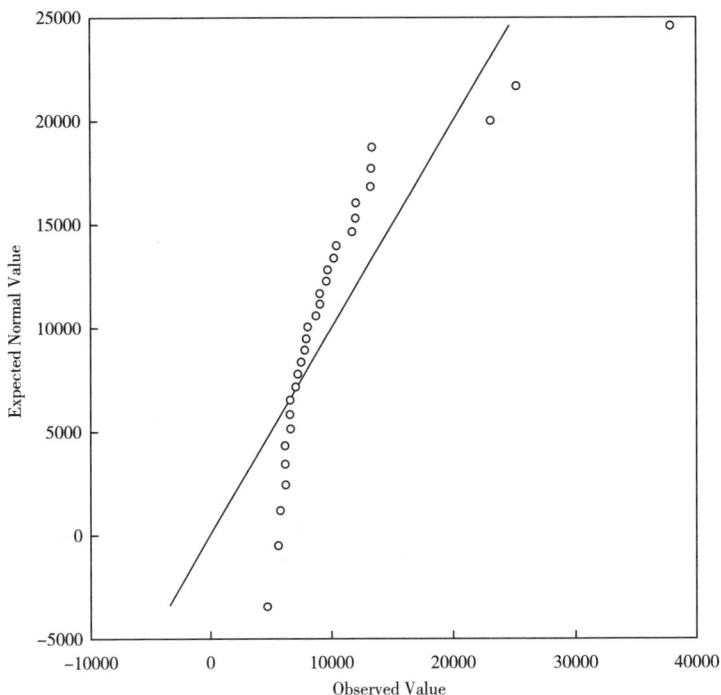

图 4.10　2012 年我国省域初中财政资源 Q-Q 图

4.3.2　财政资源时序演变

1. 小学财政资源时序演变

根据 2012~2017 年小学财政资源时序演变实况可知，2012 年小学国家财政资源支持力度较大的省份是北京、上海、天津、浙江、新疆、辽宁、内蒙古、西藏等，较小的省份是宁夏、山东、安徽、四川、河北、甘肃、云南、湖南、广西、湖北、江西、贵州、河南等。2013 年支持力度较大的省份是北京、上海、天津、西藏、青海、江苏、新疆、内蒙古、陕西、黑龙江、吉林、浙江、辽宁等，较小的省份是安徽、甘肃、宁夏、贵州、云南、湖南、湖北、广西、江西、河北、河南等。2014 年支持力度较大的省份是北京、上海、天津、西藏等，较小的省份是重庆、福建、广东、宁夏、云南、安徽、四川、山西、甘肃、山东、湖北、贵州、江西、湖南、广西、河北、河南等。2015 年支持力度较大的省份是北京、西藏、上海、天津等，较小的省份是贵州、安徽、宁夏、湖南、云南、广西、河北、河南等。2016 年支持力度较大的省份是北京、西藏、上海、天津等，较小的省份是福建、山西、四川、云南、安徽、贵州、湖北、山东、江西、广西、湖南、河北、河南等。2017 年支持力度较大的省份是北京、西藏等，较小的省份是安徽、江西、湖南、广西、河北、河南等。6 年间国家对西北部地区的支持力度最大，从西北部向东部、中部地区递减，其中中部地区的支援力度较小，但从 2015 年开始，国家也在逐步加大对中部地区的财政支持力度，2017 年的效果已经很明显。从总体上看，2012～2017 年，31 个省份的小学财政资源呈现增加趋势，换句话说，中央和地方政府对小学教育的财政支持力度逐年加大，其中西藏的财政资源增幅最大，达到 14525 元，另外黑龙江、贵州、湖北、甘肃、吉林、陕西、广东、新疆、云南等省份的增幅也较大，增幅较小的是北京、江苏、河南、天津、辽宁、上海。2012～2017 年，大多数省份的小学生均财政支出都在 2800～12800 元，各省份增幅差异不大。

2. 初中财政资源时序演变

根据 2012～2017 年初中财政资源时序演变实况可知，2012 年初中国家财政资源支持力度较大的省份是北京、上海、天津、浙江、青海、江苏、新疆、辽宁、内蒙古等，较小的省份是广西、甘肃、云南、江西、河南、贵州等。2013 年支持力度较大的省份是北京、上海、天津、江苏、青海、浙江、辽宁、新疆、内蒙古、西藏等，较小的省份是甘肃、云南、广西、江西、河南、贵州等。2014 年支持力度较大的省份是北京、上海、天津、江苏、浙江、新疆、西藏、内蒙古、青海等，较小的省份是甘肃、河北、云南、广西、河南、贵州等。2015 年支持力度较大的省份是北京、上海、天津、江苏、西藏、浙江、青海、新疆、内蒙古等，较小的省份是江西、云南、河北、河南、广西、贵州等。2016 年支持力度较大的省份是北京、上海、天津、西藏、江苏、浙江、青海、内蒙古、新疆等，较小的省份是云南、江西、河北、广西、河南、贵州等。2017 年支持力度较大的省份是北京、上海、天津、西藏、江苏、浙江、内蒙古等，较小的省份是云南、甘肃、河北、江西、贵州、广西、河南等。

2012~2017年初中财政资源增幅较大的省份是北京、上海、西藏、湖北、江苏、天津、广东、黑龙江、内蒙古、吉林、浙江、重庆等，增幅较小的省份是山西、贵州、陕西、宁夏、江西、湖南、河南、广西、辽宁、河北等，其中增幅最大的是北京，达到29943元，增幅最小的是河北，只有3943元。北京、上海和天津的初中财政资源最为充足，2017年北京初中生均财政支出达到67770元，上海达到44418元，天津达到33646元，而全国每年的初中生均财政支出平均水平仅为19209元，生均财政支出最低的河南仅为10472元。

4.3.3 财政资源空间分布

1. 小学财政资源空间分布

小学财政资源在空间上呈现不同的分布特征。小学财政资源最充沛的地区是我国西北地区，国家财政支持力度较弱的是西南地区和华中地区。2014年除了西藏、北京和天津外，其他地区的支援力度差距不大。从2016年起，我国西南地区的小学财政资源得到一定程度的补充。

2. 初中财政资源空间分布

2012~2017年，北京、天津和上海的财政资源支持力度在全国都是较大的，其次是我国西北地区和部分东部沿海地区。初中财政资源支持力度最弱的是我国西南地区和华中地区，尤其是西南地区，受当地经济发展水平的限制，地方政府支援力度较弱，中央财政支援力度如不加大，将不利于这些地区初中教育水平的提高，这些地区和其他地区的差距也会越来越大。

4.3.4 财政资源空间格局

1. 小学财政资源自相关分析

（1）小学财政资源全局自相关分析

从表4.11可知，所有的全局 Moran's I 都大于0，2012年的小学财政资源全局 Moran's I 是0.252157，2013年是0.256969，与2012年相比有小幅度的增加，但2014~2016年全局 Moran's I 持续下降。2012~2017年小学财政资源的全局 Moran's I 虽有波动，但总体上呈现下降趋势。高水平的省份趋于向高水平的省份靠拢，低水平的省份趋于向相似水平的省份靠拢，呈现高-高和低-低的集聚特征，区域总体差异在2013年小幅度减小，2014~2016年又逐渐增大。

表 4.11　2012~2017 年我国省域小学财政资源的全局 Moran's I 及其显著性

年份	全局 Moran's I	Z	P
2012	0.252157	3.686334	0.000228
2013	0.256969	3.673435	0.000239
2014	0.221084	3.299255	0.000969
2015	0.209797	3.047785	0.002305
2016	0.198253	2.937812	0.003305
2017	0.214298	3.114037	0.001845

（2）小学财政资源局部自相关分析

从图 4.11 可知，2012 年，四个象限都有散点分布，其中第一、第三象限散点分布较多。分布在第一象限的是北京、天津、上海、江苏、新疆、吉林、辽宁和青海，这些省份呈现高-高集聚特征；分布在第三象限的是广东、广西、湖南、湖北、河南、江西、云南、山东、山西、安徽，这些省份呈现低-低集聚特征。2013 年，四个象限都有散点分布，其中第一、第三象限散点分布较多。分布在第一象限的是北京、天津、上海、江苏、新疆、黑龙江、辽宁、西藏和青海，这些省份呈现高-高集聚特征；分布在第三象限的是广东、重庆、河南、江西、云南、山东、山西、安徽，这些省份呈现低-低集聚特征。2014 年，四个象限都有散点分布，其中第一、第三象限散点分布较多。分布在第一象限的是北京、天津、上海、江苏、新疆、辽宁和青海，这些省份呈现高-高集聚特征；分布在第三象限的是广东、河南、云南、山西、湖北、湖南、安徽、贵州，这些省份呈现低-低集聚特征。2015 年，四个象限都有散点分布，其中第一、第三象限散点分布较多。分布在第一象限的是北京、天津、上海、江苏、新疆、西藏、吉林和黑龙江，这些省份呈现高-高集聚特征；分布在第三象限的是广东、河南、山东、重庆、江西、湖北、湖南、安徽、贵州，这些省份呈现低-低集聚特征。2016 年，四个象限都有散点分布，其中第一、第三象限散点分布较多。分布在第一象限的是北京、天津、上海、江苏、新疆、西藏、山东、青海、吉林和浙江，这些省份呈现高-高集聚特征；分布在第三象限的是广东、广西、河南、重庆、江西、湖北、湖南、安徽和福建，这些省份呈现低-低集聚特征。2017 年，四个象限都有散点分布，其中第一、第三象限散点分布较多。

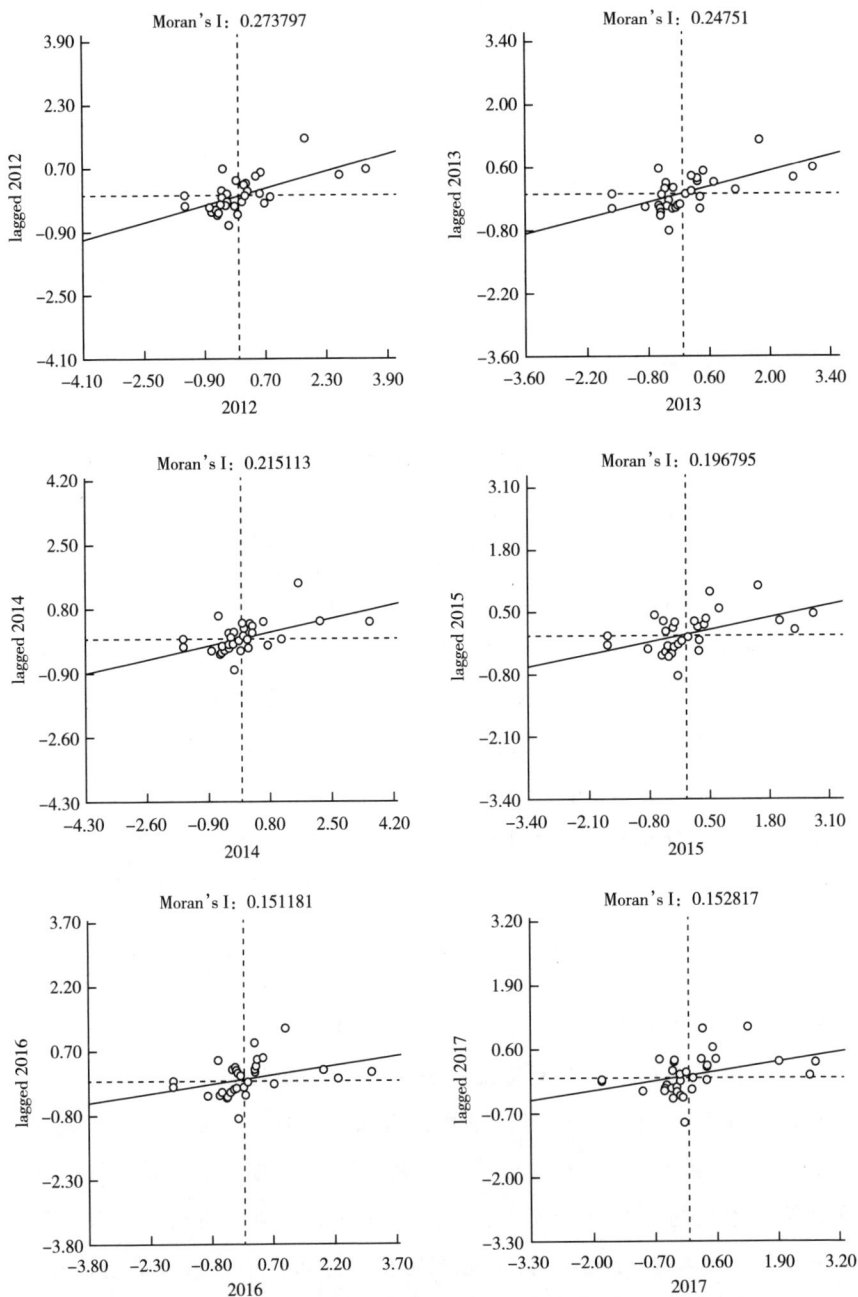

图 4.11　2012~2017 年我国省域小学财政资源局部自相关 Moran 散点图

分布在第一象限的是北京、天津、上海、江苏、新疆、西藏、浙江、青海、吉林和黑龙江，这些省份呈现高-高集聚特征；分布在第三象限的是广东、广西、河南、重庆、湖北、湖南、安徽，这些省份呈现低-低集聚特征。

总体来看，北京、上海、天津、江苏、新疆等连续 6 年呈现稳定的高-高集聚特征，广东、河南连续 6 年呈现稳定的低-低集聚特征。6 年间的散点分布都较为分散，说明全国小学财政资源区域差距大，财政资源区域分布不均衡。

2012 年我国省域小学教育财政资源方面，天津出现明显的空间集聚现象，且呈现高-高集聚特征，说明周边任何一个区域的小学财政资源增加，都会使天津的小学财政资源随之增加。而广东呈现低-低集聚现象，说明周边任何一个区域的小学财政资源减少，都会使广东的小学财政资源随之减少。2013~2016 年，广东呈现低-低集聚特征，没有发挥区域空间溢出效应，区域空间单元之间的相互作用力不强。2017 年，新疆出现明显的空间集聚现象，且呈现高-高集聚特征。与往年相比，2017 年的小学财政资源空间格局有所改善，但呈现高-高集聚特征的省份数量较少，集聚区域较小，区域拉动作用相对不明显。而广东呈现低-低集聚现象，说明广东自身的小学财政资源不丰富，周边区域的财政资源也不够丰富。

2. 初中财政资源自相关分析

（1）初中财政资源全局自相关分析

从表 4.12 可知，在所研究的时段内，所有的全局 Moran's I 都大于 0，这表明我国省域初中财政资源的空间分布并非是随机的，而是存在全域范围的正的空间自相关，相似水平的区域集聚在一起，存在空间依赖性，出现空间集聚现象。2012 年的初中财政资源全局 Moran's I 是 0.303588，2013 年的初中财政资源全局 Moran's I 是 0.312666，与 2012 年相比有小幅度的增加，但 2014~2017 年全局 Moran's I 持续下降。2012~2017 年初中财政资源的全局 Moran's I 虽有波动，但总体上呈下降趋势，高水平的省份趋于向高水平的省份靠拢，低水平的省份趋于向相似水平的省份靠拢，分别呈现高-高和低-低的集聚特征，区域总体差异在 2013 年小幅度减小，2014~2016 年又逐渐增大。同时结合表 4.12 和表 4.11 发现，初中财政资源的全局自相关结果和小学财政资源的全局自相关结果非常相似。

表 4.12　2012~2017 年我国省域初中财政资源的全局 Moran's I 及其显著性

年份	全局 Moran's I	Z	P
2012	0.303588	4.551530	0.000005
2013	0.312666	4.584771	0.000005
2014	0.251771	3.884163	0.000103
2015	0.240437	3.777178	0.000159
2016	0.216556	3.383859	0.000715
2017	0.187818	3.027390	0.002467

（2）初中财政资源局部自相关分析

从图 4.12 可知，2012 年，四个象限都有散点分布，其中第一、第三象限散点分布较多。分布在第一象限的是北京、天津、上海、江苏、新疆和辽宁，这些省份呈现高-高集聚特征；分布在第三象限的是广东、广西、湖南、湖北、河南、云南、贵州、四川、山东、山西，这些省份呈现低-低集聚特征。2013 年，四个象限都有散点分布，其中第一、第三象限散点分布较多。分布在第一象限的是北京、天津、上海、江苏、新疆和辽宁，这些省份呈现高-高集聚特征；分布在第三象限的是广东、广西、湖南、湖北、云南、贵州、四川、山东、宁夏和重庆，这些省份呈现低-低集聚特征。2014 年，四个象限都有散点分布，其中第一、第三象限散点分布较多。分布在第一象限的是北京、天津、上海、江苏、新疆和辽宁，这些省份呈现高-高集聚特征；分布在第三象限的是广东、广西、湖南、湖北、河南、云南、贵州、四川、山西、宁夏和重庆，这些省份呈现低-低集聚特征。2015 年，四个象限都有散点分布，其中第一、第三象限散点分布较多。分布在第一象限的是北京、天津、上海、江苏、青海、新疆和辽宁，这些省份呈现高-高集聚特征；分布在第三象限的是广东、广西、湖南、湖北、云南、贵州、四川、山西、陕西和重庆，这些省份呈现低-低集聚特征。2016 年，四个象限都有散点分布，其中第一、第三象限散点分布较多。分布在第一象限的是北京、天津、上海、江苏和新疆，这些省份呈现高-高集聚特征；分布在第三象限的是广东、广西、湖南、湖北、云南、贵州、四川、山西、辽宁、山东、安徽、福建、陕西和重庆，这些省份呈现低-低集聚特征。2017 年，四个象限都有散点分布，其中第一、第三象限散点分布较多，分布

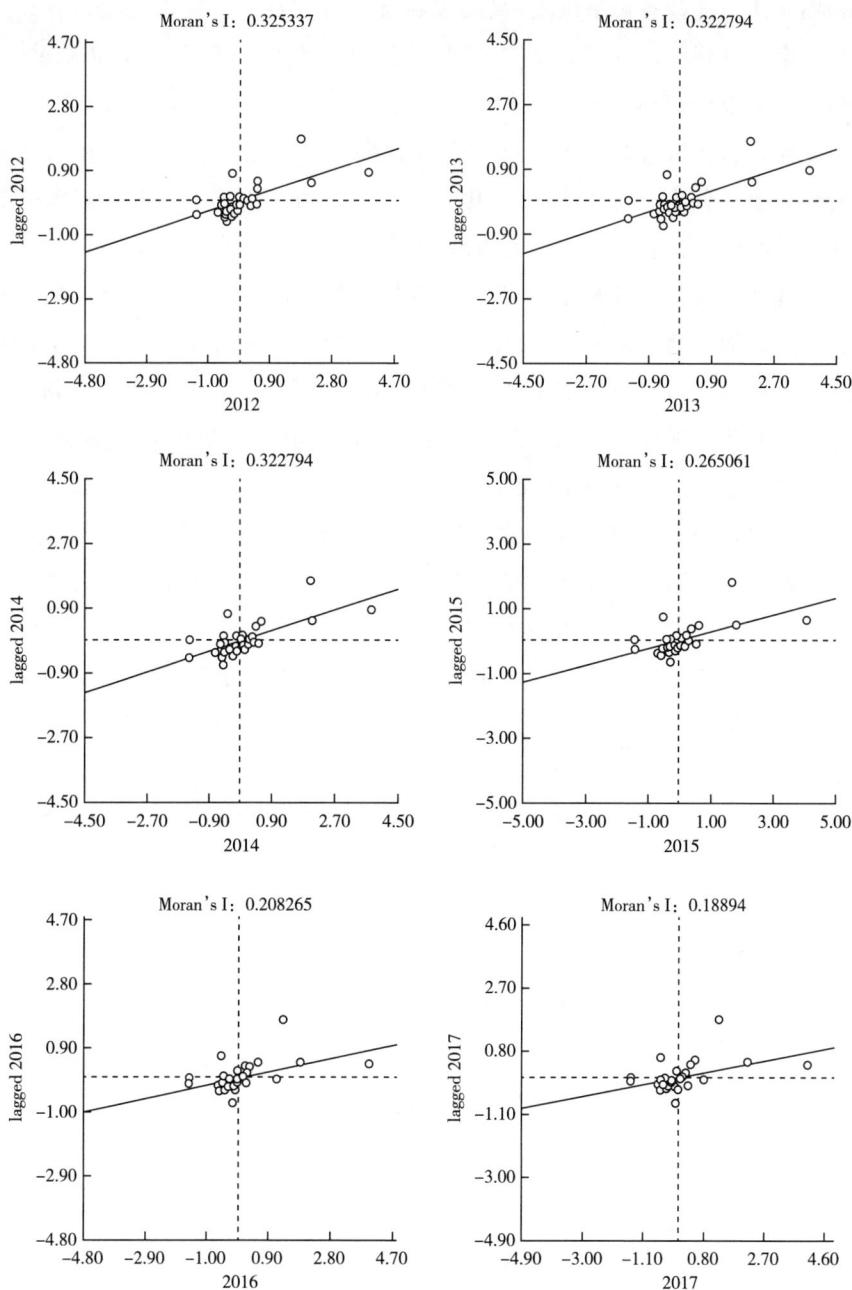

图 4.12　2012~2017 年我国省域初中财政资源局部自相关 Moran 散点图

在第一象限的是北京、天津、上海、江苏、新疆、西藏、浙江、青海、吉林和黑龙江，这些省份呈现高-高集聚特征；分布在第三象限的是广东、广西、云南、贵州、四川、山西、陕西、甘肃、宁夏、安徽、福建和重庆，这些省份呈现低-低集聚特征。

总体来看，所有散点分布较紧密且大多在原点附近，说明我国省域初中财政资源空间分布较为均衡，其中北京、上海、天津、江苏、新疆等连续6年都在第一象限，呈现稳定的高-高集聚特征。这些地区大多数位于我国发达地区，无论是地理条件还是经济基础都比较优越，一个地区的财政资源增加，周边地区的财政资源也会随之增加，同时这些地区的初中财政资源较丰富且与周边区域之间的差异较小。广东、广西、云南、贵州、四川等连续6年呈现稳定的低-低集聚特征，这些地区的初中财政资源不足，同时与周边区域之间的差距较小。河南、宁夏、辽宁、山西、安徽、福建的初中财政资源不稳定，有时候呈现低-低的集聚特征，有时候呈现低-高的集聚特征，说明这些省份间的差异有时大有时小，国家应重点关注这些省份，尽量缩小这些省份间的初中财政资源差异。

2012~2017年，天津一直呈现高-高的集聚特征，说明天津和周边区域的初中财政资源都非常丰富，且区域之间的差异较小。广东一直呈现低-低的集聚特征，说明广东和周边区域的初中财政资源都明显不足，但区域之间的差异较小。而河北在2012~2015年一直呈现低-高的集聚特征，说明河北初中财政资源不足，但周边区域的初中财政资源充沛，而且区域之间的差异较大，2016年和2017年河北没有呈现显著的空间集聚特征。

4.4 办学条件（一）指数空间秩序研究

4.4.1 办学条件（一）数据概述

1. 小学办学条件（一）数据概述

（1）小学办学条件（一）描述性统计分析

从表4.13可知，2012~2017年数据的极差分别为5.10、5.25、5.53、6.79、6.89、6.73，其中极差最大的是2016年，最小的是2012年。从标准差来看，2016年的标准差1.34463是6年中的最大值，说明2016年大部分省份小学办学硬件条件的数值与其平均值之间差异较大。而 2012 年的标准差 1.11598 是 6 年中最小的，说明 2012 年大部分省份小学办学硬件条件的数值与其平均值之间差异较小。总体来看，2012~2017 年，大部分省份小学办学硬件条件的数值与其当年的平均值之间差异较小。6 年间小学办学硬件条件的标准差整体呈增大趋势，说明各省份小学办学硬件条件的差异有所增大。

表 4.13　2012~2017 年我国省域小学办学条件（一）描述性统计

年份	N	最小值	最大值	均值	标准差	方差
2012	31	5.22	10.32	6.9452	1.11598	1.245
2013	31	5.20	10.45	6.9455	1.17616	1.383
2014	31	5.53	11.06	7.1687	1.16596	1.359
2015	31	5.87	12.66	7.3455	1.31152	1.720
2016	31	6.11	13.00	7.5674	1.34463	1.808
2017	31	5.77	12.50	7.4681	1.30354	1.699
Valid N	31					

（2）小学办学条件（一）数据正态性检验（以 2012 年数据为例）

从图 4.13 可知，2012 年小学办学硬件条件各省份的数据可以大致拟合成一条直线，因此 2012 年小学办学硬件条件数据总体呈正态分布，数据正态检验通过。

2. 初中办学条件（一）数据概述

（1）初中办学条件（一）描述性统计分析

从表 4.14 可知，2012~2017 年数据的极差分别为 9.07、9.32、9.11、9.34、9.04、8.36，其中极差最大的是 2015 年，最小的是 2017 年。从标准差来看，2012 年的标准差 2.79754 是 6 年中的最大值，说明 2012 年大部分省份初中办学硬件条件的数值与其平均值之间差异较大。而 2013 年的标准差 2.30188 是 6 年中最小的，说明 2013 年大部分省份初中办学硬件条件的数值与其平均值之间差异较小。总体来看，2012~2017 年，大部分省份初中办学硬件条件的数值与当年的平均值之间差异较小。6 年间初中办学硬件条件的标准差先缩小，后又增大，接着又缩小。

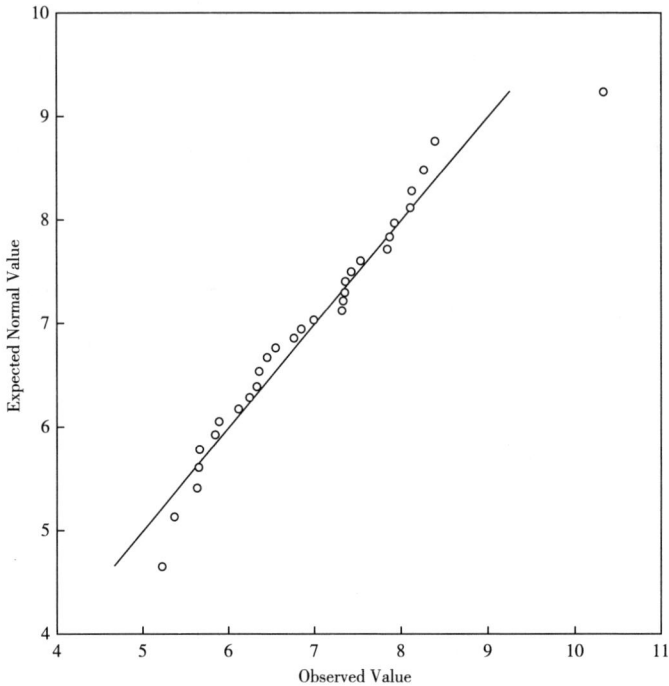

图 4.13　2012 年我国省域小学办学条件（一）Q-Q 图

表 4.14　2012~2017 年我国省域初中办学条件（一）描述性统计

年份	N	最小值	最大值	均值	标准差	方差
2012	31	6.82	15.89	10.5126	2.79754	7.826
2013	31	7.45	16.77	11.4752	2.30188	5.299
2014	31	8.42	17.53	12.1806	2.33671	5.460
2015	31	8.96	18.30	13.0426	2.47786	6.140
2016	31	10.07	19.11	13.6742	2.44007	5.954
2017	31	10.07	18.43	13.4161	2.38034	5.666
Valid N	31					

（2）初中办学条件（一）数据正态性检验（以 2012 年数据为例）

从图 4.14 可知，2012 年初中办学条件（一）数据总体呈正态分布，数据正态检验通过。

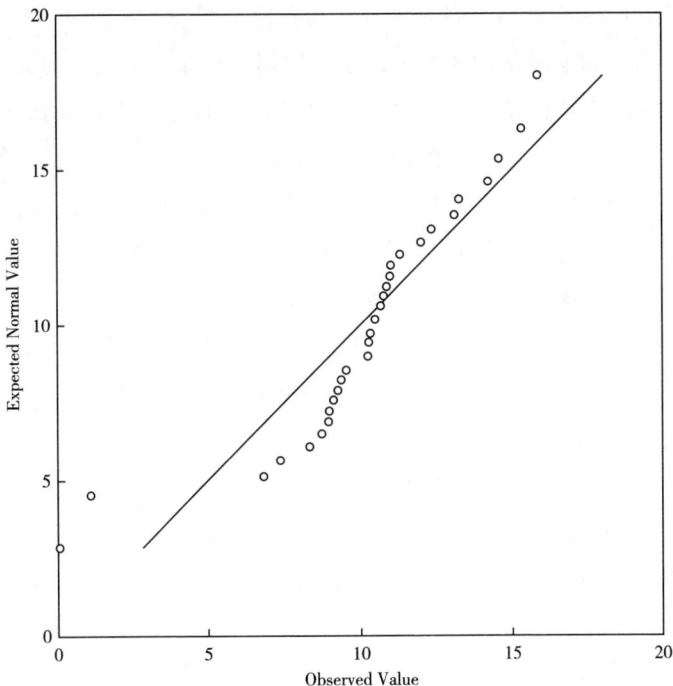

图 4.14　2012 年我国省域初中办学条件（一）Q-Q 图

4.4.2　办学条件（一）时序演变

1. 小学办学条件（一）时序演变

根据 2012 年至 2017 年小学办学条件（一）时序演变实况可知，2012 年小学办学硬件条件水平较高的省份是西藏、湖北、重庆、北京、内蒙古等，水平较低的省份是辽宁、河南、山东、新疆、江西、四川、贵州等。2013 年小学办学硬件条件水平较高的省份是西藏、湖北、重庆、北京、内蒙古等，水平较低的省份是山东、江西、辽宁、河南、新疆等。2014 年小学办学硬件条件水平较高的省份是西藏、重庆、湖北、内蒙古、北京等，水平较低的省份是辽宁、四川、山东、河南、江西、新疆等。2015 年小学办学硬件条件水平较高的省份是西藏、重庆、内蒙古、湖北、青海、浙江等，水平较低的省份是黑龙江、四川、河南、辽宁、山东、新疆、江西等。2016 年小学办学硬件条件水平较高的省份是西藏、内蒙古、重庆、青海、浙江等，水平较低的省份是辽宁、河南、山东、新疆、江西、四川、贵州等。2017年小学办学硬件条件水平较高的省份是西藏、内蒙古、重庆、浙江、青海、云南等，水平较低的省份是辽宁、四川、山东、河南、河北、新疆等。总之，2012~2017年西藏的小学办学硬件条件一直处于全国最高水平，2013年内蒙古、湖北和重庆处于全国领先水平，湖北在2015年之后有所下降。青海虽然2012年和2013年水平不高，但2014年以后发展都较好、较平稳。

从总体上看，2012~2017年31个省份的小学办学硬件条件越来越好，其中西藏的办学硬件条件一直比其他省份好，2012~2017年不断提高，并且与全国其他省份的差距逐渐拉大。其他省份小学办学硬件条件总体上也是越来越好，只有2013年和2017年较上一年的水平有小幅度下降。

2. 初中办学条件（一）时序演变

根据2012~2017年初中办学条件（一）时序演变实况可知，2012年办学硬件条件水平较高的省份是湖北、江苏、上海、西藏、浙江、湖南等，水平较低的省份是江西、宁夏、广西、甘肃、云南、贵州等。2013年水平较高的省份是江苏、浙江、湖北、西藏、上海、湖南、内蒙古、辽宁等，水平较低的省份是广西、天津、甘肃、云南、贵州等。2014年水平较高的省份是江苏、湖北、浙江、西藏、上海、内蒙古、湖南、青海等，水平较低的省份是江西、甘肃、广西、天津、云南、贵州等。2015年水平较高的省份是浙江、江苏、湖北、西藏、上海、内蒙古等，水平较低的省份是福建、河北、天津、贵州、云南等。2016年水平较高的省份是浙江、江苏、上海、西藏、湖北、内蒙古、青海等，水平较低的省份是贵州、江西、河北、福建、天津、云南等。2017年水平较高的省份是浙江、上海、西藏、江苏、湖北、青海、内蒙古等，水平较低的省份是河南、江西、天津、福建、河北、云南等。

从总体上看，2012~2017年31个省份的初中办学硬件条件越来越好，其中浙江、江苏、湖北、上海、西藏的办学硬件条件一直比其他省份好，条件最好的是浙江和江苏，浙江从2015年到2016年一直保持全国最高水平，并且与全国其他省份的差距逐渐拉大。贵州虽然在2012~2014年一直处于全国最低水平，但2015年之后增速很快，到2017年已超过7个省份。其他省份总体上初中办学硬件条件也是越来越好，只有2013年和2017年较上一年的水平有小幅度下降。

4.4.3　办学条件（一）空间分布

1. 小学办学条件（一）空间分布

从空间分布情况来看，研究时段内，小学办学硬件条件较好的地区主要集中在我国西北部分地区，而东北地区、华北地区和华东部分地区的小学办学硬件条件都较差，西南地区在 2016 年以后有所改善。

2. 初中办学条件（一）空间分布

从我国各省初中办学条件（一）空间分布情况来看，初中办学硬件条件的空间分布不够集中，比较分散。总体来看，初中办学硬件条件最好的区域主要集中在华东的部分省份，西南地区较差，西北地区的初中办学硬件条件优于西南地区和东北地区。

4.4.4　办学条件（一）空间格局

1. 小学办学条件（一）自相关分析

（1）小学办学条件（一）全局自相关分析

从表 4.15 可知，在所研究的时段内，所有的全局 Moran's I 都大于 0，这表明我国省域小学办学硬件条件的空间分布并非是随机的，而是存在全域范围的正的空间自相关，相似水平的区域集聚在一起，存在空间依赖性，出现空间集聚现象。2012 年的小学办学硬件条件全局 Moran's I 是 0.298296，2013 年是 0.294366，与 2012 年相比有小幅度的下降，但 2013~2015 年全局 Moran's I 变化都不大，说明这 3 年里小学办学硬件条件的差异没有明显变化。2016 年和 2017 年全局 Moran's I 变大，说明这 2 年全国各省份的小学办学硬件条件差异不明显。

表 4.15　2012~2017 年我国省域小学办学条件（一）的
全局 Moran's I 及其显著性

年份	全局 Moran's I	Z	P
2012	0.298296	4.285036	0.000018
2013	0.294366	4.247463	0.000022
2014	0.294232	4.237298	0.000023
2015	0.294366	4.247463	0.000022
2016	0.311922	4.477748	0.000008
2017	0.323110	4.617768	0.000004

（2）小学办学条件（一）局部自相关分析

从图 4.15 可知，2012 年，四个象限都有散点分布，其中第一、第二象限散点分布较多，第三、第四象限散点分布较少。分布在第一象限的省份是陕西、甘肃、宁夏、西藏、内蒙古、黑龙江、吉林、福建、北京、江苏、上海、重庆、湖北、云南，这些省份呈现高-高集聚特征；分布在第二象限的省份是新疆、广西、江西、河北、贵州、四川、山东、安徽，这些省份呈现低-高集聚特征。2013 年，四个象限都有散点分布，其中第一、第二象限散点分布较多。分布在第一象限的省份是陕西、甘肃、宁夏、西藏、青海、内蒙古、山西、山东、福建、北京、江苏、重庆、湖南，这些省份呈现高-高集聚特征；分布在第二象限的省份是新疆、黑龙江、江西、河北、云南、贵州、四川、安徽，这些省份呈现低-高集聚特征。2014 年，四个象限都有散点分布，其中第一、第二象限散点分布较多。分布在第一象限的省份是陕西、甘肃、宁夏、西藏、青海、内蒙古、山西、福建、北京、江苏、重庆、湖南、湖北、云南、贵州，这些省份呈现高-高集聚特征；分布在第二象限的省份是新疆、辽宁、黑龙江、江西、河北、河南、上海、安徽、四川，这些省份呈现低-高集聚特征。2015 年，四个象限都有散点分布，其中第一、第二象限散点分布较多。分布在第一象限的省份是陕西、甘肃、宁夏、西藏、青海、内蒙古、山西、福建、北京、江苏、重庆、湖南、湖北、云南、贵州，这些省份呈现高-高集聚特征；分布在第二象限的省份是新疆、黑龙江、江西、河北、河南、安徽、四川，这些省份呈现低-高集聚特征。2016 年，四个象限都有散点分布，其中第一、第二象限散点分布较多。分布在第一象限的省份是陕西、甘肃、宁夏、西藏、青海、内蒙古、黑龙江、山西、福建、北京、江苏、重庆、湖南、湖北、云南、贵州，这些省份呈现高-高集聚特征；分布在第二象限的是新疆、辽宁、江西、河北、河南、安徽、四川，这些省份呈现低-高集聚特征。2017 年，四个象限都有散点分布，其中第一、第二象限散点分布较多。分布在第一象限的省份是陕西、甘肃、宁夏、西藏、青海、内蒙古、山西、北京、江苏、重庆、湖南、湖北、云南、贵州，这些省份呈现高-高集聚特征；分布在第二象限的省份是新疆、辽宁、黑龙江、河北、河南、安徽、四川、福建，这些省份呈现低-高集聚特征。

总体来看，陕西、甘肃、宁夏、西藏、江苏、重庆等省份连续 6 年都在

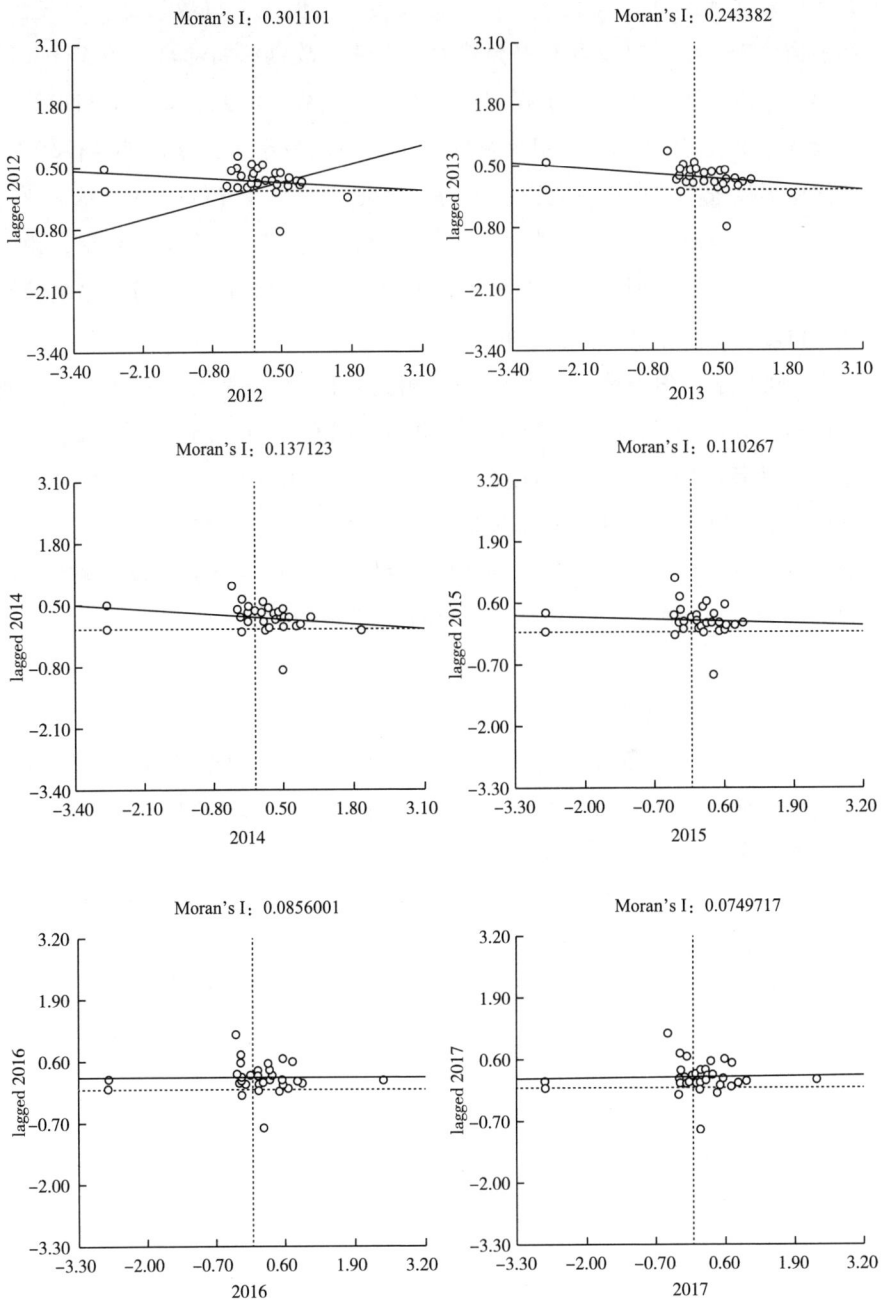

图 4.15　2012~2017 年我国省域小学办学条件（一）局部自相关 Moran 散点图

第一象限，呈现稳定的高-高集聚特征，这些省份大多数位于我国欠发达地区，无论是地理条件还是经济基础都比较落后，但是人口数量都相对较少。这与前面分析的小学财政资源差异较大，小学财政资源局部自相关 Moran 散点图第一象限的省份大多位于我国发达地区。新疆、河北、安徽、四川等省份连续 6 年呈现稳定的低-高集聚特征，这些地区的小学办学硬件条件较差，但空间差异度较小。湖南、北京、上海、湖北、贵州等省份的小学办学硬件条件不稳定，有时候呈现高-低集聚特征，有时候呈现高-高集聚特征，说明这些省份的差异度有时候大有时候小，国家应重点关注这些省份，尽量缩小这些省份之间小学办学硬件条件的差异。

6 年间小学办学条件（一）局部自相关统计量 LISA 集聚特征显著，新疆和四川一直呈现低-高的集聚特征，说明新疆和四川与周边地区的小学相比办学硬件条件较好，但当邻域的办学条件有所改善时，新疆和四川的办学条件反而会变差。广东一直呈现低-低集聚特征，说明广东和周边区域的小学办学硬件条件都较差，但与周边区域的差异较小。总体来说，6 年间我国省域小学办学硬件条件的空间格局特征都比较稳定。

2. 初中办学条件（一）自相关分析

（1）初中办学条件（一）全局自相关分析

从表 4.16 可知，所有的全局 Moran's I 都大于 0，这表明我国省域初中办学硬件条件的空间分布并非是随机的，而是存在全域范围的正的空间自相关，相似水平的区域集聚在一起，存在空间依赖性，出现空间集聚现象。2012 年的初中办学硬件条件全局 Moran's I 是 0.245995，2013 年的初中办学硬件条件全局 Moran's I 是 0.356108，与 2012 年相比有小幅度的升高。但 2013~2015 年的全局 Moran's I 持续下降，说明 3 年间初中办学硬件条件的差异在逐年增大。2016 年和 2017 年的全局 Moran's I 变化不大，说明这两年全国初中办学硬件条件的差异没有明显变化。

表 4.16　2012~2017 年我国省域初中办学条件（一）的
全局 Moran's I 及其显著性

年份	全局 Moran's I	Z	P
2012	0.245995	3.492157	0.000479
2013	0.356108	4.963725	0.000001

年份	全局 Moran's I	Z	P
2014	0.335959	4.716452	0.000002
2015	0.323424	4.553052	0.000005
2016	0.316984	4.486678	0.000007
2017	0.315318	4.464318	0.000008

（2）初中办学条件（一）局部自相关分析

从图 4.16 可知，2012 年，四个象限都有散点分布，其中第一、第二象限散点分布较多，第三、第四象限散点分布较少。分布在第一象限的省份有江苏、上海、陕西、甘肃、宁夏、内蒙古、吉林、福建等，这些省份呈现高-高集聚特征；分布在第二象限的有北京、江西、河南、黑龙江、重庆、新疆、四川、广西等，这些省份呈现低-高集聚特征；分布在第三象限的省份有云南、贵州、西藏等，这些省份呈现低-低集聚特征；分布在第四象限的省份有广东、天津、青海、湖北、湖南等，这些省份呈现高-低集聚特征。2013 年，四个象限都有散点分布，其中第一、第二象限散点分布较多，第三、第四象限散点分布较少。分布在第一象限的省份是江苏、北京、上海、陕西、山东、浙江、河北、福建、安徽、辽宁、西藏、海南，这些省份呈现高-高集聚特征；分布在第二象限的省份是江西、河南、黑龙江、重庆、新疆、宁夏、四川、内蒙古，这些省份呈现低-高集聚特征；分布在第三象限的省份是云南、贵州、湖南、广西，这些省份呈现低-低集聚特征；分布在第四象限的是广东、青海、湖北、吉林，这些省份呈现高-低集聚特征。2014 年，四个象限都有散点分布，其中第一、第二象限散点分布较多，第三、第四象限散点分布较少。分布在第一象限的省份是江苏、北京、上海、山东、浙江、河北、福建、安徽、辽宁、甘肃，这些省份呈现高-高集聚特征；分布在第二象限的省份是江西、河南、黑龙江、重庆、宁夏、内蒙古，这些省份呈现低-高集聚特征；分布在第三象限的省份是云南、西藏、湖南、广西，这些省份呈现低-低集聚特征；分布在第四象限的省份是广东、青海、湖北、四川、吉林、陕西，这些省份呈现高-低集聚特征。2015 年，四个象限都有散点分布，其中第一、第二象限散点分布较多，第三、第四象限散点分布较少。分布在第一象限的省份是江苏、北京、上海、

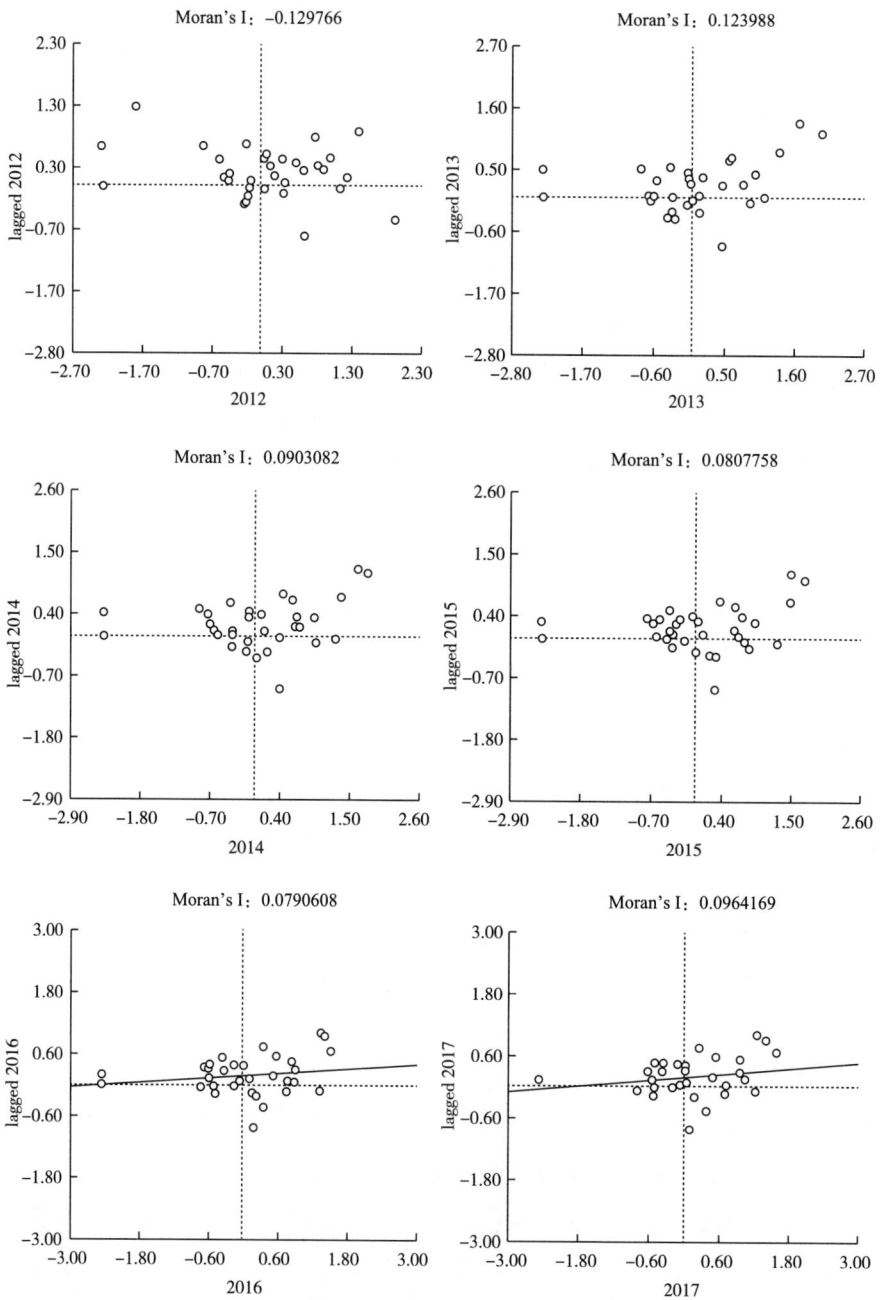

图 4.16 2012~2017 年我国省域初中办学条件（一）局部自相关 Moran 散点图

天津、山东、浙江、河北、福建、辽宁、甘肃，这些省份呈现高-高集聚特征；分布在第二象限的省份是江西、河南、黑龙江、重庆、广西、宁夏、四川、内蒙古、安徽、云南，这些省份呈现低-高集聚特征；分布在第三象限的省份是西藏、湖南，这些省份呈现低-低集聚特征；分布在第四象限的省份是广东、青海、湖北、贵州、吉林、陕西，这些省份呈现高-低集聚特征。2016年，四个象限都有散点分布，其中第一、第二象限散点分布较多，第三、第四象限散点分布较少。分布在第一象限的省份是江苏、北京、上海、天津、山东、浙江、河北、广西、福建、辽宁、吉林、宁夏、甘肃、海南，这些省份呈现高-高集聚特征；分布在第二象限的省份是江西、河南、黑龙江、重庆、四川、内蒙古、新疆、安徽，这些省份呈现低-高集聚特征；分布在第三象限的省份是西藏，呈现低-低集聚特征；分布在第四象限的省份是广东、青海、湖北、贵州、云南、陕西，这些省份呈现高-低集聚特征。2017年，四个象限都有散点分布，其中第一、第二象限散点分布较多，第三、第四象限散点分布较少。分布在第一象限的省份是江苏、北京、上海、天津、山东、浙江、河北、福建、辽宁、吉林、宁夏、甘肃，这些省份呈现高-高集聚特征；分布在第二象限的省份是江西、河南、黑龙江、重庆、四川、内蒙古、安徽、广西、海南，这些省份呈现低-高集聚特征；分布在第三象限的省份是西藏、新疆，这些省份呈现低-低集聚特征；分布在第四象限的省份是广东、青海、湖北、贵州、云南、陕西，这些省份呈现高-低集聚特征。

　　总体来看，2012~2017 年比较稳定的省份是江苏和上海，一直呈现高-高的集聚特征，这两个省份的初中办学硬件条件优越且发展较为均衡，一个省份的办学硬件条件得到改善会带动周边省份，形成共同发展的趋势。而广西、海南、云南、贵州、吉林等省份的发展存在不稳定性，有时候位于第三象限，呈现低-低的集聚特征，有时候位于第四象限，呈现高-低的集聚特征，这些省份的初中办学硬件条件相对较差，而且和周边区域差距较大。除 2013 年外，西藏一直处于第三象限，初中办学硬件条件一直落后于其他省份。

　　2012~2017 年，江西和河南一直呈现低-高的集聚特征，这意味着江西和河南与周边省份的初中相比办学硬件条件较差，当相邻区域的办学硬件条件有所改善时，这两个省份的办学硬件条件反而会变差。江苏 6 年间都呈现高-高的集聚特征，说明江苏的初中办学硬件条件较好，而且会带动周边省份的初中办学硬件条件向好的方向发展。2013～2017年河北一直呈现高-高的集聚特征，说明河北的初中办学硬件条件较好，而且会带动周边的初中办学硬件条件向好的方向发展。2015～2017年，北京和天津呈现高-高的集聚特征，说明北京和天津的初中办学硬件条件较好，而且会带动周边初中的办学硬件条件向好的方向发展。2012～2017年，广东一直呈现低-低集聚特征，说明广东和周边省份的初中办学硬件条件都较差，但与周边省份的差异较小。总体来说，6年间我国省域初中办学硬件条件空间格局特征不如小学办学硬件条件的稳定。

4.5 办学条件（二）指数空间秩序研究

4.5.1 办学条件（二）数据概述

1. 小学办学条件（二）数据概述

（1）小学办学条件（二）描述性统计分析

从表4.17可知，2012～2017年数据的极差分别为27.91、22.15、20.78、20.29、18.41、19.44，其中极差最大的是2012年，最小的是2016年。从标准差来看，2015年的标准差5.62385是6年中的最大值，说明2016年大部分省份小学办学软件条件的数值与其平均值之间差异较大；而2017年标准差5.51275是6年中最小的，说明2017年大部分省份的数值与其平均值之间差异较小。总体来看，2012～2017年，小学办学软件条件的标准差都不大，说明这6年间小学办学软件条件的区域差距都较小，且发展较为稳定。

表4.17 2012～2017年我国省域小学办学条件（二）描述性统计

年份	N	最小值	最大值	均值	标准差	方差
2012	31	3.65	31.56	18.5713	5.57789	31.113
2013	31	11.76	33.91	19.7000	5.57799	31.114
2014	31	12.05	32.83	20.4355	5.56138	30.929
2015	31	13.26	33.55	21.2758	5.62385	31.628
2016	31	14.56	32.97	22.2958	5.55241	30.829
2017	31	13.73	33.17	21.9677	5.51275	30.390
Valid N	31					

（2）小学办学条件（二）数据正态性检验（以 2012 年数据为例）

从图 4.17 可知，2012 年小学办学软件条件数据总体呈正态分布，而且拟合程度比前述小学办学条件（一）的好一些，数据正态检验通过。

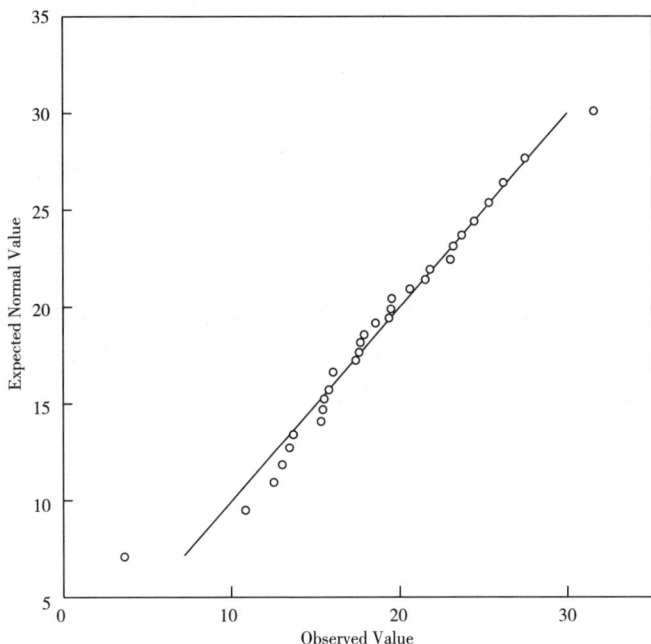

图 4.17　2012 年我国省域小学办学条件（二）Q-Q 图

2. 初中办学条件（二）数据概述

（1）初中办学条件（二）描述性统计分析

从表 4.18 可知，2012～2017 年数据的极差分别为 39.89、37.89、41.14、42.63、42.40、43.10，其中极差最大的是 2017 年，最小的是 2013 年。从标准差来看，2015 年的标准差 9.28812 是 6 年中的最大值，说明 2016 年大部分省份初中办学软件条件的数值与其平均值之间差异较大；而 2013 年的标准差 8.32224 是 6 年中最小的，说明 2013 年大部分省份初中办学软件条件的数值与其平均值之间差异较小。总体来看，2012～2017 年，初中办学软件条件的标准差整体呈上升趋势，说明 6 年间初中办学软件条件的区域差距有所增大。

表 4.18　2012~2017 年我国省域初中办学条件（二）描述性统计

年份	N	最小值	最大值	均值	标准差	方差
2012	31	13.56	53.45	27.8674	8.61472	74.213
2013	31	14.48	52.37	28.5306	8.32224	69.260
2014	31	14.46	55.60	30.4800	8.70108	75.709
2015	31	17.02	59.65	33.0826	9.28812	86.269
2016	31	18.76	61.16	35.1755	9.22389	85.080
2017	31	18.30	61.40	34.5532	9.25749	85.701
Valid N	31					

（2）初中办学条件（二）数据正态性检验（以 2012 年数据为例）

从图 4.18 可知，2012 年各省份初中办学软件条件数据可以大致拟合成一条直线，拟合程度较好，数据总体呈正态分布，数据正态检验通过。

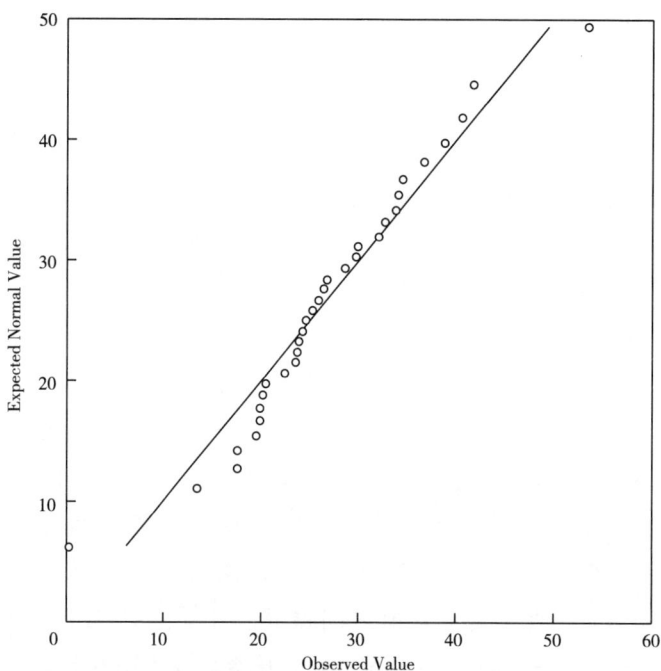

图 4.18　2012 年我国省域初中办学条件（二）Q-Q 图

4.5.2　办学条件（二）时序演变

1. 小学办学条件（二）时序演变

根据 2012～2017 年小学办学条件（二）时序演变实况可知，2012～2017 年 31 个省份的小学办学软件条件越来越好。2013 年，北京的小学办学软件条件得到了很大的改善，但 2014～2017 年又有小幅度的下降。天津、上海、陕西的小学办学软件条件一直比其他省份好，2012～2016 年一直保持增长，与全国其他省份的差距加大。除了北京、天津、上海、陕西，其他省份总体上小学办学软件条件也越来越好，只有 2017 年较上一年水平有小幅度的下降。吉林、贵州、广西、山西等省份的小学办学软件条件有了很大的改善。

2. 初中办学条件（二）时序演变

根据 2012～2017 年初中办学条件（二）时序演变实况可知，2012～2017 年 31 个省份的初中办学软件条件越来越好，各省份的变化幅度没有小学阶段的大，比小学阶段的更稳定。上海的初中办学软件条件远比其他省份优越。辽宁、陕西、贵州等省份的改善幅度也很大，但重庆的初中办学软件条件一直处于全国较低水平。

4.5.3　办学条件（二）空间分布

1. 小学办学条件（二）空间分布

2012 年小学办学软件条件水平较高的省份是天津和上海，水平较低的省份是河南、黑龙江、广西、新疆、重庆、江西等。2013 年水平较高的省份是北京、天津、上海等，水平较低的省份是河南、黑龙江、广西、新疆、重庆、江西等。2014 年水平较高的省份是北京、天津、上海、陕西等，水平较低的省份是河南、新疆、广西、黑龙江、重庆、江西等。2015 年水平较高的省份是北京、天津、上海、陕西等，水平较低的省份是海南、重庆、新疆、黑龙江、江西等。2016 年水平较高的省份是北京、上海、陕西等，水平较低的省份是四川、黑龙江、重庆、江西、新疆等。2017 年水平较高的省份是北京、天津、上海、陕西等，水平较低的省份是海南、西藏、四川、重庆、江西、新疆等。总体来看，2012～2017 年我国省域小学办学软件条件的空间分布实况变化不大，都是自东向西递减，我国东部沿海地区小学办学软件条件在全国是最好的，而我国西部地区较差。

2. 初中办学条件（二）空间分布

2012 年初中办学软件条件水平较高的省份是江苏、浙江、上海等，水平较低的省份是西藏、云南、广西、海南、重庆、黑龙江、宁夏、江西等。2013 年水平较高的省份是上海，水平较低的省份是西藏、云南、广西、重庆、海南、贵州、黑龙江、宁夏、江西等。2014 年水平较高的省份是辽宁、山东、江苏、陕西、湖北、浙江、上海等，水平较低的省份是西藏、云南、广西、海南、重庆、河南、黑龙江、福建、江西等。2015 年水平较高的省份是辽宁、江苏、陕西、湖北、浙江、上海等，水平较低的省份是西藏、云南、广西、重庆、河南、海南、黑龙江、江西等。2016 年水平较高的省份是辽宁和上海，水平较低的省份是西藏、云南、重庆、河南、海南、黑龙江、福建、江西等。2017 年水平较高的省份是辽宁和上海，水平较低的省份是西藏、云南、重庆、河南、海南、安徽、黑龙江、福建、江西等。

总体来看，2012~2017 年我国省域初中办学软件条件的空间分布实况主要表现为东部地区较为优越，西部地区较为落后。东部地区较为优越的省份有江苏、浙江、上海，西部地区较为落后的省份有西藏、云南、重庆等。尤其是我国西南地区和东北部分地区，如西藏、云南、黑龙江等省份的初中办学软件条件都一直处于较低水平，教育管理部门应重点关注这些省份，采取一些支援措施，提高这些省份的初中办学软件条件。

4.5.4 办学条件（二）空间格局

1. 小学办学条件（二）自相关分析

（1）小学办学条件（二）全局自相关分析

从表 4.19 可知，2012~2017 年小学办学软件条件所有的全局 Moran's I 都大于 0，这表明空间分布并非是随机的，而是存在全域范围的正的空间自相关，相似水平的区域集聚在一起，存在空间依赖性，出现空间集聚现象。2012 年的全局 Moran's I 是 0.155476，2013 的全局 Moran's I 是 0.469063，与 2012 年相比大幅度增加，说明 2013 年各省份间小学办学软件条件的差异变小。2013~2015 年的全局 Moran's I 变化不大，说明这 3 年里各省份间小学办学软件条件的差异没有明显变化。2016 年和 2017 年的全局 Moran's I 又小幅度减小，说明这两年全国各省份间小学办学软件条件的差异变大。

表 4.19　2012~2017 年我国省域小学办学条件（二）的
全局 Moran's I 及其显著性

年份	全局 Moran's I	Z	P
2012	0.155476	2.325842	0.020027
2013	0.469063	6.279911	0.000000
2014	0.473924	6.336510	0.000000
2015	0.455454	6.110424	0.000000
2016	0.443600	5.975018	0.000000
2017	0.448549	6.035665	0.000000

（2）小学办学条件（二）局部自相关分析

从图 4.19 可知，2012 年，四个象限都有散点分布，其中第一、第二象限散点分布较多，第三、第四象限散点分布较少。分布在第一象限的省份是江苏、北京、天津、上海、河北、辽宁、吉林、浙江、福建、山西、宁夏、湖北、内蒙古、广西，分布在第二象限的省份是江西、河南、重庆、新疆、黑龙江和四川，分布在第三象限的省份是西藏、云南、贵州和海南，分布在第四象限的省份是广东、天津、青海和湖南。2013 年，四个象限都有散点分布，其中第一、第二象限散点分布较多，第三、第四象限散点分布较少。分布在第一象限的省份是江苏、北京、天津、上海、河北、辽宁、吉林、浙江、福建、山西、湖南、内蒙古、陕西，分布在第二象限的省份是江西、河南、重庆、安徽、宁夏、新疆、黑龙江和四川，分布在第三象限的省份是西藏、云南、广西和海南，分布在第四象限的省份是广东、青海和湖北。2014 年，四个象限都有散点分布，其中第一、第二象限散点分布较多，第三、第四象限散点分布较少。分布在第一象限的省份是江苏、北京、天津、上海、河北、辽宁、吉林、浙江、福建、山西、广西、内蒙古、安徽，分布在第二象限的省份是江西、河南、重庆、宁夏、新疆、黑龙江和四川，分布在第三象限的省份是西藏、湖南、云南和海南，分布在第四象限的省份是广东、青海、贵州、陕西和湖北。2015 年，四个象限都有散点分布，其中第一、第二象限散点分布较多，第三、第四象限散点分布

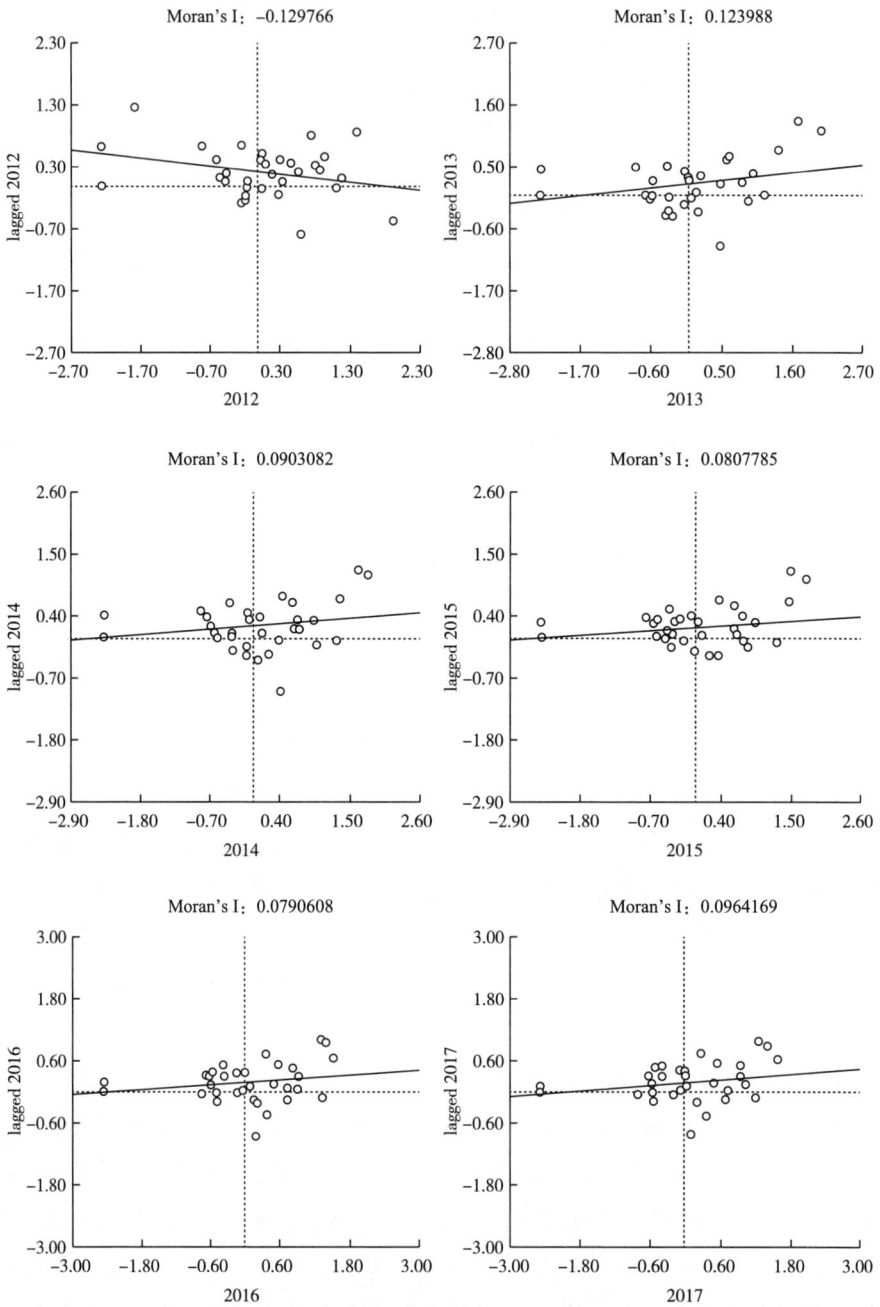

图 4.19　2012~2017 年我国省域小学办学条件（二）局部自相关 Moran 散点图

较少。分布在第一象限的省份是江苏、北京、天津、上海、河北、辽宁、吉林、浙江、福建、山西、湖北、广西、青海、陕西，分布在第二象限的省份是江西、河南、重庆、宁夏、新疆、安徽、内蒙古、黑龙江和四川，分布在第三象限的省份是西藏、湖南、云南和海南，分布在第四象限的省份是广东、贵州。2016 年，四个象限都有散点分布，其中第一、第二象限散点分布较多，第三、第四象限散点分布较少。分布在第一象限的省份是江苏、北京、天津、上海、河北、辽宁、吉林、浙江、福建、山西，分布在第二象限的省份是江西、河南、重庆、宁夏、新疆、安徽、内蒙古、甘肃、广西、黑龙江和四川，分布在第三象限的省份是西藏、湖南和海南，分布在第四象限的省份是广东、云南、贵州、陕西、青海和湖北。2017 年，四个象限都有散点分布，其中第一、第二象限散点分布较多，第三、第四象限散点分布较少。分布在第一象限的省份是江苏、北京、天津、上海、河北、辽宁、吉林、浙江、福建、青海、新疆、内蒙古、甘肃、黑龙江和四川，分布在第二象限的省份是西藏、河南、重庆、宁夏、江西、安徽、广西、山西、海南，分布在第三象限的省份是云南和湖南，分布在第四象限的省份是广东、贵州、陕西和湖北。

总体上看，大多数散点位于第一象限和第二象限，位于第三象限和第四象限的散点较少，整体上散点分布较为分散，且离坐标原点的距离较远，说明小学办学软件条件的区域均衡度较差，区域之间办学条件参差不齐。位于第一象限的散点数量较多，说明多数省份的小学办学软件条件还是很优越的，这些省份应充分发挥区域溢出效应，自身发展优越的同时带动周边区域的发展。

2012 年，江苏呈现显著的高-高集聚特征，说明江苏比周边省份小学的办学软件条件优越，且差距较小。江西和河南呈现低-高的集聚特征，说明江西和河南与周边省份的小学相比办学软件条件较差，当周边省份的小学办学软件条件有所改善时，江西和河南的小学办学软件条件反而会变差。广东呈现高-低的集聚特征，说明广东的小学办学软件条件较好，但周边省份的小学办学软件条件较差。2013～2015 年，河北、北京和天津一直呈现高-高的集聚特征，2015～2017 年，河北、北京和天津依旧呈现高-高集聚特征。广东的发展较为稳定，2012～2017 年一直呈现高-低的集聚特征。

2. 初中办学条件（二）自相关分析

（1）初中办学条件（二）全局自相关分析

从表 4.20 可以看出，2012～2017 年所有的全局 Moran's I 都大于 0，这表明我国省域初中办学软件条件的空间分布并非是随机的或分散的，而是存在全域范围的正的空间自相关，相似水平的区域集聚在一起，存在空间依赖性，出现空间集聚现象。2012 年的初中办学软件条件全局 Moran's I 是 0.406373，2013 年是 0.420892，与 2012 年相比小幅度增加，说明这两年全国各省份初中办学软件条件的差异有所缩小，但 2013～2017 年的全局 Moran's I 一直变小，说明这 4 年间全国各省份初中办学软件条件的差异逐年增大。

表 4.20　2012～2017 年我国省域初中办学条件（二）的
全局 Moran's I 及其显著性

年份	全局 Moran's I	Z	P
2012	0.406373	5.492081	0.000000
2013	0.420892	5.676194	0.000000
2014	0.375092	5.104477	0.000000
2015	0.362527	4.946752	0.000001
2016	0.357694	4.902334	0.000001
2017	0.343943	4.729681	0.000002

（2）初中办学条件（二）局部自相关分析

从图 4.20 可知，2012 年，四个象限都有散点分布，其中第一、第二象限散点分布较多，第三、第四象限散点分布较少。分布在第一象限的省份是江苏、北京、天津、上海、河北、辽宁、吉林、浙江、山东、宁夏、河南、四川、陕西，分布在第二象限的省份是江西、安徽、重庆、海南、山西、福建、甘肃、内蒙古和西藏，分布在第三象限的省份是黑龙江、云南、贵州和广西，分布在第四象限的省份是广东、新疆、青海、湖北和湖南。2013 年，四个象限都有散点分布，其中第一、第二象限散点分布较多，第三、第四象限散点分布较少。分布在第一象限的省份是江苏、安徽、北京、天津、上海、河北、辽宁、吉林、浙江、山东、宁夏、四川，分布在第二

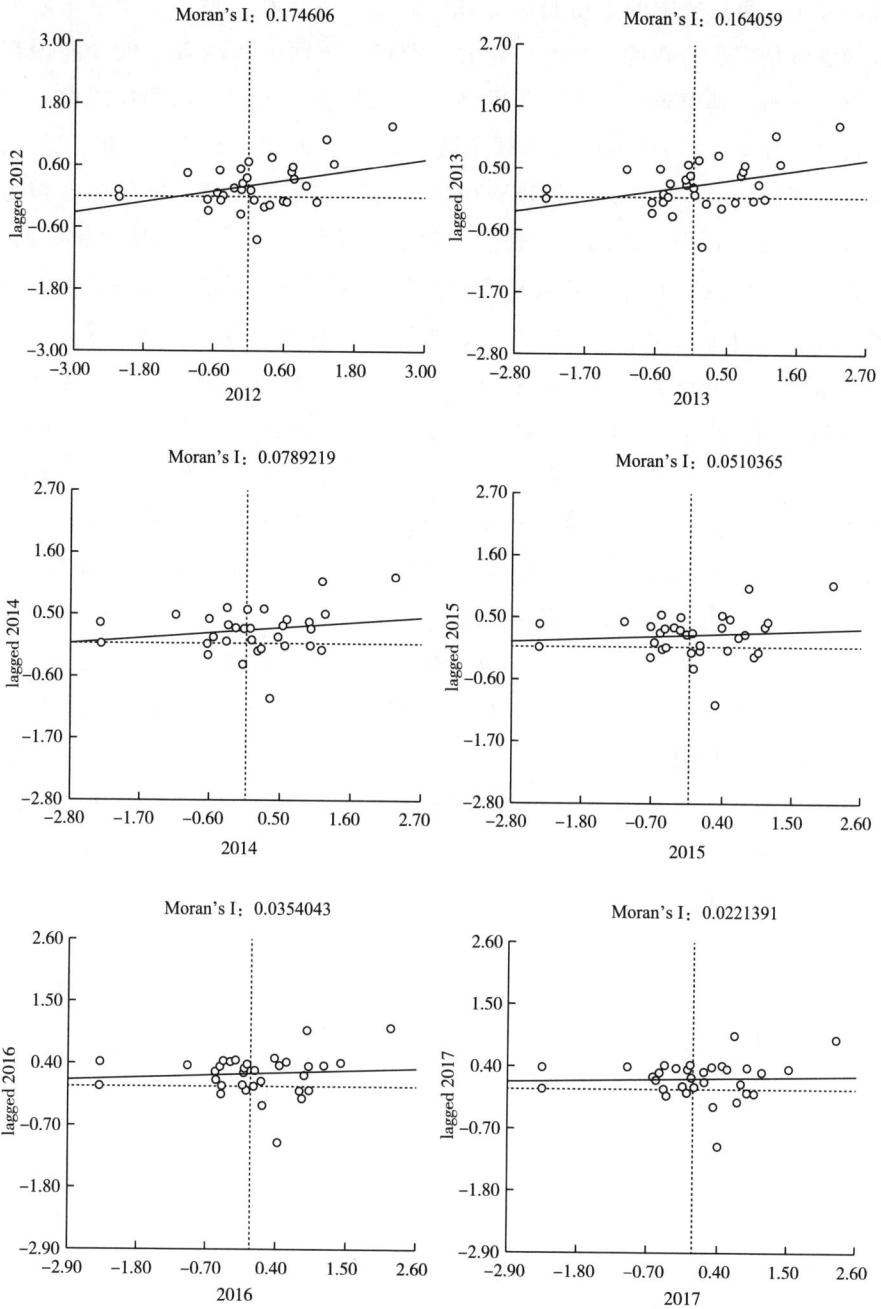

图 4.20　2012~2017 年我国省域初中办学条件（二）局部自相关 Moran 散点图

象限的省份是江西、河南、重庆、海南、山西、福建、甘肃、内蒙古和西藏，分布在第三象限的省份是黑龙江、云南、贵州和广西，分布在第四象限的省份是广东、新疆、青海、湖北、湖南、陕西。2014年，四个象限都有散点分布，其中第一、第二象限散点分布较多，第三、第四象限散点分布较少。分布在第一象限的省份是江苏、北京、天津、上海、河北、辽宁、吉林、浙江、山东、宁夏、河南、四川、安徽，分布在第二象限的省份是江西、重庆、海南、山西、福建、甘肃、黑龙江、内蒙古、西藏和广西，分布在第三象限的省份是云南和贵州，分布在第四象限的省份是广东、新疆、青海、湖北和湖南。2015年，四个象限都有散点分布，其中第一、第二象限散点分布较多，第三、第四象限散点分布较少。分布在第一象限的省份是江苏、北京、天津、上海、河北、辽宁、吉林、浙江、山东、新疆、山西、甘肃、黑龙江，分布在第二象限的省份是江西、河南、重庆、海南、福建、内蒙古、西藏、宁夏、安徽，分布在第三象限的省份是黑龙江、云南、贵州和广西，分布在第四象限的省份是广东、青海、湖北、湖南、四川。2016年，四个象限都有散点分布，其中第一、第二象限散点分布较多，第三、第四象限散点分布较少。分布在第一象限的省份是江苏、北京、天津、上海、河北、辽宁、吉林、浙江、山东、四川、新疆、内蒙古、甘肃，分布在第二象限的省份是江西、河南、重庆、福建、西藏、宁夏、安徽、山西、黑龙江，分布在第三象限的省份是云南、海南、湖南，分布在第四象限的省份是广东、青海、湖北、陕西、广西。2017年，四个象限都有散点分布，其中第一、第二象限散点分布较多，第三、第四象限散点分布较少。分布在第一象限的省份是江苏、北京、天津、上海、河北、辽宁、吉林、浙江、山东、四川、新疆、内蒙古、甘肃、陕西、安徽，分布在第二象限的省份是江西、河南、重庆、福建、西藏、宁夏、山西、黑龙江、海南，分布在第三象限的省份是云南和湖南，分布在第四象限的省份是广东、广西、青海、湖北、贵州。

2012~2014年散点比较分散，区域之间的差异大，我国省域初中办学软件条件存在不均衡的现象。第一象限的散点分布较多且远离坐标原点，即具备高-高集聚特征的省份数量较多，说明初中办学软件条件优越的省份较多。2015~2017年散点分布紧密得多，说明区域之间的均衡度有了很大改善，各省份的初中办学软件条件越来越均衡。

　　从初中办学条件（二）局部自相关统计量 LISA 集聚特征来看，2012 年，江苏呈现高-高集聚特征，说明江苏和周边省份初中办学软件条件都比较优越，且差距较小。安徽呈现低-高集聚特征，说明安徽与周边省份相比初中办学软件条件较差，当周边省份的办学软件条件有所改善时，安徽的办学软件条件反而会变差。广东呈现高-低集聚特征，说明广东的初中办学软件条件较好，周边省份的初中办学软件条件较差。2013 年安徽在江苏的带动下，呈现高-高集聚特征。2012～2017 年，江苏一直呈现高-高集聚特征，而广东一直呈现高-低集聚特征。

　　总之，以上海为中心的长三角地区形成了高-高集聚特征，上海的区域溢出效应明显，虽然辐射区域范围较小，但这种格局特征非常稳定。上海应继续扩大空间辐射范围，形成更加明显的高-高集聚特征。

4.6　教育质量指数空间秩序研究

4.6.1　教育质量数据概述

1. 小学教育质量数据概述

（1）小学教育质量描述性统计分析

　　从表 4.21 可知，2012～2017 年数据的极差分别为 0.19、0.48、0.43、0.15、0.13、0.08，其中极差最大的是 2013 年，最小的是 2017 年，2013～2017 年极差有逐年减小的趋势。从标准差来看，2013 年的标准差 0.09200 是 6 年中的最大值，说明 2013 年大部分省份小学教育质量的数值与其平均值之间差异较大；而 2017 年的标准差 0.02566 是 6 年中最小的，说明 2017 年大部分省份小学教育质量的数值与其平均值之间差异较小。总体来看，2013～2017 年，小学教育质量的标准差持续变小，说明这些年间小学教育质量的区域差距越来越小。

表 4.21　2012～2017 年我国省域小学教育质量描述性统计

年份	N	最小值	最大值	均值	标准差	方差
2012	31	0.81	1.00	0.9426	0.05138	0.003
2013	31	0.52	1.00	0.9277	0.09200	0.008

续表

年份	N	最小值	最大值	均值	标准差	方差
2014	31	0.57	1.00	0.9377	0.08578	0.007
2015	31	0.85	1.00	0.9610	0.04028	0.002
2016	31	0.87	1.00	0.9619	0.03754	0.001
2017	31	0.92	1.00	0.9687	0.02566	0.001
Valid N	31					

（2）小学教育质量数据正态性检验（以 2012 年数据为例）

从图 4.21 可知，2012 年各省份小学教育质量数据可以大致拟合成一条直线，拟合程度较好，因此 2012 年小学教育质量数据总体呈正态分布，数据正态检验通过。

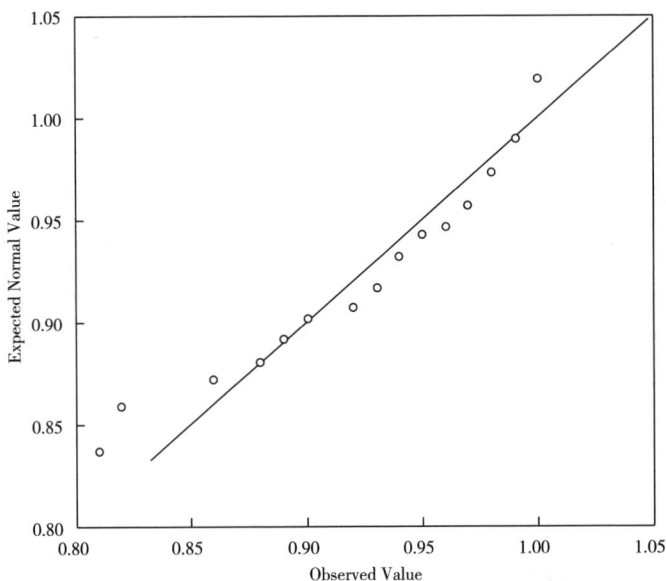

图 4.21　2012 年我国省域小学教育质量 Q-Q 图

2. 初中教育质量数据概述

（1）初中教育质量描述性统计分析

从表 4.22 中可知，2012~2017 年数据的极差分别是 0.20、0.17、0.13、0.16、0.14、0.22，其中极差最大的是 2017 年，最小的是 2014 年。从标准差来看，2012 年的标准差 0.05247 是 6 年中最大的，2016 年的标准差最小。总体来看，6 年间初中教育质量区域差距不大。

表 4.22　2012～2017 年我国省域初中教育质量描述性统计

年份	N	最小值	最大值	均值	标准差	方差
2012	31	0.80	1.00	0.9406	0.05247	0.003
2013	31	0.83	1.00	0.9435	0.04594	0.002
2014	31	0.87	1.00	0.9752	0.03567	0.001
2015	31	0.84	1.00	0.9700	0.04099	0.002
2016	31	0.86	1.00	0.9832	0.03380	0.001
2017	31	0.78	1.00	0.9742	0.05195	0.003
Valid N	31					

（2）初中教育质量数据正态性检验（以 2012 年数据为例）

从图 4.22 可知，2012 年各省份初中教育质量数据可以大致拟合成一条直线，拟合程度较好，因此 2012 年初中教育质量数据总体呈正态分布，数据正态检验通过。

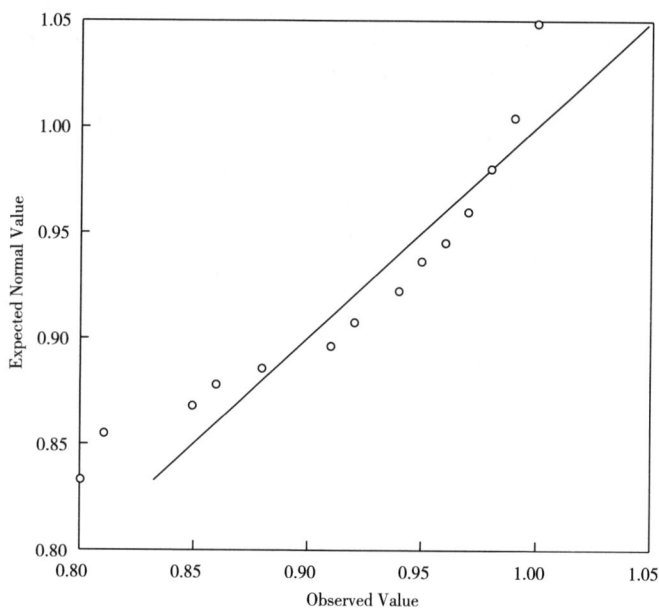

图 4.22　2012 年我国省域初中教育质量 Q-Q 图

4.6.2 教育质量时序演变

1. 小学教育质量时序演变

从 2012 年至 2017 年小学教育质量时序演变实况可知，总体来看，2012~2017 年 31 个省份的教育质量变化规律不明显，各省份变化趋势不一致，但指数值都在 0.92~1 之间波动。其中波动幅度较大的是北京、天津、吉林、辽宁、山西、河南、甘肃等省份。2012~2017 年，河北和山东的教育质量得到很大提升，尤其是山东，教育质量一直保持在全国首位。在这 6 年间，2017 年的教育质量水平最高，而且区域均衡度最好。

2. 初中教育质量时序演变

2012~2017 年 31 个省份的教育质量变化没有呈现明显的规律性。北京、上海、天津、山东、甘肃、河南、江西等省份的教育质量变化幅度较大，变化趋势不稳定。山东 2013 年和 2014 年的教育质量较高，其他几年教育质量波动幅度较大。除了前述的这些省份，其他省份也有波动，但波动幅度不大。2016 年到 2017 年，大多数省份的初中教育质量有所提高，但也有少部分省份的教育质量有所下降，例如上海、山东和西藏。山东的教育质量指数值从 0.86 下降到 0.83，上海的教育质量指数值从 1.00 下降到 0.90，西藏的教育质量指数值从 0.98 下降到 0.91。同时一些省份的初中教育质量提升很快，比如天津的教育质量指数值从 0.89 提升到 0.98，黑龙江的教育质量指数值从 0.93 提升到 0.98。河北 2015 年初中教育质量指数值为 0.89，2016 年提升到 0.96，2017 年又提升到 1.00，已经达到全国领先水平。

4.6.3 教育质量空间分布

1. 小学教育质量空间分布

2012 年小学教育质量较高的省份主要分布在我国西北和西南的部分地区，教育质量较差的省份主要分布在我国华北地区。2013 年教育质量较高的省份主要分布在我国西部边疆地区和华中、华东的部分地区，教育质量较差的省份主要分布在我国东北部分地区。2014 年教育质量较高的省份主要分布在我国华中和华东的大部分地区，教育质量较差的省份主要分布在我国东北少数地区。2015 年教育质量较高的省份主要分布在我国西北大部分地区，教育质量较差的省份主要分布在我国华北地区。2016 年教育质量较高的省份主要分布在我国西北和西南的部分地区，教育质量较差的省份主要分布在我国西北部分地区。2017 年教育质量较高的省份主要分布在我国东北和西南的少部分地区，教育质量较差的省份主要分布在我国西北部分地区和华中部分地区。

2. 初中教育质量空间分布

2012 年初中教育质量较高的省份主要分布在我国西北和东北的部分地区，教育质量较差的省份主要分布在我国华北地区。2013 年教育质量较高的省份主要分布在我国西北和东北的部分地区，教育质量较差的省份主要分布在我国西北的部分地区。2014 年初中教育质量较高的省份主要分布在我国西北和东北的大部分地区，教育质量较差的省份主要分布在我国华北地区。2015 年初中教育质量空间分布和 2014 年较为相似。2016 年我国初中教育质量较高的省份有山东、河北和黑龙江等。2017 年初中教育质量较高的省份主要分布在我国西北和西南的大部分地区，教育质量较差的省份主要是黑龙江、内蒙古和山东。整体来看，2012~2017 年，我国省域初中教育质量得到了很大的提高，尤其是 2016 年和 2017 年，我国大多数省份的初中教育质量都较高；从地域的角度看，我国各区域初中教育质量越来越均衡。

4.6.4　教育质量空间格局

1. 小学教育质量自相关分析

（1）小学教育质量全局自相关分析

从表 4.23 可知，在所研究的时段内，所有的全局 Moran's I 都大于 0，这表明我国各省份小学教育质量的空间分布并非是随机的，而是存在全域范围的正的空间自相关，相似水平的区域集聚在一起，存在空间依赖性，出现空间集聚现象。2012 年的小学教育质量全局 Moran's I 是 0.430351，2013 年是 0.415533，与 2012 年相比小幅度减小，说明这两年各省份小学教育质量的差异有所增大。2014 年的小学教育质量全局 Moran's I 是 0.375717，与 2013 年相比有大幅度的减小，说明各省份小学教育质量存在较明显的差异。2015~2017 年的全局 Moran's I 相比前几年有所增加，说明全国省域小学教育质量差异缩小。

表 4.23 2012~2017 年我国省域小学教育质量的全局 Moran's I 及其显著性

年份	全局 Moran's I	Z	P
2012	0.430351	5.856822	0.000000
2013	0.415533	5.562852	0.000000
2014	0.375717	5.079869	0.000000
2015	0.454043	6.178172	0.000000
2016	0.452370	6.161672	0.000000
2017	0.478677	6.516026	0.000000

（2）小学教育质量局部自相关分析

在 2012~2017 年小学教育质量局部自相关 Moran 散点图中，散点都集聚在坐标原点附近且分布紧密，说明各省份之间小学教育质量差异并不十分显著。总体来看，6 年间散点大多位于第一象限，说明我国小学教育质量整体水平较高，属于高水平的空间集聚，而且均衡度较好。小学教育质量的局部自相关 Moran 散点分布效果是所有指标当中最好的，不仅分布紧密，而且大多数都集聚在坐标原点附近，说明全国小学教育质量总体上较为均衡，地区之间差异较小，只有广西、海南、黑龙江和吉林 4 个省份的散点没有分布在原点周围，远离大多数省份，说明与全国大多数省份相比，这 4 个省份的小学教育质量较差。

小学教育质量局部自相关统计量 LISA 集聚特征中，2012 年甘肃、重庆和湖南呈现高-高的集聚特征，说明这 3 个省份的教育质量与周边省份相比较为优越，且区域之间差距较小。2014 年呈现高-高集聚特征的省份有云南、贵州、湖北、湖南、安徽、江西、浙江和福建等。2015 年呈现高-高集聚特征的省份有新疆、西藏、青海、甘肃和四川等。2016 年呈现高-高集聚特征的省份有新疆、四川、云南和广西等。2017 年呈现高-高集聚特征的省份有吉林和河北等。2012~2017 年，江苏一直呈现高-高集聚特征。广东从 2013 年起一直呈现高-低的集聚特征，说明广东的小学教育质量较高，但周边省份的小学教育质量较差。总体来看，2014~2016 年我国小学教育质量呈现高-高集聚特征的省份数量较多，大部分省份的教育质量与周边省份相比较为优越，且区域之间差距较小，总体上呈现相对均衡的发展趋势，但 2017 年这种趋势不明显，而是在天津、河北和吉林形成集聚的空间格局。6 年间的小学教育质量空间格局不稳定，但具有高-高集聚特征的省份所辐射的区域较大，总体的空间格局特征较好。

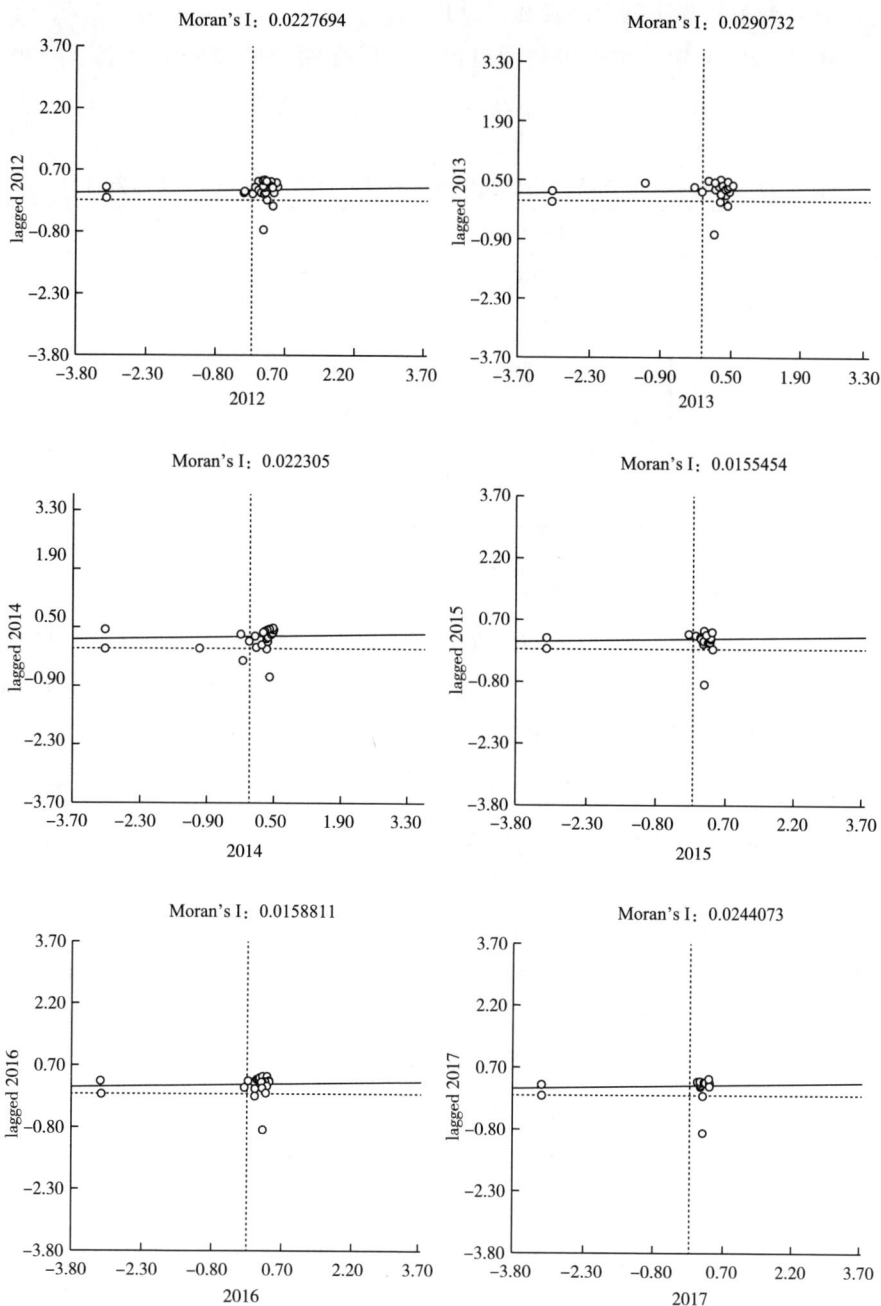

图 4. 23　2012～2017 年我国省域小学教育质量局部自相关 Moran 散点图

2. 初中教育质量自相关分析

（1）初中教育质量全局自相关分析

从表 4.24 可知，在所研究的时段内，所有的全局 Moran's I 都大于 0，且变化较小，说明我国省域初中教育质量的地区差异变化不明显。

表 4.24　2012~2017 年我国省域初中教育质量的全局 Moran's I 及其显著性

年份	全局 Moran's I	Z	P
2012	0.450784	6.115524	0.000000
2013	0.456470	6.195723	0.000000
2014	0.445439	6.079850	0.000000
2015	0.427295	5.838139	0.000000
2016	0.424914	5.818904	0.000000
2017	0.435936	5.927713	0.000000

（2）初中教育质量局部自相关分析

从图 4.24 可知，2012~2017 年的散点都集聚在坐标原点附近且分布紧密，说明各省份之间初中教育质量差异并不十分明显，总体来看发展比较均衡。6年间散点大多位于第一象限，说明我国省域初中教育质量整体上存在正的空间相关性。如果只从局部自相关 Moran 散点图来看，初中教育质量的局部自相关 Moran 散点图和小学教育质量的局部自相关 Moran 散点图非常相似。

从初中教育质量局部自相关统计量 LISA 集聚特征来看，2012 年，天津呈现高-高集聚特征，说明天津的初中教育质量与周边省份相比较为优越且差距较小。2013 年，江苏呈现高-高集聚特征。2014 年陕西呈现高-高集聚特征，广东呈现高-低集聚特征。2015 年呈现高-高集聚特征的省份包括陕西和宁夏。2016 年呈现高-高集聚特征的省份包括重庆、湖南、江西和浙江。2017 年呈现高-高集聚特征的省份包括甘肃、宁夏和陕西，而黑龙江呈现低-高集聚特征。广东在 2012 年、2014 年、2015 年和 2017 年都呈现高-低集聚特征，说明广东初中教育质量较好，但周边省份的初中教育质量较差。从 6 年的空间格局变化来看，具备高-高集聚特征的省份数量有所增多，区域溢出效应增强，只是具体的集聚区域每年都发生变化，说明空间格局发展趋势较好，但是不够稳定。

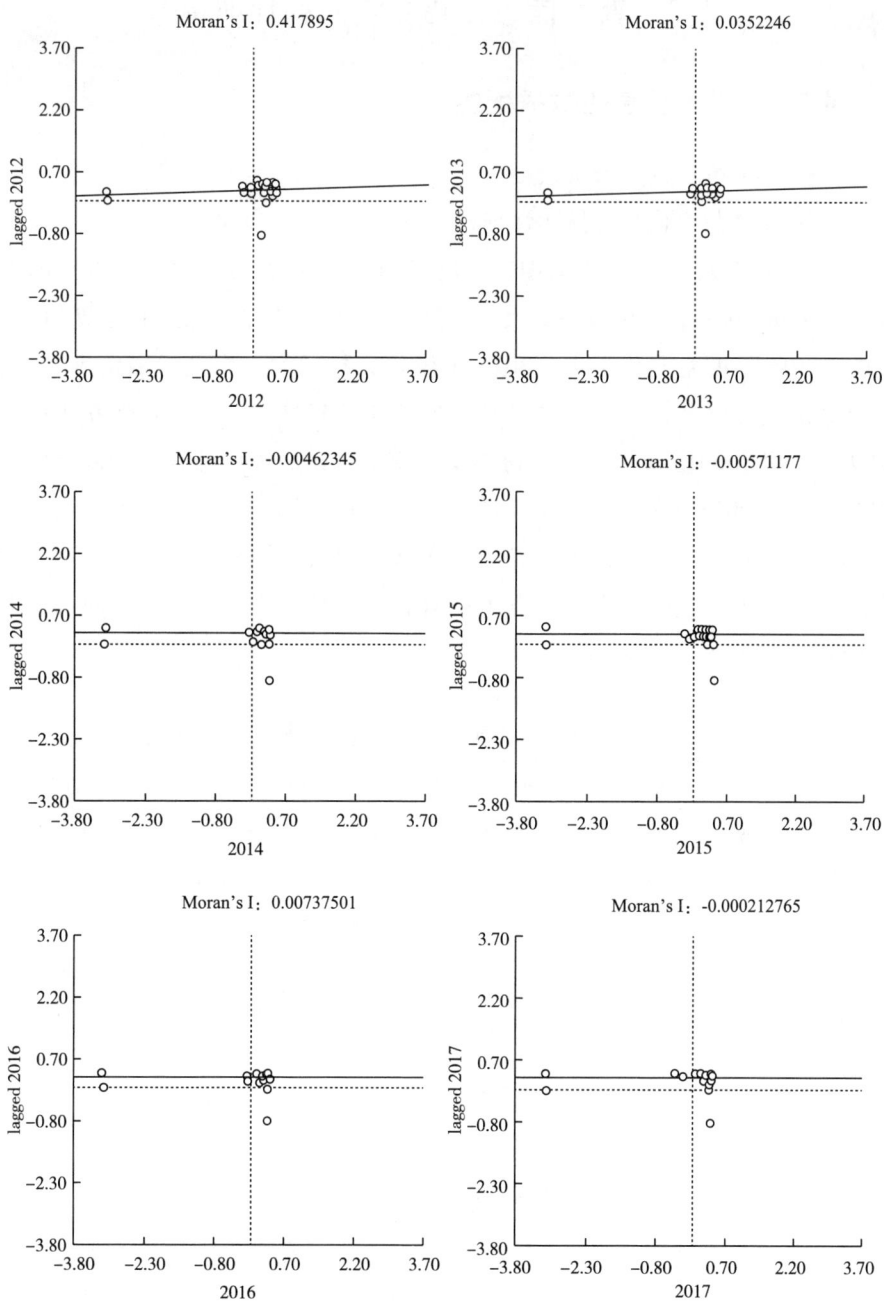

图 4.24 2012~2017 年我国省域初中教育质量局部自相关 Moran 散点图

4.7 教育信息化指数空间秩序研究

4.7.1 教育信息化数据概述

1. 小学教育信息化数据概述

（1）小学教育信息化描述性统计分析

从表 4.25 可知，2012～2017 年数据的极差分别为 0.26、0.23、0.22、0.23、0.78、0.78，其中极差最大的是 2016 年和 2017 年，最小的是 2014 年，2012～2015 年极差变化不大，2016 年极差突然增大，而且增加幅度较大，说明区域差距拉大。从标准差来看，2014 年的标准差 0.25096 是 6 年中的最大值，说明 2014 年大部分省份小学教育信息化的数值与其平均值之间差异较大；而 2015 年的标准差 0.04763 是 6 年中最小的，说明 2015 年大部分省份教育信息化的数值与其平均值之间差异较小。总体来看，2012～2017 年，教育信息化的标准差变化规律不明显，说明小学教育信息化的区域差距时而大时而小，发展不稳定。

表 4.25　2012～2017 年我国省域小学教育信息化描述性统计

年份	N	最小值	最大值	均值	标准差	方差
2012	31	0.07	0.33	0.1344	0.06316	0.004
2013	31	0.03	0.26	0.0909	0.04834	0.002
2014	31	0.21	0.43	0.5791	0.25096	0.063
2015	31	0.04	0.27	0.1129	0.04763	0.002
2016	31	0.13	0.91	0.2945	0.14327	0.021
2017	31	0.13	0.91	0.2893	0.14357	0.021
Valid N	31					

（2）小学教育信息化数据正态性检验（以 2012 年数据为例）

从图 4.25 可知，2012 年各省份小学教育信息化的数据可以大致拟合成一条直线，拟合程度较好，因此 2012 年小学教育信息化数据总体呈正态分布，数据正态检验通过。

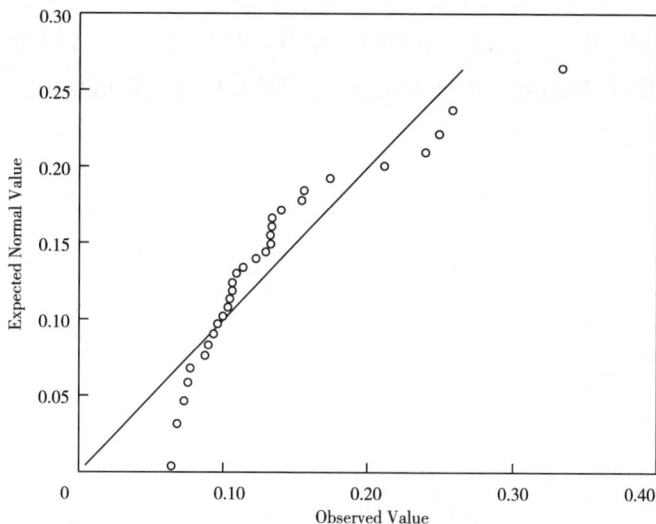

图 4. 25 2012 年我国省域小学教育信息化 Q-Q 图

2. 初中教育信息化数据概述

（1）初中教育信息化描述性统计分析

从表 4. 26 可知，2012～2017 年数据的极差分别为 0. 23、0. 26、0. 28、0. 31、0. 62、0. 32，其中极差最大的是 2016 年，最小的是 2012 年，极差逐渐增大后又变小。从标准差来看，2016 年的标准差 0. 16021 是 6 年中的最大值，说明 2016 年大部分省份初中教育信息化的数值与其平均值之间差异较大；而 2012 年的标准差 0. 04834 是 6 年中最小的，说明 2012 年大部分省份初中教育信息化的数值与其平均值之间差异较小。总体来看，2012～2017 年，初中教育信息化的标准差较为稳定，说明这些年间初中教育信息化的区域差距较小。

表 4. 26 2012～2017 年我国省域初中教育信息化描述性统计

年份	N	最小值	最大值	均值	标准差	方差
2012	31	0. 03	0. 26	0. 0909	0. 04834	0. 002
2013	31	0. 07	0. 33	0. 1344	0. 06316	0. 004
2014	31	0. 07	0. 35	0. 1478	0. 06537	0. 004
2015	31	0. 08	0. 39	0. 1654	0. 07119	0. 005
2016	31	0. 38	1. 00	0. 6538	0. 16021	0. 026
2017	31	0. 09	0. 41	0. 1802	0. 07501	0. 006
Valid N	31					

（2）初中教育信息化数据正态性检验（以 2012 年数据为例）

从图 4.26 可知，2012 年各省份初中教育信息化数据可以大致拟合成一条直线，拟合程度较好，因此 2012 年初中教育信息化数据总体呈正态分布，数据正态检验通过。

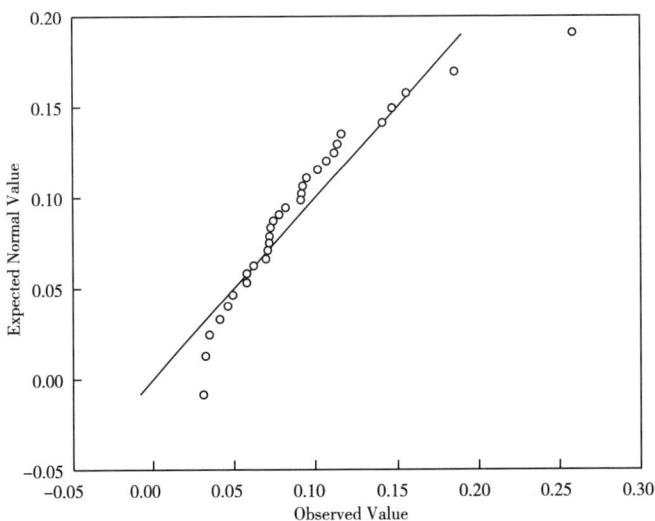

图 4.26　2012 年我国省域初中教育信息化 Q-Q 图

4.7.2　教育信息化时序演变

1. 小学教育信息化时序演变

根据 2012~2017 年小学教育信息化时序演变实况可知，2012~2017 年 31 个省份的小学教育信息化时序演变呈现一定的规律性，2012~2015 年变化幅度不大，2016 年各省份的教育信息化程度大幅提高，但 2017 年又都大幅度下降。

2. 初中教育信息化时序演变

根据 2012~2017 年初中教育信息化时序演变实况可知，2012~2017 年 31 个省份的初中教育信息化时序演变呈现一定的规律性，2012~2013 年小幅度下降，2014 年各省份的教育信息化程度大幅提高，2015 年又回到 2014 年的水平，但 2017 年又出现小幅度提高。其中变化较明显的是北京，2016 年的增幅比其他省份都大。

4.7.3　教育信息化空间分布

1. 小学教育信息化空间分布

从小学教育信息化空间分布实况来看，2012 年教育信息化水平较高的省份主要分布在我国东部的部分地区和东北地区，例如辽宁、江苏、浙江等省份。教育信息化水平较低的省份主要分布在我国西南地区。2013 年教育信息化水平较高的省份主要分布在我国东部沿海地区，教育信息化水平较低的省份主要分布在我国东北部分地区。2014 年全国小学教育信息化水平整体不高，水平较高的省份数量较少且不够突出。2015 年小学教育信息化水平较高的省份主要分布在我国东部地区和华南部分地区，教育信息化水平较低的省份主要分布在我国西南地区。2016 年小学教育信息化空间分布状况与 2015 年相似。2017 年全国小学教育信息化水平整体较高，除了我国西南地区，大部分地区都发展较好。

2. 初中教育信息化空间分布

从初中教育信息化空间分布实况来看，2012 年初中教育信息化水平较高的省份主要分布在我国东部的部分地区和长三角地区，例如辽宁、上海、江苏、浙江等省份，水平较低的省份主要分布在我国西南地区和华南部分地区。2013 年初中教育信息化水平较高的省份主要分布在我国东部、东北和西北的部分地区，水平较低的省份主要分布在我国西南地区。2014 年初中教育信息化空间分布状况与 2013 年较为相似，水平较高的省份数量较少。2015 年教育信息化水平较高的省份主要分布在我国东部地区和西北大部分地区，水平较低的省份主要分布在我国西南地区。2016 年全国初中教育信息化水平较高，除了我国西南地区，大部分地区发展较好。2017 年初中教育信息化空间分布状况与 2015 年较为相似。

总体来看，与小学教育信息化空间分布状况相比，我国初中教育信息化空间分布要均衡得多，而且 2012～2017 年均衡程度越来越好。但是西南地区和华南部分地区仍是全国初中教育信息化水平较低的区域，例如云南、贵州、四川、广西、重庆、江西、福建等省份。这些地区的生机比较小，与其他省份相比硬件设施较差，国家应重点关注这些省份的教育信息化发展状况，加大支持力度。

4.7.4 教育信息化空间格局

1. 小学教育信息化自相关分析

（1）小学教育信息化全局自相关分析

从表 4.27 可知，2012~2017 年，所有的全局 Moran's I 都大于 0，这表明我国小学教育信息化的空间分布并非是随机的，而是存在全域范围的正的空间自相关，相似水平的区域集聚在一起，存在空间依赖性，出现空间集聚现象。2012 年小学教育信息化的全局 Moran's I 是 0.343831，2013 年小学教育信息化的全局 Moran's I 是 0.324092，与 2012 年相比有小幅度下降，说明这两年全国小学教育信息化的地区差异有所增大。但 2014 年小学教育信息化的全局 Moran's I 是 0.353613，有大幅度的增加，说明 2014 年全国小学教育信息化的地区差异缩小。2015~2017 年全局 Moran's I 持续减小，说明这 3 年全国小学教育信息化的地区差异逐渐增大。

表 4.27　2012~2017 年小学教育信息化的全局 Moran's I 及其显著性

年份	全局 Moran's I	Z	P
2012	0.343831	4.733388	0.000002
2013	0.324092	4.545413	0.000005
2014	0.353613	4.872484	0.000001
2015	0.331108	4.574633	0.000005
2016	0.289805	4.352224	0.000013
2017	0.273242	4.171795	0.000003

（2）小学教育信息化局部自相关分析

从图 4.27 可知，2012 年，四个象限都有散点分布，分布在第一象限的省份有上海、江苏、浙江、北京、天津、山东、贵州、吉林等，分布在第二象限的省份有河北、安徽、福建、内蒙古、甘肃、河南、江西等，分布在第三象限的省份有西藏、海南、重庆、山西、四川、湖南、云南、广西等，分布在第四象限的省份有广东、新疆、黑龙江、宁夏、青海、陕西、辽宁、湖北等。2013 年，四个象限都有散点分布，分布在第一象限的省份有上海、江苏、浙江、北京、天津、福建、河北等，分布在第二象限的省份

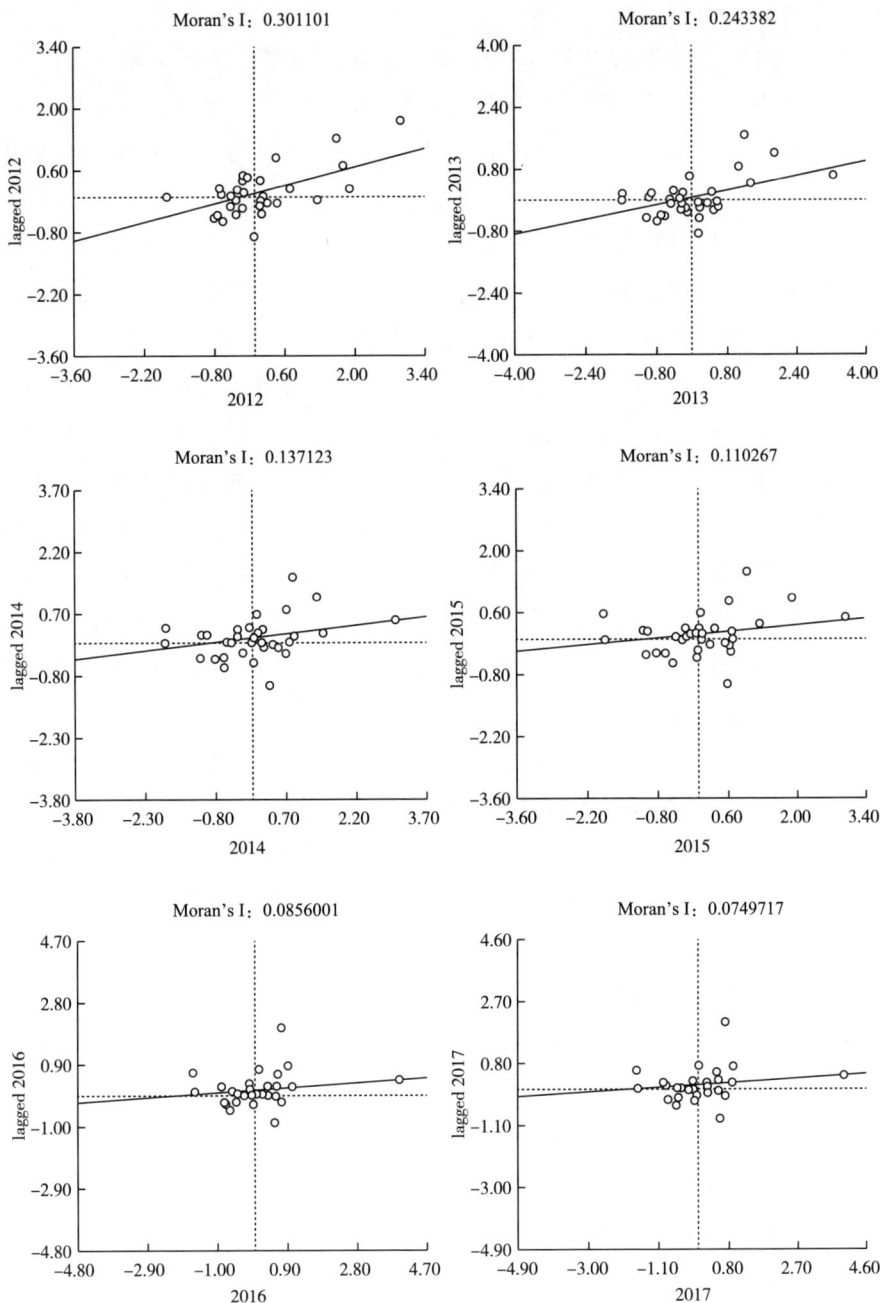

图 4.27　2012~2017 年我国省域小学教育信息化局部自相关 Moran 散点图

有安徽、内蒙古、新疆、海南、河南、江西、吉林等，分布在第三象限的省份有重庆、山西、四川、湖南、云南、贵州、广西、甘肃、黑龙江等，分布在第四象限的省份有广东、宁夏、青海、陕西、辽宁、湖北、山东、西藏等。2014 年，四个象限都有散点分布，分布在第一象限的省份有上海、江苏、浙江、北京、天津、福建、宁夏、辽宁、吉林等，分布在第二象限的省份有安徽、内蒙古、新疆、海南、湖北、河南、江西、四川、甘肃等，分布在第三象限的省份有重庆、湖南、云南、贵州、广西、黑龙江等，分布在第四象限的省份有广东、山东、西藏、青海、陕西、河北、山西等。2015 年，四个象限都有散点分布，分布在第一象限的省份有上海、江苏、浙江、北京、天津、福建、河北、宁夏、辽宁、吉林、安徽等，分布在第二象限的省份有新疆、内蒙古、河南、江西、四川、甘肃等，分布在第三象限的省份有海南、湖南、云南、贵州、黑龙江、广西等，分布在第四象限的省份有广东、湖北、山东、西藏、青海、陕西、山西、重庆等。2016 年，四个象限都有散点分布，分布在第一象限的省份有上海、江苏、浙江、北京、天津、福建、河北、宁夏、辽宁、吉林、安徽、内蒙古等，分布在第二象限的省份有新疆、河南、江西、四川、甘肃、黑龙江等，分布在第三象限的省份有海南、湖南、云南、贵州、广西等，分布在第四象限的省份有广东、湖北、山东、西藏、青海、陕西、山西、重庆等。2017 年，四个象限都有散点分布，分布在第一象限的省份有上海、江苏、浙江、北京、天津、福建、河北、宁夏、辽宁、内蒙古等，分布在第二象限的省份有新疆、河南、江西、四川、甘肃、吉林、黑龙江、安徽等，分布在第三象限的省份有海南、湖南、云南、贵州、广西等，分布在第四象限的省份有广东、湖北、山东、西藏、青海、陕西、山西、重庆等。

2012~2017 年的散点都集聚在坐标原点附近，但分布较为分散，说明各省份之间小学教育信息化差距十分显著，均衡度较差，尤其是北京、天津、上海、江苏、浙江等省份远离坐标原点，说明这些地区的小学教育信息化水平优于其他省份，并且这些地区之间也存在明显的差异，我国小学教育信息化的不均衡主要体现在这些地区中。总体来看，我国省域小学教育信息化存在正的空间自相关，也存在负的空间自相关。

局部自相关统计量 LISA 集聚特征方面，2012 年，上海和江苏呈现显著的高-高集聚特征，说明上海和江苏与周边省份的小学教育信息化水平都较高，且差异较小；广东呈现高-低集聚特征，说明广东的小学教育信息化水平与周边省份相比较高，当周边省份的小学教育信息化水平有所降低时，广东的小学教育信息化水平反而会提高。2013 年天津和上海呈现显著的高-高集聚特征，没有出现其他形式的空间特征。2015~2017 年，河北一直呈现显著的高-高集聚特征，广东却呈现高-低集聚特征，说明广东的小学教育信息化水平较高，但周边省份水平较低，如果周边省份的小学教育信息化水平得到改善，广东的小学教育信息化水平就会下降。

2. 初中教育信息化自相关分析

（1）初中教育信息化全局自相关分析

从表 4.28 可知，在所研究的时段内，所有的全局 Moran's I 都大于 0，这表明我国省域初中教育信息化的空间分布并非是随机的，而是存在全域范围内的正的空间自相关，相似水平的区域集聚在一起，存在空间依赖性，出现空间集聚现象。2012 年的初中教育信息化全局 Moran's I 是 0.425171，2013 年的初中教育信息化全局 Moran's I 是 0.439441，与 2012 年相比小幅度增加，说明两年里初中教育信息化的区域差异有所增大。2014~2017 年全局 Moran's I 有时候小幅度增长，有时候小幅度下降。总体来看，我国省域初中教育信息化区域差异变化不大。

表 4.28　2012~2017 年我国省域初中教育信息化的全局 Moran's I 及其显著性

年份	全局 Moran's I	Z	P
2012	0.425171	6.215361	0.000000
2013	0.439441	6.425753	0.000000
2014	0.425265	6.254464	0.000000
2015	0.410380	6.041026	0.000000
2016	0.409283	6.037874	0.000000
2017	0.420852	6.164282	0.000000

（2）初中教育信息化局部自相关分析

从图 4.28 可知，2012 年，四个象限都有散点分布，分布在第一象限的省份有北京、上海、天津、江苏、浙江、福建、河北等，分布在第二象限的省份有新疆、吉林、安徽、海南、河南、江西、内蒙古等，分布在第三象

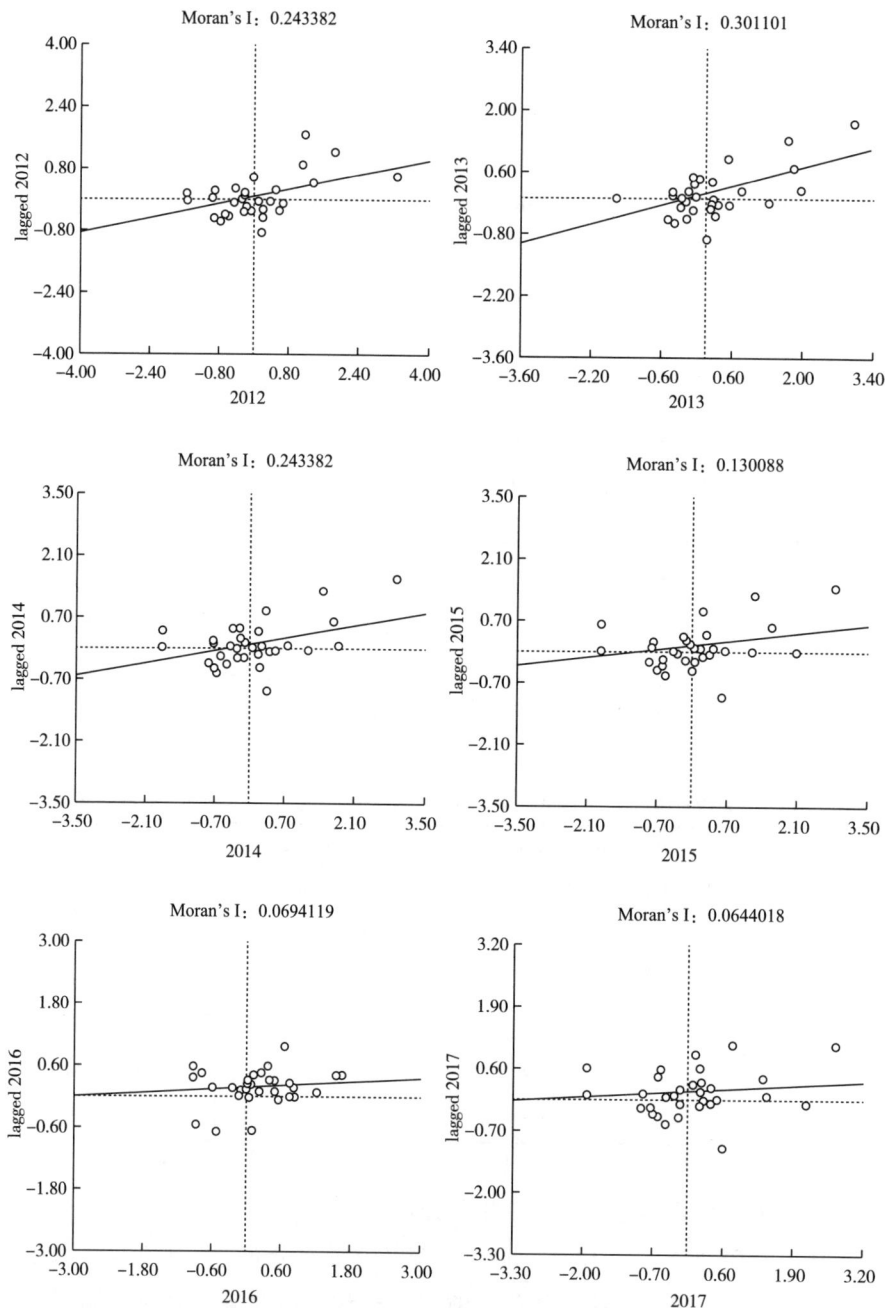

图 4.28 2012~2017 年我国省域初中教育信息化局部自相关 Moran 散点图

限的省份有黑龙江、山西、云南、贵州、四川、重庆、广西、甘肃、湖南等,分布在第四象限的省份有广东、青海、宁夏、陕西、西藏、辽宁、湖北等。2013 年,四个象限都有散点分布,分布在第一象限的省份有北京、上海、天津、江苏、浙江、吉林等,分布在第二象限的省份有新疆、安徽、海南、河南、江西、内蒙古、甘肃、福建、河北、山西等,分布在第三象限的省份有山西、云南、贵州、四川、重庆、广西、湖南、西藏等,分布在第四象限的省份有广东、青海、宁夏、陕西、辽宁、湖北、黑龙江等。2014 年,四个象限都有散点分布,分布在第一象限的省份有北京、上海、天津、江苏、浙江、吉林、山东等,分布在第二象限的省份有安徽、海南、河南、江西、内蒙古、甘肃、福建、河北等,分布在第三象限的省份有山西、云南、贵州、四川、重庆、广西、湖南、西藏等,分布在第四象限的省份有广东、青海、宁夏、陕西、辽宁、湖北、黑龙江、新疆等。2015 年,四个象限都有散点分布,分布在第一象限的省份有上海、天津、江苏、浙江、吉林、山东、青海等,分布在第二象限的省份有安徽、海南、河南、江西、内蒙古、甘肃、福建、河北、黑龙江等,分布在第三象限的省份有云南、贵州、四川、重庆、广西、湖南、西藏等,分布在第四象限的省份有广东、青海、宁夏、陕西、辽宁、湖北、北京、山西等。2016 年,四个象限都有散点分布,分布在第一象限的省份有上海、江苏、浙江、吉林、山东、青海、新疆、安徽、江西、内蒙古、黑龙江、云南、贵州、四川、广西、湖南、辽宁、湖北、山西等,分布在第二象限的省份有海南、甘肃、宁夏、福建、河北、西藏、重庆、陕西等,分布在第三象限的省份是北京和天津等,分布在第四象限的省份是广东和河南。2017 年,四个象限都有散点分布,分布在第一象限的省份有上海、江苏、浙江、吉林、新疆、内蒙古、黑龙江、辽宁、甘肃、宁夏、安徽等,分布在第二象限的省份有海南、河南、江西、福建、河北、西藏等,分布在第三象限的省份有云南、贵州、四川、重庆、广西、湖南、湖北等,分布在第四象限的省份有广东、青海、陕西、山东、山西、北京等。

2012~2017 年的初中教育信息化局部自相关 Moran 散点图与小学的有些相似,6 年间散点分布都较为分散,说明我国省域初中教育信息化存在正的空间自相关,也存在负的空间自相关。大多数散点都集聚在坐标原点附近,但有少数散点远离坐标原点。2016 年散点整体收紧,说明全国初中教育信息化地区差异在缩小，有越来越均衡的趋势。

从初中教育信息化局部自相关统计量 LISA 集聚特征来看，2012 年，上海和天津呈现显著的高-高集聚特征，说明上海和天津的初中教育信息化水平比周边省份高，且区域之间差距较小；广东呈现高-低集聚特征，说明广东的初中教育信息化水平比周边省份高，同时周边省份的教育信息化程度较低，当周边省份的教育信息化水平有所改善时，广东的教育信息化水平就会下降。2013 年江苏呈现显著的高-高集聚特征，广东呈现高-低集聚特征。2014~2017 年，江苏一直呈现显著的高-高集聚特征，广东却一直呈现高-低集聚特征，说明广东的初中教育信息化水平较高，而周边省份的初中教育信息化水平较低。

4.8　本章小结

1. 教育机会方面

（1）从时间序列方面看，我国小学教育机会比初中教育机会发展平稳，整体上波动幅度不大，小学教育机会 6 年间发展态势平稳，但初中教育机会不一样，2012 年和 2013 年的初中教育机会发展极不稳定，波动幅度较大，有的省份教育机会变小，有的省份教育机会变大，没有规律可循。

（2）从空间分布方面看，我国小学阶段教育机会呈现区域不均衡的状态以及一定的层级结构，自东向西逐级递减。东部地区尤其是京津冀地区小学教育机会更多，但西部地区尤其是西南地区的教育机会较少。与小学教育机会相比，我国初中阶段教育机会空间分布较为均衡，尤其是 2012 年、2013 年、2015 年和 2017 年的均衡度都较好，2014 年至 2017 年全国初中教育机会区域之间发展较均衡，而且这种均衡是高水平的均衡，2015 年和 2017 年的均衡度也较好，但整体上是低水平的均衡。

（3）从空间格局方面看，第一，全局自相关研究部分无论小学还是初中都呈现明显的空间集聚特征。第二，小学和初中的教育机会呈现高-高集聚特征的省份数量较多，小学教育机会呈现高-高集聚特征的省份主要分布在我国的西北部地区和东部地区，如内蒙古、河北、陕西、山东、浙江和江苏等省份；初中教育机会呈现高-高集聚特征的省份主要分布在我国西部地区。

2. 师资力量方面

（1）从时间序列方面看，第一，北京、天津、内蒙古、江苏、福建、安徽、海南、陕西、新疆等省份的小学生师比逐年上升，师资力量有减弱的趋势；上海、河南、浙江、广西、宁夏、江西、山西、黑龙江等省份的小学生师比逐年降低，师资力量有增强的趋势；青海、西藏、甘肃、河北的数据波动幅度较大且较不稳定，其他省份发展平稳。总体来看，师资力量逐年增强的大多是西部地区的省份，师资力量逐年减弱或者波动较大的多数是东部地区的省份。第二，初中师资力量总体上保持稳定，2015 年大多数省份初中生师比下降幅度较大，整体师资力量大幅增强，少数省份师资力量减弱，但减弱趋势不明显，例如河北、江苏、福建、河南、湖北和湖南。总之，2012~2017 年我国大多数省份义务教育师资力量增强，少数省份减弱，减弱的省份主要集中在东部、中部地区。

（2）从空间分布方面看，小学师资力量空间分布研究中，陕西、四川、云南、山东和上海的生师比连续 5 年都是全国较高的，直到 2017 年才有所改善，但改善幅度不大，这些省份师资力量一直处于较低水平。整体来看，我国省域小学师资力量空间分布呈现一定的层级结构，北部地区师资较充沛，从北到南依次减弱，尤其是华南、西南和华中地区小学师资力量较弱。我国各省份初中师资力量空间分布也呈现一定的层级结构，我国东北地区师资较为充沛，从东北地区到西南地区依次减弱，尤其是西南地区的初中师资力量相对其他省份较弱。

（3）从空间格局方面看，我国小学师资力量在空间上呈现正相关，具备空间同质性，即表现出相似性空间集聚现象，其中高–高集聚特征明显，涉及的省份较多，主要集中在华东、华南、华中和西南地区的部分省份，分别是华东地区的山东、浙江、安徽、福建，华南地区的广西，华中地区的湖南、湖北、江西，西南地区的云南、贵州。我国初中师资力量在空间上呈正相关，具备空间同质性，即表现出相似性空间集聚现象，其中高–高集聚特征明显，但涉及的省份较少，主要集中在西南地区和华南地区的部分省份，如西南地区的云南、贵州和四川，华南地区的广西。总之我国省域师资力量在南部地区形成明显的空间格局，而且都表现出同质性集聚特征。

2012~2017 年，我国省域义务教育师资力量总体来看有了很大的改善，但从空间分布和空间格局来看还没有达到相对均衡状态，时空演变呈现北强南弱、东强西弱的空间格局，这与人口分布、地理位置和经济发展状况等因素密切相关。

3. 财政资源方面

（1）从时间序列方面看，小学财政资源各省份波动幅度较大，有的年份增加，有的年份减少，但波动规律基本趋于一致，只有西藏比较特殊，2012～2016年逐年递增且增幅较大，体现出国家对该地区义务教育的重视。初中财政资源呈现逐年递增的趋势，各省份变化规律趋于一致，但北京、上海和天津的财政资源一直优于其他省份。

（2）从空间分布方面看，国家对西部、北部地区小学阶段的财政资源支持力度大于中东部地区，尤其是2015年以后对新疆、辽宁、内蒙古、西藏、宁夏、青海等省份的支援力度较大，但对北京、上海等发达城市的支持力度一直保持稳定，且没有减小的趋势。国家对初中财政资源支持力度最大的是北京、上海、天津等省份，支持力度最小的是云南、贵州、广西等省份，但总体上财政资源均衡分布的趋势越来越明显。

（3）从空间格局方面看，小学财政资源集聚特征明显，呈现高-高和低-低集聚特征，且具备这种集聚特征的省份数量很多。新疆在2017年呈现高-高集聚特征，广东与周边区域形成低-低集聚特征。初中财政资源集聚特征也很明显，出现了高-高、低-高和低-低集聚特征，高-高的是北京，低-高的是河北，低-低的是广东。

4. 办学条件方面

（1）从时间序列方面看，无论是办学硬件条件还是办学软件条件，我国小学和初中的整体办学条件都在逐年改善，各省份变化差异不大，同时从时间序列演变实况能看出近几年国家在办学条件方面做出的努力，我国省域义务教育办学条件越来越优越。

（2）从空间分布方面看，第一，我国西北地区的小学办学硬件条件优于其他地区，相反我国东部地区虽然自然条件和人文条件都较为优越，却没有表现出很强的办学优势。我国西北大部分地区和东部少部分地区的初中办学硬件条件较好，而西南地区一直较弱。第二，我国小学办学软件条件的空间分布状况主要呈现东强西弱的特征，东部沿海地区的小学办学软件条件较优越，如北京、天津、上海、山东、江苏、浙江、福建、广东等，而西部地区一直较弱，陕西和湖北一直优于西部地区。我国东部地区的初中办学软件条件较为优越，但西部地区较落后，教育管理部门应关注这些省份的办学软件条件，采取相应的支援措施，提高这些地区的办学软件条件。

（3）从空间格局方面看，无论是小学还是初中，办学条件在硬件和软件方面都呈现了集聚的空间格局，但具备高-高集聚特征的省份数量较少。小学办学硬件条件中新疆和四川一直呈现低-高集聚特征，说明其邻域省份条件较好而自身条件不好。小学和初中办学软件条件中，河北、天津、北京和江苏呈现高-高集聚特征，这些省份的办学软件条件较为优越，且对相邻省份起到一定程度的拉动作用，自身发展的同时还带动周边区域的发展。

5. 教育质量方面

（1）从时间序列方面看，无论是小学还是初中，6 年间大部分省份波动幅度都较大，也有少部分省份的波动幅度较小，有的省份教育质量有所提高，有的省份教育质量有小幅度下降，有的省份教育质量基本稳定，整体上教育质量变化规律不明显。例如贵州、辽宁、安徽、甘肃和天津等省份小学教育质量逐年上升且发展较好，而北京、上海、江西、山西、西藏和四川等省份的小学教育质量却有下降的趋势，情况不容乐观。天津、河北、青海和山西等省份的初中教育质量呈现逐年上升的趋势，而上海、山东和西藏等省份的初中教育质量下降幅度较大。

（2）从空间分布方面看，小学教育质量区域不均衡的现象较为明显，尤其是 2016 年和 2017 年，我国西部和中部地区小学教育质量落后于东部沿海地区。我国初中教育质量得到了很大提高，尤其是 2016 年和 2017 年，我国大多数省份的初中教育质量都较高，从地域的角度看，初中教育质量越来越均衡。

（3）从空间格局方面看，我国小学教育质量呈现高-高集聚特征的省份数量较多，大部分省份的教育质量较为优越，区域差异较小，总体呈现相对均衡的态势，但这种态势在 2017 年又不十分明显。我国初中教育质量具备高-高集聚特征的省份数量不多，只有陕西、宁夏、重庆和湖南等少数省份出现过，大多数省份的区域带动力不强。

6. 教育信息化方面

（1）从时间序列方面看，小学教育信息化程度在 2016 年得到大幅度提高，初中教育信息化程度在 2014 年得到大幅度提高，其他年份的发展都比较稳定。除了小学阶段上海、初中阶段北京的教育信息化程度与其他区域差距较大，整体上义务教育信息化区域差异不明显，发展趋势也较为一致。

（2）从空间分布方面看，小学阶段以北京、天津、辽宁、山东、江苏、浙江等省份为核心带动东部地区、华中地区和东北地区的发展，以西藏为核心带动西北地区的发展。由于远离两个核心区域，我国西南地区是小学教育信息化水平最低的区域。初中阶段北京、天津、上海的优势不明显，2013~2015 年辽宁、江苏、浙江是核心发展区域，但 2016 年以后这种优势又不明显，反而在我国西部地区以新疆和青海为中心向西南地区、华中地区和华南地区辐射，形成了较明显的带状空间分布特征。

（3）从空间格局方面看，小学教育信息化区域均衡度比初中好，2016年和 2017 年这种特征最为明显。长三角地区、华北部分地区（如北京、天津、河北）自身发展较好，且与相邻区域的教育信息化差异较小，整体较均衡。较不均衡的地区是我国西南地区和华南局部地区（如广西、海南）。小学阶段上海、天津、江苏呈现明显的高-高集聚特征，初中阶段上海、浙江、江苏呈现明显的高-高集聚特征，这些省份在一定程度上能带动周边区域教育信息化的发展，从空间上具备明显的地域优势。广东无论在小学阶段还是初中阶段都呈现高-低集聚特征，虽然广东的教育信息化程度较高，但并未对周边区域起到带动作用，反而与周边省份的差异较大，呈现负的空间依赖性。

我国省域义务教育信息化从总体上看有了很大的改善，但从空间分布和空间格局来看还没有达到理想的均衡状态，时空演变呈现北强南弱、东强西弱的特征，尤其是西南地区、华南部分地区与长三角地区的义务教育信息化差距较大，呈现非常明显的不均衡状态。人口分布、地理位置、经济发展状况和国家支援等因素对义务教育信息化的影响不容忽视。我国省域义务教育信息化在空间上呈正相关，具备空间同质性，表现出相似性空间集聚现象，高-高和高-低集聚特征明显，但集聚特征明显的省份数量不多。

第5章　我国省域义务教育空间秩序的影响因素研究

5.1　省域义务教育空间秩序影响因素分析

5.1.1　省域义务教育空间秩序影响因素概况

本部分采用专家咨询法，对我国省域义务教育空间秩序影响因素进行了三轮专家咨询论证，最终确定可能影响我国省域义务教育空间秩序的因素，包括自然环境、交通、人口、经济、就业及社会保障等方面，分别采用 11 个影响因子来表示：地形起伏度 (R_1)、全部地级及以上城市数量（个）(R_2)、旅客运输量 (R_3)、地区生产总值 (R_4)、人均地区生产总值 (R_5)、年末常住人口（万人）(R_6)、乡村人口（万人）(R_7)、城镇居民年人均可支配收入（元）(R_8)、农村居民年人均可支配收入（元）(R_9)、城镇和农村就业人数（万人）(R_{10})、城镇登记失业人数（万人）(R_{11})。

5.1.2　省域义务教育空间秩序影响因素主成分分析

对所收集到的自然环境、交通、人口、经济、就业及社会保障等各个影响因素指标数据进行标准化处理后，分别计算每个子系统指标的相关系数矩阵。通过对选取的影响因子进行相关性分析后发现，所选取的因子之间普遍存在较为显著的相关性。由于因子之间存在相关性，会产生信息重复，直接利用多元统计等传统研究方法将会使结果出现较大的偏差，不符合实际情况，本研究首先使用主成分分析法对所选取的因子进行分析，以减少信息的丢失，同时也使分析的结果更加符合实际情况。

1. 数据相关性检验

运用统计分析软件 SPSS 进行主成分分析，以找出各因子之间存在的共性特征，主成分分析提取的综合因子会包含原始变量的大多数信息。从表5.1可以看出，相关系数矩阵由11个变量的相关系数组成，变量的相关系数值较大，意味着变量间的相关性就越大。大部分变量间的相关系数的绝对值大于0.3，因此各变量之间存在较强的相关性，适合进行主成分分析。根据因子分析的结果，各因子之间具有明显的相关性，适合进行主成分分析。

表 5.1 我国省域义务教育空间秩序影响因素相关系数矩阵

影响因子	R_1	R_2	R_3	R_4	R_5	R_6	R_7	R_8	R_9	R_{10}	R_{11}
R_1	1.000	-0.199	0.047	0.405	-0.551	-0.251	-0.267	-0.451	-0.439	-0.332	-0.374
R_2	-0.199	1.000	0.087	-0.237	-0.298	0.844	0.729	-0.245	-0.145	0.744	0.738
R_3	0.047	0.087	1.000	0.139	0.258	0.294	0.224	0.284	0.013	0.343	0.068
R_4	0.405	-0.237	0.139	1.000	-0.006	-0.028	0.065	-0.081	-0.064	-0.051	-0.339
R_5	-0.551	-0.298	0.258	-0.006	1.000	-0.003	-0.132	0.886	0.710	0.078	0.047
R_6	-0.251	0.844	0.294	-0.028	-0.003	1.000	0.868	0.025	-0.038	0.863	0.801
R_7	-0.267	0.729	0.224	0.065	-0.132	0.868	1.000	-0.101	-0.116	0.832	0.575
R_8	-0.451	-0.245	0.284	-0.081	0.886	0.025	-0.101	1.000	0.642	0.059	0.019
R_9	-0.439	-0.145	0.013	-0.064	0.710	-0.038	-0.116	0.642	1.000	0.059	0.050
R_{10}	-0.332	0.744	0.343	-0.051	0.078	0.863	0.832	0.059	0.059	1.000	0.630
R_{11}	-0.374	0.738	0.068	-0.339	0.047	0.801	0.575	0.019	0.050	0.630	1.000

2. KMO 检验和 Bartlett's 球形检验

如表5.2所示，样本的 KMO（Kaiser-Meyer-Olkin）检验值为0.646，大于 KMO 的度量标准0.5，说明样本数量符合因子分析的条件。Bartlett's 球形检验（Bartlett's Test of Sphericity）的卡方检验值达到277.492，自由度为55，显著性概率 P=0（<0.5），拒绝原假设 H_0（相关系数矩阵是单位矩阵），说明变量之间相互独立，有高度的显著性，满足因子分析法的使用条件。

表 5.2　我国省域义务教育空间秩序影响因素 KMO 检验和 Bartlett's 球形检验

KMO 检验值		0.646
Bartlett's 球形检验	卡方检验值	277.492
	自由度	55
	显著性	0.000

3. 计算特征值与贡献率

从主成分中提取前三个因子作为公因子，如表 5.3 所示，前三个公因子的初始特征值都大于 1，并且这三个公因子的累计贡献率达到 79.483%，接近 80%，其中第一主成分的贡献率达到 38.878%，第二主成分和第三主成分的贡献率分别达到 27.162% 和 13.443%，这说明前三个公因子可用来反映原来的所有变量代表的大部分信息。

表 5.3　方差解释

主成分	初始特征值			提取载荷平方和		
	合计	方差贡献率（%）	累计贡献率（%）	合计	方差贡献率（%）	累计贡献率（%）
1	4.277	38.878	38.878	4.277	38.878	38.878
2	2.988	27.162	66.040	2.988	27.162	66.040
3	1.479	13.443	79.483	1.479	13.443	79.483
4	0.790	7.179	86.662			
5	0.482	4.383	91.046			
6	0.362	3.291	94.337			
7	0.248	2.255	96.592			
8	0.153	1.387	97.979			
9	0.145	1.321	99.300			
10	0.052	0.469	99.769			
11	0.025	0.231	100.000			

如图 5.1 所示，转折点在横坐标值为 3 的地方，因子 1、因子 2、因子 3之间的特征值差较大，曲线较陡，后面的因子之间的特征值差比较小，曲线也较为平缓，因此提取前三个因子作为公因子，能解释大部分的信息，这与表 5.3 中得出的结论相吻合，所收集的数据非常适合进行因子分析。

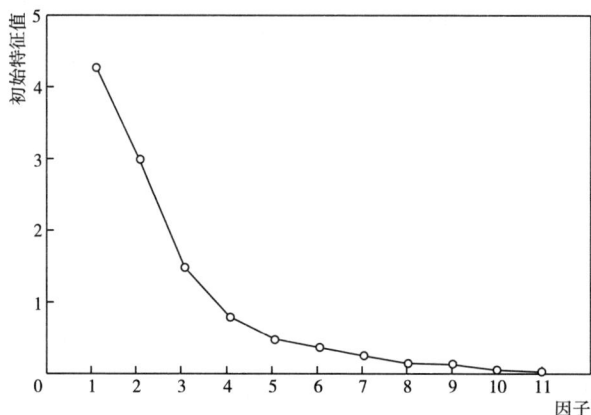

图 5.1 因子分析碎石图

4. 建立我国省域义务教育空间秩序影响因素的主成分得分方程

从表 5.4 中可以看出，第一主成分在 R_2、R_6、R_7、R_{10}、R_{11} 上的载荷较重，即第一主成分（F_1）在全部地级及以上城市数量（个）、年末常住人口（万人）、乡村人口（万人）、城镇和农村就业人数（万人）、城镇登记失业人数（万人）等因素上的载荷较重，并且第一主成分与 R_1 和 R_4 呈负相关。第二主成分（F_2）在 R_5、R_8、R_9 上的载荷较重，即第二主成分在人均地区生产总值、城镇居民年人均可支配收入（元）、农村居民年人均可支配收入（元）上的载荷较重，并且第二主成分与 R_1、R_2、R_4、R_6、R_7 呈负相关。第三主成分（F_3）在 R_1、R_3、R_4 上的载荷较重，即第三主成分在地形起伏度、旅客运输量、地区生产总值上的载荷较重，并且第三主成分与 R_2、R_9、R_{11} 三个变量呈负相关。三个主成分的得分方程分别为：

$$F_1 = -0.417R_1 + 0.879R_2 + 0.273R_3 - 0.196R_4 + 0.023R_5 + 0.960R_6 +$$
$$0.874R_7 + 0.032R_8 + 0.020R_9 + 0.911R_{10} + 0.836R_{11} \qquad 式（5-1）$$

$$F_2 = -0.629R_1 - 0.292R_2 + 0.199R_3 - 0.157R_4 + 0.955R_5 - 0.066R_6 -$$
$$0.170R_7 + 0.912R_8 + 0.815R_9 + 0.032R_{10} + 0.029R_{11} \qquad 式（5-2）$$

$$F_3 = 0.408R_1 - 0.149R_2 + 0.686R_3 + 0.780R_4 + 0.149R_5 + 0.150R_6 +$$
$$0.190R_7 + 0.155R_8 - 0.049R_9 + 0.186R_{10} - 0.263R_{11} \qquad 式（5-3）$$

根据以上分析结果，结合主成分分析方法的原理，主成分可以表示为原变量的线性函数，由此建立起主成分与原变量之间的关系。

表 5.4　主成分得分系数

影响因子	F_1	F_2	F_3
R_1	−0.417	−0.629	0.408
R_2	0.879	−0.292	−0.149
R_3	0.273	0.199	0.686
R_4	−0.196	−0.157	0.780
R_5	0.023	0.955	0.149
R_6	0.960	−0.066	0.150
R_7	0.874	−0.170	0.190
R_8	0.032	0.912	0.155
R_9	0.020	0.815	−0.049
R_{10}	0.911	0.032	0.186
R_{11}	0.836	0.029	−0.263

5.2　省域义务教育空间秩序影响因素模型研究

5.2.1　教育机会空间秩序影响因素模型研究

5.2.1.1　小学教育机会空间秩序影响因素模型研究

1. 选取小学教育机会空间秩序影响因素的空间回归模型

（1）小学教育机会一般回归模型

式（5-4）中，y 是因变量，F_1、F_2、F_3 是解释变量，β 是参数向量。

$$y = \beta_0 + \beta_1 F_1 + \beta_2 F_2 + \beta_3 F_3 \qquad 式（5-4）$$

根据建立的模型对因变量和影响因子进行分析，并对分析结果进行统计检验，得到模型系数及模型回归结果，如表 5.5 和图 5.2 所示。

表 5.5 小学教育机会一般回归模型系数

变量	回归系数	标准误	t 统计量	P
CONSTANT	68.15390	8.48670	8.03067	0.00000
F_1	3.91462	1.85988	2.10477	0.01770
F_2	7.89661	5.48526	1.43962	0.16033
F_3	4.10035	5.4239	0.755979	0.45556

Dependent Variable :	2017	Number of Observatiions :		31
Mean dependent var :	91.0397	Number of Variables :		0
S.D. dependent var :	28.3218	Degrees of Freedom :		31
R-squared :	0.251330	F-statistic :		3.35702
Adjusted R-squared :	0.176463	Prob(F-statistic) :		0.0317394
Sum squared residual :	20417.8	Log likelihood :		-157.007
Sigma-square :	680.595	Akaike info criterion :		322.013
S.E. of regression :	26.0882	Schwarz criterion :		328.119
Sigma-square ML :	600.525			
S.E of regression ML:	24.5056			

图 5.2 小学教育机会一般回归模型回归结果

因此，$y = 68.1539 + 3.91462F_1 + 7.89661F_2 + 4.10035F_3$。

R^2 取值范围为 0.0~1.0，R^2 越接近 1.0，说明模型的拟合度越好。从图 5.2 中列出的回归结果可以看出，在此一般回归模型中，R^2 为 0.251330，表示该一般回归模型的解释变量可解释因变量约 25%的变化，模型的拟合度较差。从图 5.2 中还可以看到模型的 P 值为 0.0317394，通过了 5%水平下的显著性检验，回归的结果显著。表 5.5 中 CONSTANT 的 P 值为 0，F_1 的 P 值为 0.01770，都通过了 5%水平下的显著性检验，但 F_2 和 F_3 的 P 值分别为 0.16033 和 0.45556，没有通过 5%水平下的显著性检验，这表明此模型不是最优模型。

（2）小学教育机会空间滞后回归模型

一般回归模型没有考虑因变量的空间效应，小学教育机会在空间上有集聚效应，而空间滞后回归模型可以将因变量的空间效应纳入考虑范围。利用空间滞后回归模型，建立小学教育机会与 F_1、F_2 和 F_3 三个公因子的关系，公式如下：

$$y = \rho W_y + \beta_0 + \beta_1 F_1 + \beta_2 F_2 + \beta_3 F_3 + \mu \qquad \text{式（5-5）}$$

式（5-5）中，y 是因变量，F_1、F_2、F_3 是解释变量，W_y 是空间权重矩阵，β 是参数向量，ρ 是空间滞后项 W_y 的参数，主要衡量观测值之间的空间相互作用程度，μ 是白噪声干扰项。

根据建立的模型进行分析，得出模型系数及模型回归结果，如表 5.6 和图 5.3 所示。

表 5.6　小学教育机会空间滞后回归模型系数

变量	回归系数	标准误	Z	P
W_2017	0.335942	0.126975	2.64574	0.00815
CONSTANT	37.07760	13.80350	2.68611	0.00723
F_1	4.07759	1.61182	2.52982	0.01141
F_2	6.40203	4.74852	1.34822	0.17759
F_3	4.86528	4.7063	1.03378	0.30124

Dependent Variable :	2017	Number of Observatiions :		31
Mean dependent var :	91.0397	Number of Variables :		0
S.D. dependent var :	28.3218	Degrees of Freedom :		31
Lag coeff. (Rho) :	0.335942			
R-squared :	0.365285	Log likelihood :		-154.647
Sq. Correlation :	-	Akaike info criterion :		319.295
Sigma-square :	509.12	Schwarz criterion :		326.927
S.E. of regression :	22.5637			

图 5.3　小学教育机会空间滞后回归模型回归结果

由图 5.3 显示的回归结果可知，空间滞后回归模型中 R^2 为 0.365285，因此该模型比一般回归模型的拟合度好。在表 5.6 中，W_2017、CONSTANT 和

F_1 的 P 值分别为 0.00815、0.00723 和 0.01141，通过 5% 水平下的显著性检验，而 F_2 和 F_3 的回归系数的显著性水平分别为 0.17759 和 0.30124，没有通过 5% 水平下的显著性检验。对数似然值为 −154.647。

（3）小学教育机会空间误差回归模型

空间误差回归模型同时将被解释变量以及解释变量的空间效应纳入考虑范围。在纳入教育机会和各个公因子空间效应的条件下，建立如下形式的模型：

$$\begin{cases} y = \beta_0 + \beta_1 F_1 + \beta_2 F_2 + \beta_3 F_3 + \varepsilon \\ \varepsilon = \lambda W \varepsilon + \mu \end{cases} \qquad \text{式（5-6）}$$

式（5-6）中，y 是因变量，F_1、F_2、F_3 是解释变量，$W\varepsilon$ 是空间权重矩阵，β 是参数向量，λ 是自回归参数，μ 是一个随机误差项，通常假设其是独立同分布的。

根据建立的模型进行分析，得出模型系数及模型回归结果，如表 5.7 和图 5.4 所示。空间误差回归模型中 R^2 为 0.627301，方程的拟合度较好，表示该空间误差回归模型的解释变量可解释因变量约 63% 的变化。所有解释变量全部通过 5% 水平下的显著性检验。空间误差回归模型优于一般回归模型和空间滞后回归模型。

表 5.7　小学教育机会空间误差回归模型系数

变量	回归系数	标准误	Z	P
CONSTANT	38.247100	11.1693000	3.424300	0.00062
F_1	4.571270	1.2383800	3.691320	0.00022
F_2	2.026880	3.3964700	0.596759	0.00506
F_3	5.261070	3.7280600	1.411210	0.00581
LAMBDA	0.879347	0.0676313	13.002100	0.00000

（4）小学教育机会最优回归模型

从表 5.8 可以看出，一般回归模型中 R^2 为 0.251330，空间滞后回归模型中 R^2 为 0.365285，空间误差回归模型中 R^2 为 0.627301，这表明空间误差回归模型的拟合度较高，最优拟合模型是空间误差回归模型。Log likelihood 值越小，表明模型越稳健，三种模型的 Log likelihood 值都很小，说

Dependent Variable :	2017	Number of Observatiions :	31
Mean dependent var :	91.0397	Number of Variables :	0
S.D. dependent var :	28.3218	Degrees of Freedom :	31
Lag coeff. (Lambda) :	0.879347		
R-squared :	0.627301	R-squared (BUSE) :	-
Sq. Correlation :	-	Log likelihood :	-149.80040
Sigma-square :	289.95	Akaike info criterion :	307.601
S.E. of regression :	17.2902	Schwarz criterion :	313.706

图 5.4　小学教育机会空间误差回归模型回归结果

明三种模型都非常稳健。

表 5.8　小学教育机会三种模型对比分析

模型	R^2	Log likelihood
一般回归模型	0.251330	-157.007
空间滞后回归模型	0.365285	-154.647
空间误差回归模型	0.627301	-149.80040

2. 构建小学教育机会空间秩序影响因素空间误差回归模型

由以上三种模型的对比分析可以得出，空间误差回归模型是最优模型，因此，小学教育机会空间秩序影响因素空间误差回归模型为：

$$\begin{cases} y = 38.2471 + 4.57127F_1 + 2.02688F_2 + 5.26107F_3 + \varepsilon \\ \varepsilon = 0.879347W_\varepsilon + \mu \end{cases} \qquad 式（5\text{-}7）$$

将主成分得分方程式（5-1）、式（5-2）、式（5-3）代入空间误差回归模型式（5-7），得出最终小学教育机会空间秩序影响因素空间误差回归模型为：

$$\begin{cases} y = 38.2471 + 2.777829R_1 + 2.642398R_2 + 5.2604R_3 + 5.31782R_4 + \\ \quad 2.824709R_5 + 5.043806R_6 + 4.650324R_7 + 2.810261R_8 + 1.48554R_9 + \\ \quad 5.207846R_{10} + 2.4967R_{11} + \varepsilon \\ \varepsilon = 0.879347W_\varepsilon + \mu \end{cases} \qquad 式（5\text{-}8）$$

从式（5-7）可以看出，小学教育机会受主成分 F_3 的影响最大，主成分 F_1 次之，受主成分 F_2 的影响最不显著。结合主成分方程式（5-1）、式（5-2）、式（5-3）可以看出，在式（5-8）中，第一主成分 F_1 在 R_3、R_4、R_6、R_7、R_{10} 上的载荷较重，因此小学教育机会受变量 R_3、R_4、R_6、R_7、R_{10} 的影响较为显著，也就是受旅客运输量（R_3）、地区生产总值（R_4）、年末常住人口（万人）（R_6）、乡村人口（万人）（R_7）、城镇和农村就业人数（万人）（R_{10}）等因素的影响较大，其中变量 R_3、R_4 和 R_{10} 对小学教育机会的影响最大，即小学教育机会受旅客运输量（R_3）、地区生产总值（R_4）、城镇和农村就业人数（万人）（R_{10}）等因素的影响最大。

从最终小学教育机会影响因素空间误差回归模型式（5-8）可以得出，对小学教育机会影响最大的因素是 R_4，即地区生产总值，系数为 5.31782。这说明地区生产总值越大，小学教育机会就越多，地区生产总值越小，小学教育机会就越少。

5.2.1.2 初中教育机会空间秩序影响因素模型研究

1. 选取初中教育机会空间秩序影响因素的空间回归模型

（1）初中教育机会一般回归模型

根据建立的模型对因变量和影响因子进行分析，并对分析结果进行统计检验，得到模型系数及型回归结果，如表 5.9 和图 5.5 所示。

表 5.9　初中教育机会一般回归模型系数

变量	回归系数	标准误	t 统计量	P
CONSTANT	0.6731430	0.0847501	7.94269	0.00000
F_1	0.0444755	0.0185732	2.39461	0.02309
F_2	0.1170700	0.0547769	2.13721	0.04085
F_3	0.0192214	0.0541642	0.35487	0.72517

因此，$y = 0.673143 + 0.0444755F_1 + 0.11707F_2 + 0.0192214F_3$。

从图 5.5 列出的回归结果可以看出，在此一般回归模型中，R^2 为 0.311348，表示该一般回归模型的解释变量可解释因变量约 31% 的变化，模型的拟合度较差。从图 5.5 中还可以看到，模型的 P 值为 0.00989013，通过了 5% 水平下

Dependent Variable :	2017	Number of Observatiions :	31
Mean dependent var :	0.934493	Number of Variables :	0
S.D.　dependent var :	0.294894	Degrees of Freedom :	31
R-squared :	0.311348	F-statistic :	4.52113
Adjusted R-squared :	0.242483	Prob(F-statistic) :	0.00989013
Sum squared residual :	2.03616	Log likelihood :	-0.383895
Sigma-square :	0.067872	Akaike info criterion :	8.76779
S.E.　of regression :	0.260523	Schwarz criterion :	14.8732
Sigma-square ML :	0.059887		
S.E of regression ML:	0.0244718		

图 5.5　初中教育机会一般回归模型回归结果

的显著性检验，回归的结果显著。表 5.9 中 CONSTANT 的 P 值为 0，F_1 和 F_2 的 P 值分别为 0.02309 和 0.04085，都通过了 5% 水平下的显著性检验，F_3 的 P 值为 0.72517，没有通过显著性检验，说明此模型不是最优模型。

（2）初中教育机会空间滞后回归模型

根据空间滞后回归模型原理进行分析，得出模型系数及模型回归结果，如表 5.10 和图 5.6 所示。

表 5.10　初中教育机会空间滞后回归模型系数

变量	回归系数	标准误	Z	P
W_2017	0.3163840	0.1253850	2.523310	0.01163
CONSTANT	0.3723090	0.1403420	2.652880	0.00798
F_1	0.0457296	0.0162039	2.822140	0.00477
F_2	0.1024210	0.0477557	2.144670	0.03198
F_3	0.0300333	0.0473754	0.633944	0.52612

由图 5.6 显示的回归结果可知，空间滞后回归模型中 R^2 为 0.408068，比一般回归模型的拟合度好。在表 5.10 中，W_2017、CONSTANT、F_1 和 F_2 的 P 值分别为 0.01163、0.00798、0.00477 和 0.03198，通过了 5% 水平下的显著性检验。Log likelihood 为 1.7945。

Dependent Variable :	2017	Number of Observatiions :	31
Mean dependent var :	0.934493	Number of Variables :	0
S.D. dependent var :	0.294894	Degrees of Freedom :	31
Lag coeff. (Rho) :	0.316384		
R-squared :	0.408068	Log likelihood :	1.7945
Sq. Correlation :	-	Akaike info criterion :	6.41099
Sigma-square :	0.0514761	Schwarz criterion :	14.0428
S.E. of regression :	0.226883		

图 5.6 初中教育机会空间滞后回归模型回归结果

（3）初中教育机会空间误差回归模型

根据建立的模型进行分析，得出模型系数及模型回归结果，如图 5.7 所示，空间误差回归模型中 R^2 为 0.648695，方程的拟合度较好，表示该空间误差回归模型的解释变量可解释因变量约 65% 的变化。从表 5.11 可知，所有解释变量全部通过 5% 水平下的显著性检验。这表明空间误差回归模型优于一般回归模型和空间滞后回归模型。

Dependent Variable :	2017	Number of Observatiions :	31
Mean dependent var :	0.934493	Number of Variables :	0
S.D. dependent var :	0.294894	Degrees of Freedom :	31
Lag coeff. (Lambda) :	0.881910		
R-squared :	0.648695	R-squared (BUSE) :	-
Sq. Correlation :	-	Log likelihood :	6.359124
Sigma-square :	0.0305505	Akaike info criterion :	-4.71825
S.E. of regression :	0.174787	Schwarz criterion :	1.38719

图 5.7 初中教育机会空间误差回归模型回归结果

表 5.11 初中教育机会空间误差回归模型系数

变量	回归系数	标准误	Z	P
CONSTANT	0.3823520	0.1133450	3.37334	0.00074
F_1	0.0489806	0.0125175	3.91298	0.00009

续表

变量	回归系数	标准误	Z	P
F_2	0.0549236	0.0343248	1.60011	0.01095
F_3	0.0426170	0.0376848	1.13088	0.05811
LAMBDA	0.8819100	0.0665192	3.25800	0.00000

（4）初中教育机会最优回归模型

从表 5.12 可以看出，一般回归模型的 R^2 为 0.311348，空间滞后回归模型的 R^2 为 0.408068，空间误差回归模型的 R^2 为 0.648695，这说明空间误差回归模型的拟合度较好，最优拟合模型是空间误差回归模型。在三种模型中，空间误差回归模型的 Log likelihood 值最小，因此该模型最为稳健。

表 5.12　初中教育机会三种模型对比分析

模型	R^2	Log likelihood
一般回归模型	0.311348	−0.383895
空间滞后回归模型	0.408068	1.7945
空间误差回归模型	0.648695	6.359127

2. 构建初中教育机会空间秩序影响因素空间误差回归模型

由以上三种模型的对比分析可以得出，空间误差回归模型是最优模型，因此初中教育机会空间秩序影响因素空间误差回归模型为：

$$\begin{cases} y = 0.382352 + 0.0489806F_1 + 0.0549236F_2 + 0.042617F_3 + \varepsilon \\ \varepsilon = 0.88191W_\varepsilon + \mu \end{cases} \quad 式（5-9）$$

将主成分得分方程式（5-1）、式（5-2）和式（5-3）代入空间误差回归模型式（5-9），得出最终初中教育机会空间秩序影响因素空间误差回归模型为：

$$\begin{cases} y = 0.382352 + 0.003266R_1 + 0.020666R_2 + 0.053537R_3 - 0.05146R_4 + \\ \quad 0.059929R_5 + 0.049789R_6 + 0.041569R_7 + 0.058263R_8 + 0.043654R_9 + \\ \quad 0.054306R_{10} + 0.031332R_{11} + \varepsilon \\ \varepsilon = 0.88191W_\varepsilon + \mu \end{cases} \quad 式（5-10）$$

从式（5-9）可以看出，初中教育机会受主成分 F_2 的影响最大，受主成分 F_3 和主成分 F_1 的影响差不多。结合主成分方程式（5-1）、式（5-2）和式（5-3）可以看出，在式（5-10）中，第一主成分 F_1 在 R_3、R_4、R_5、R_8、R_{10} 上的载荷较重，因此初中教育机会受变量 R_3、R_4、R_5、R_8、R_{10} 的影响较为显著，也就是受旅客运输量、地区生产总值、人均地区生产总值、城镇居民年人均可支配收入（元）、城镇和农村就业人数（万人）等因素的影响较大，但从模型总体来看，初中教育机会受外部因素的影响较小。

5.2.2 师资力量空间秩序影响因素模型研究

5.2.2.1 小学师资力量空间秩序影响因素模型研究

1. 选取小学师资力量空间秩序影响因素的空间回归模型

（1）小学师资力量一般回归模型

根据建立的模型对小学师资力量因变量和影响因子进行分析，并对分析结果进行统计检验，得到模型系数及模型回归结果，如表 5.13 所示。

表 5.13　小学师资力量一般回归模型系数

变量	回归系数	标准误	t 统计量	P
CONSTANT	10.694400	1.524350	7.01570	0.00000
F_1	0.838489	0.334065	2.50995	0.01770
F_2	1.177810	0.985244	1.19545	0.24128
F_3	0.481482	0.974222	0.494222	0.62475

因此，$y = 10.6944 + 0.838489F_1 + 1.17781F_2 + 0.481482F_3$。

从图 5.8 中列出的回归结果可以看出，在此一般回归模型中，R^2 为 0.256582，表示该一般回归模型的解释变量可解释因变量约 26% 的变化，模型的拟合度差。模型的 P 值为 0.0287966，通过了 5% 水平下的显著性检验，回归的结果显著。表 5.13 中 CONSTANT 的 P 值为 0，F_1 的 P 值为 0.01770，都通过了 5% 水平下的显著性检验，但 F_2 和 F_3 的 P 值分别为 0.24128 和 0.62475，没有通过 5% 水平下的显著性检验，这表明此模型不是最优模型。

Dependent Variable　:	2017	Number of Observatiions :	31
Mean dependent var :	14.8035	Number of Variables　:	0
S.D.　dependent var :	5.105	Degrees of Freedom　:	31
R-squared　　　:	0.256582	F-statistic　　　:	3.45139
Adjusted R-squared :	0.182241	Prob(F-statistic)　:	0.0287966
Sum squared residual :	658.724	Log likelihood　　:	-98.631
Sigma-square　　:	21.9575	Akaike info criterion :	205.262
S.E.　of regression　:	4.68588	Schwarz criterion　:	211.367
Sigma-square ML　:	19.3742		
S.E of regression ML:	4.40162		

图 5.8　小学师资力量一般回归模型回归结果

（2）小学师资力量空间滞后回归模型

根据空间滞后回归模型原理进行分析，得出影响因子的系数矩阵及各项检验结果，如表 5.14 所示。

表 5.14　小学师资力量空间滞后回归模型系数

变量	回归系数	标准误	Z	P
W_2017	0.314621	0.134837	2.333350	0.01963
CONSTANT	5.920390	2.432700	2.433680	0.01495
F_1	0.860528	0.293285	2.934100	0.00335
F_2	0.795375	0.864381	0.920167	0.03574
F_3	0.726536	0.859139	0.845656	0.03977

由图 5.9 显示的回归结果可知，空间滞后回归模型中 R^2 为 0.111105，没有一般回归模型的拟合度好。在表 5.14 中，W_2017、CONSTANT 和 F_1 的 P 值分别为 0.01963、0.01495 和 0.00335，通过了 5% 水平下的显著性检验。Log likelihood 值为 -101.259。

（3）小学师资力量空间误差回归模型

根据建立的模型进行分析，得出模型系数及模型回归结果（见表 5.15 和图 5.10）。如图 5.10 所示，空间误差回归模型中 R^2 为 0.259711，方程的拟合度不够好，表示该空间误差回归模型的解释变量可解释因变量约

Dependent Variable :	2017	Number of Observatiions :	31
Mean dependent var :	14.7529	Number of Variables :	0
S.D. dependent var :	5.01608	Degrees of Freedom :	31
Lag coeff. (Rho) :	0.221687		
R-squared :	0.111105	Log likelihood :	-101.259
Sq. Correlation :	-	Akaike info criterion :	212.519
Sigma-square :	22.3655	Schwarz criterion :	220.151
S.E. of regression :	4.72922		

图 5.9 小学师资力量空间滞后回归模型回归结果

26%的变化。如表 5.15 所示，所有解释变量均通过 5%水平下的显著性检验。空间误差回归模型优于空间滞后回归模型，但和一般回归模型的拟合度差不多。

表 5.15 小学师资力量空间误差回归模型系数

变量	回归系数	标准误	Z	P
CONSTANT	5.688180	2.0365400	2.793060	0.00522
F_1	0.986554	0.2331110	4.232130	0.00002
F_2	-0.261787	0.6402730	-0.408868	0.02264
F_3	0.787029	0.7014840	1.121950	0.02618
LAMBDA	0.859536	0.0759158	11.322200	0.00000

Dependent Variable :	2017	Number of Observatiions :	31
Mean dependent var :	14.7529	Number of Variables :	0
S.D. dependent var :	5.01608	Degrees of Freedom :	31
Lag coeff. (Lambda) :	0.704065		
R-squared :	0.259711	R-squared (BUSE) :	-
Sq. Correlation :	-	Log likelihood :	-100.390114
Sigma-square :	18.6265	Akaike info criterion :	208.78
S.E. of regression :	4.31584	Schwarz criterion :	214.886

图 5.10 小学师资力量空间误差回归模型回归结果

（4）小学师资力量最优回归模型

从表 5.16 可以看出，一般回归模型中 R^2 为 0.256582，空间滞后回归模型中 R^2 为 0.111105，空间误差回归模型中 R^2 为 0.259711，空间误差回归模型的拟合度较好，最优拟合模型是空间误差回归模型。Log likelihood 的值越小，说明模型越稳健。

表 5.16　小学师资力量三种模型对比分析

模型	R^2	Log likelihood
一般回归模型	0.256582	−98.631
空间滞后回归模型	0.111105	−101.259
空间误差回归模型	0.259711	−100.390114

2. 构建小学师资力量空间秩序影响因素空间误差回归模型

由以上三种模型的对比分析可以得出，空间误差回归模型是最优模型，因此，小学师资力量空间秩序影响因素空间误差回归模型为：

$$\begin{cases} y=5.68818+0.986554F_1-0.261787F_2+0.787029F_3+\varepsilon \\ \varepsilon=0.859536W_\varepsilon+\mu \end{cases} \qquad 式（5-11）$$

将主成分得分方程式（5-1）、式（5-2）和式（5-3）代入空间误差回归模型式（5-11），得出最终小学师资力量空间秩序影响因素空间误差回归模型为：

$$\begin{cases} y=5.68818+0.41139302R_1+0.82635545R_2+0.75713552R_3-0.5572406R_4- \\ \quad 0.1100485R_5+0.84631543R_6+0.51438841R_7-0.0851905R_8-0.23219464R_9+ \\ \quad 0.96138474R_{10}+0.61017869R_{11}+\varepsilon \\ \quad\quad\quad\quad\quad \varepsilon=0.859536W_\varepsilon+\mu \end{cases} \qquad 式（5-12）$$

从式（5-11）可以看出，小学师资力量受主成分 F_1 的影响最大，主成分 F_3 次之，受主成分 F_2 的影响最不显著。结合主成分方程式（5-1）、式（5-2）和式（5-3）可以看出，在方程式（5-12）中，第一主成分 F_1 在 R_2、R_3、R_6、R_{10}、R_{11} 上的载荷较重，因此小学师资力量受变量 R_2、R_3、R_6、R_{10}、R_{11} 的影响较为显著，也就是受全部地级及以上城市数量（个）、旅客运输量、年末常住人口（万人）、城镇和农村就业人数（万人）、城镇登记失业人数（万人）等因素的影响较大，其中变量 R_6 和变量 R_{10} 对小学师资力量的影响最大，即年末常住人口（万人）以及城镇和农村就业人数（万人）两个变量对小学师资力量的影响最为巨大。

从最终小学师资力量空间秩序影响因素空间误差回归模型式（5-12）得出，对小学师资力量空间秩序影响最大的因素是城镇和农村就业人数，系数为 0.96138474，年末常住人口、全部地级及以上城市数量次之，系数分别是 0.84631543 和 0.82635545。小学师资力量受年末常住人口的影响较大，如果某一区域的年末常住人口数量巨大，小学学龄儿童人数也会较多，教育地理分布状况以及学生在学习环境里的各种特殊需要等都将发生变化。这些变化反过来将对师资供应、师资训练、教育财政资源投入以及教育院校的增减等产生重大的影响。

全部地级及以上城市数量对小学师资力量影响较大。在城市化进程中，城乡人口迁移变化特征对城乡两个区域内学校和班级规模均产生直接影响。义务教育是由国家承担并强制执行的教育，任何地区都要及时接收适龄儿童入学。在农村人口持续涌入城市的情况下，大量务工人员携子女进城打工，如果城乡学校总数不变，农村学校的规模势必会不断减小，而城市学校的规模只能不断扩大，城市里的小学学龄儿童人数不断增加，这样一来，对小学教师的需求也随之增加，由此可见，全部地级及以上城市数量在一定程度上影响小学师资力量。

5.2.2.2 初中师资力量空间秩序影响因素模型研究

1. 选取初中师资力量空间秩序影响因素的空间回归模型

（1）初中师资力量一般回归模型

根据一般回归模型的建模原理，从表 5.17 得出初中师资力量一般回归模型的方程：$y = 8.35176 + 0.534855F_1 + 0.527185F_2 + 0.586922F_3$。

从图 5.11 中列出的回归结果可以看出，在此一般回归模型中，模型的 P 值为 0.0931012，通过了 5% 水平下的显著性检验，但是回归结果中 R^2 为 0.189752，表示该一般回归模型的解释变量可解释因变量约 19% 的变化，模型的拟合度较差。另外，表 5.17 中 CONSTANT 的 P 值为 0，但 F_1、F_2 和

F_3 的 P 值分别为 0.05243、0.50486 和 0.45321，没有通过 5% 水平下的显著性检验，说明此模型不是最优模型。

表 5.17　初中师资力量一般回归模型系数

变量	回归系数	标准误	t 统计量	P
CONSTANT	8.351760	1.208410	6.911370	0.00000
F_1	0.534855	0.264825	2.019650	0.05243
F_2	0.527185	0.781037	0.674982	0.50486
F_3	0.586922	0.772300	0.759967	0.45321

Dependent Variable :	2017	Number of Observatiions :		31
Mean dependent var :	11.0088	Number of Variables :		0
S.D. dependent var :	3.87642	Degrees of Freedom :		31
R-squared :	0.189752	F-statistic :		2.3419
Adjusted R-squared :	0.108727	Prob(F-statistic) :		0.0931012
Sum squared residual :	413.96	Log likelihood :		-90.7339
Sigma-square :	13.7987	Akaike info criterion :		189.468
S.E. of regression :	3.71466	Schwarz criterion :		195.573
Sigma-square ML :	12.1753			
S.E of regression ML:	3.48931			

图 5.11　初中师资力量一般回归模型回归结果

（2）初中师资力量空间滞后回归模型

根据空间滞后回归模型原理进行分析，得出模型系数及模型回归结果，如表 5.18 和图 5.12 所示。

表 5.18　初中师资力量空间滞后回归模型系数

变量	回归系数	标准误	Z	P
W_2017	0.313023	0.1418990	2.205960	0.02739
CONSTANT	4.850440	1.901640	2.550660	0.01075
F_1	0.556023	0.234388	2.372230	0.01768

续表

变量	回归系数	标准误	Z	P
F_2	0.289041	0.690834	0.418395	0.67566
F_3	0.675876	0.685342	0.986188	0.67566

由图 5.12 显示的回归结果可知，空间滞后回归模型中 R^2 为 0.282581，比一般回归模型的拟合度好。在表 5.18 中，W_2017、CONSTANT 和 F_1 的 P 值分别为 0.02739、0.01075 和 0.01768，通过了 5% 水平下的显著性检验，而 F_2 和 F_3 的 P 值均为 0.67566，没有通过 5% 水平下的显著性检验。Log likelihood 值为 -89.051。

Dependent Variable :	2017	Number of Observatiions :		31
Mean dependent var :	11.0088	Number of Variables	:	0
S.D. dependent var :	3.87642	Degrees of Freedom	:	31
Lag coeff. (Rho) :	0.313023			
R-squared :	0.282581	Log likelihood	:	-89.051
Sq. Correlation :	-	Akaike info criterion	:	188.102
Sigma-square :	10.7804	Schwarz criterion	:	195.734
S.E. of regression :	3.28335			

图 5.12 初中师资力量空间滞后回归模型回归结果

（3）初中师资力量空间误差回归模型

根据空间误差回归模型原理对初中师资力量进行分析，得出模型系数及模型回归结果，如表 5.19 和图 5.13 所示，空间误差回归模型中 R^2 为 0.521323，方程的拟合度较好，表示该模型使用空间误差回归模型的解释变量可解释因变量约 52% 的变化。除 F_2 外，解释变量全部通过 5% 水平下的显著性检验。空间误差回归模型优于一般回归模型和空间滞后回归模型。

表 5.19 初中师资力量空间误差回归模型系数

变量	回归系数	标准误	Z	P
CONSTANT	5.198030	1.5903100	3.268550	0.00108

续表

变量	回归系数	标准误	Z	P
F_1	0.712279	0.1924490	3.701120	0.00021
F_2	−0.358453	0.5298910	−0.676465	0.09875
F_3	0.471159	0.5787590	0.814086	0.01560
LAMBDA	0.827210	0.0884095	9.356570	0.00000

Dependent Variable :	2017	Number of Observatiions :		31
Mean dependent var :	11.0088	Number of Variables :		0
S.D. dependent var :	3.87642	Degrees of Freedom :		31
Lag coeff. (Lambda) :	0.827210			
R-squared :	0.521323	R-squared (BUSE) :		-
Sq. Correlation :	-	Log likelihood :		-85.598716
Sigma-square :	7.19292	Akaike info criterion :		179.197
S.E. of regression :	2.68196	Schwarz criterion :		185.303

图 5.13　初中师资力量空间误差回归模型回归结果

（4）初中师资力量最优回归模型

从表 5.20 可以看出，一般回归模型中 R^2 为 0.189752，空间滞后回归模型中 R^2 为 0.282581，空间误差回归模型中 R^2 为 0.521323，三种模型中的 R^2 越来越大，R^2 越大，说明模型的拟合度越好，因此空间误差回归模型的拟合度最好，最优拟合模型是空间误差回归模型。Log likelihood 的值越小，说明模型越稳健。

表 5.20　初中师资力量三种模型对比分析

模型	R^2	Log likelihood
一般回归模型	0.189752	−90.7339
空间滞后回归模型	0.282581	−89.051
空间误差回归模型	0.521323	−85.598716

2. 构建初中师资力量空间秩序影响因素空间误差回归模型

由以上三种模型的对比分析可以得出，空间误差回归模型是最优模型，因此，初中师资力量空间秩序影响因素空间误差回归模型为：

$$\begin{cases} y = 5.19803 + 0.712279F_1 - 0.358453F_2 + 0.471159F_3 + \varepsilon \\ \varepsilon = 0.82721W_\varepsilon + \mu \end{cases} \quad 式（5-13）$$

将主成分得分方程式（5-1）、式（5-2）和式（5-3）代入空间误差回归模型式（5-13），得出最终初中师资力量空间秩序影响因素空间误差回归模型为：

$$\begin{cases} y = 5.19803 + 0.71472R_1 + 0.660559R_2 + 0.446335R_3 - 0.45083R_4 - \\ \quad 0.125574R_5 + 0.77812R_6 + 0.772989R_7 - 0.23109R_8 - 0.30098R_9 + \\ \quad 0.725051R_{10} + 0.461155R_{11} + \varepsilon \\ \varepsilon = 0.82721W_\varepsilon + \mu \end{cases} \quad 式（5-14）$$

从式（5-13）可以看出，初中师资力量受主成分 F_1 的影响最大，主成分 F_3 次之，受主成分 F_2 的影响最不显著。结合主成分方程式（5-1）、式（5-2）和式（5-3）可以看出，在式（5-14）中，第一主成分 F_1 在 R_1、R_2、R_6、R_7、R_{10} 上的载荷较重，因此初中师资力量受变量 R_1、R_2、R_6、R_7、R_{10} 的影响较为显著，尤其是变量 R_6、R_7 和 R_{10} 对初中师资力量空间秩序的影响最大。其中，乡村人口对初中师资力量影响较大，说明初中阶段农村学生人数所占比例较大，这与我国的基本国情有关。各省份普遍存在编制太少的问题，许多新的优秀教师无法补充进来，初中教师的年龄结构不够合理，存在老龄化倾向。另外，大部分农村尤其是偏远地区初中教师的工作环境和城市相比较差，待遇不够优越，加上各种教学和生活方面的现实问题无法得到充分解决，许多优秀教师都不愿意到农村初中任教，最终形成恶性循环，农村初中师资力量越来越短缺。

5.2.3 财政资源空间秩序影响因素模型研究

5.2.3.1 小学财政资源空间秩序影响因素模型研究

1. 选取小学财政资源空间秩序影响因素的空间回归模型

（1）小学财政资源一般回归模型

根据一般回归模型的建模原理，结合表 5.21 可以得到小学财政资源回归方程为：$y = 6.24965 + 0.784177F_1 + 3.89768F_2 - 1.61838F_3$。

从图 5.14 中列出的回归结果可以看出，在此一般回归模型中，P 值为 0.00116829，通过了 5% 水平下的显著性检验；回归结果中 R^2 为 0.407266，表示该一般回归模型的解释变量可解释因变量约 41% 的变化，模型的拟合度较差。另外，表 5.21 中 CONSTANT 的 P 值为 0.00038，F_1 和 F_2 的 P 值分别为 0.02924 和 0.00056，都通过了 5% 水平下的显著性检验，F_3 的 P 值为 0.11560，没有通过 5% 水平下的显著性检验，说明此模型并不是最优模型。

表 5.21　小学财政资源一般回归模型系数

变量	回归系数	标准误	t 统计量	P
CONSTANT	6.249650	1.562670	3.99935	0.00038
F_1	0.784177	0.342462	2.28982	0.02924
F_2	3.897680	1.010010	3.85906	0.00056
F_3	-1.618380	0.998709	-1.62047	0.11560

Dependent Variable :	2017	Number of Observatiions :		31
Mean dependent var :	10843.4	Number of Variables :		0
S.D. dependent var :	5860.88	Degrees of Freedom :		31
R-squared :	0.407266	F-statistic :		6.87096
Adjusted R-squared :	0.347992	Prob(F-statistic) :		0.00116829
Sum squared residual :	6.9225e+008	Log likelihood :		-334.339
Sigma-square :	2.3075e+007	Akaike info criterion :		676.677
S.E. of regression :	4803.66	Schwarz criterion :		682.783
Sigma-square ML :	2.0360e+007			
S.E of regression ML:	4512.25			

图 5.14　小学财政资源一般回归模型回归结果

（2）小学财政资源空间滞后回归模型

根据空间滞后回归模型原理进行分析，得出模型系数及模型回归结果，如表 5.22 和图 5.15 所示。

表 5.22 小学财政资源空间滞后回归模型系数

变量	回归系数	标准误	Z	P
W_2017	0.413497	0.146226	2.82780	0.00469
CONSTANT	1.898970	2.122750	0.89458	0.37101
F_1	0.765927	0.292476	2.61877	0.00882
F_2	3.634080	0.865276	4.19991	0.00003
F_3	-1.278600	0.860510	-1.48586	0.13732

由图 5.15 显示的回归结果可知, 空间滞后回归模型中 R^2 为 0.510136, 比一般回归模型的拟合度好。在表 5.22 中, W_2017、CONSTANT、F_1 和 F_2 的 P 值分别为 0.00469、0.37101、0.00882 和 0.00003, 通过 5% 水平下的显著性检验, F_3 的 P 值为 0.13732, 没有通过 5% 水平下的显著性检验。Log likelihood 为 -331.799。

Dependent Variable :	2017	Number of Observatiions :	31
Mean dependent var :	10843.4	Number of Variables :	0
S.D. dependent var :	5860.88	Degrees of Freedom :	31
Lag coeff. (Rho) :	0.413497		
R-squared :	0.510136	Log likelihood :	-331.799
Sq. Correlation :	-	Akaike info criterion :	673.598
Sigma-square :	1.6827e+007	Schwarz criterion :	681.229
S.E. of regression :	4102.05		

图 5.15 小学财政资源空间滞后回归模型回归结果

(3) 小学财政资源空间误差回归模型

根据空间误差回归模型原理进行分析, 得出模型系数及模型回归结果, 如表 5.23 和图 5.16 所示, 空间误差回归模型中 R^2 为 0.539660, 方程的拟合度较好, 该空间误差回归模型的解释变量可解释因变量约 54% 的变化。F_1、F_2、F_3 的 P 值分别是 0.00688、0.00004、0.02200, 所有解释变量全部通过 5% 水平下的显著性检验。空间误差回归模型优于一般回归模型和空间滞后回归模型。

表 5.23　小学财政资源空间误差回归模型系数

变量	回归系数	标准误	Z	P
CONSTANT	6.126950	1.59036	3.85255	0.00012
F_1	0.771101	2.85337	2.70242	0.00688
F_2	3.326290	8.05259	4.13071	0.00004
F_3	−1.048040	8.54504	−1.22649	0.02200
LAMBDA	0.576827	0.160688	3.58973	0.00033

Dependent Variable :	2017	Number of Observatiions :		31
Mean dependent var :	10843.4	Number of Variables :		0
S.D. dependent var :	5860.88	Degrees of Freedom :		31
Lag coeff. (Lambda) :	0.576827			
R-squared :	0.539660	R-squared (BUSE) :		-
Sq. Correlation :	-	Log likelihood :		-331.52719
Sigma-square :	1.5813e+007	Akaike info criterion :		671.054
S.E. of regression :	3976.51	Schwarz criterion :		677.16

图 5.16　小学财政资源空间误差回归模型回归结果

（4）小学财政资源最优回归模型

从表 5.24 可以看出，一般回归模型中 R^2 为 0.407266，空间滞后回归模型中 R^2 为 0.510136，空间误差回归模型中 R^2 为 0.539660，R^2 的值越大，说明模型的拟合度越好，因此空间误差回归模型的拟合度最好，最优拟合模型是空间误差回归模型。三种模型中 Log likelihood 的值都非常小，说明三种模型都很稳健。

表 5.24　小学财政资源三种模型对比分析

模型	R^2	Log likelihood
一般回归模型	0.407266	−334.339
空间滞后回归模型	0.510136	−331.799
空间误差回归模型	0.539660	−331.527186

2. 构建小学财政资源空间秩序影响因素空间误差回归模型

由以上三种模型的对比分析结果可以得出，空间误差回归模型是最优模型，因此，小学财政资源空间秩序影响因素空间误差回归模型为：

$$\begin{cases} y=6.12695+0.771101F_1+3.32629F_2-1.04804F_3+\varepsilon \\ \varepsilon=0.576827W_\varepsilon+\mu \end{cases} \qquad 式（5-15）$$

将主成分得分方程式（5-1）、式（5-2）和式（5-3）代入空间误差回归模型式（5-15），得出最终小学财政资源空间秩序影响因素空间误差回归模型为：

$$\begin{cases} y=6.12695-2.19829R_1-0.13732R_2+0.153487R_3+0.144108R_4+ \\ \quad 3.038184R_5+0.363516R_6-0.09065R_7+2.895806R_8+2.777702R_9+ \\ \quad 0.61379R_{10}+1.016737R_{11}+\varepsilon \\ \varepsilon=0.576827W_\varepsilon+\mu \end{cases} \qquad 式（5-16）$$

从式（5-15）可以看出，小学财政资源受主成分 F_2 的影响最大，主成分 F_3 次之，受主成分 F_1 的影响最不显著。结合主成分方程式（5-1）、式（5-2）和式（5-3）可以看出，在式（5-16）中，第一主成分 F_1 在 R_1、R_5、R_8、R_9 上的载荷较重，因此小学财政资源受变量 R_1、R_5、R_8、R_9 的影响最显著，也就是受地形起伏度、人均地区生产总值、城镇居民年人均可支配收入（元）、农村居民年人均可支配收入（元）等因素的影响较大，尤其是变量 R_5、R_8 和 R_9 对小学财政资源空间秩序的影响最大，即人均地区生产总值、城镇居民年人均可支配收入（元）、农村居民年人均可支配收入（元）三个变量对小学财政资源的影响较大，其中影响最大的因素是人均地区生产总值。

从模型来看，人均地区生产总值对小学财政资源有很大的影响，这种影响是积极的，如果某地区人均地区生产总值较大，那么该地区小学财政资源也会较为丰富。只有一个地区的人均地区生产总值增加，人们才能把大部分的家庭收入投入教育，当地政府才能进一步加大对义务教育财政资源的支援力度。因此，地方政府应当发挥其在义务教育发展中的基础作用，加大义务教育投入，使教育投入与经济同步增长，夯实教育的基石，这样才能保证每一个适龄儿童都能接受义务教育。

5.2.3.2　初中财政资源空间秩序影响因素模型研究

1. 选取初中财政资源空间秩序影响因素的空间回归模型

（1）初中财政资源一般回归模型

根据一般回归模型的建模原理，结合表 5.25 可以得到初中财政资源回归方程为：$y = 9.07048 + 1.4609F_1 + 8.68942F_2 - 4.0619F_3$。

从图 5.17 中列出的回归结果可以看出，在此一般回归模型中，模型的 P 值为 0.00051530，通过了 5% 水平下的显著性检验，但是回归结果中 R^2 为 0.439998，表示该一般回归模型的解释变量可解释因变量约 44% 的变化，模型的拟合度一般。另外，表 5.25 中 CONSTANT 的 P 值为 0.00685，F_1、F_2 和 F_3 的 P 值分别为 0.04110、0.00016 和 0.00507，全部通过了 5% 水平下的显著性检验。

表 5.25　初中财政资源一般回归模型系数

变量	回归系数	标准误	t 统计量	P
CONSTANT	9.07048	3.123150	2.90427	0.00685
F_1	1.46090	0.684445	2.13444	0.04110
F_2	8.68942	2.018600	4.30467	0.00016
F_3	-4.06190	1.996020	-2.03500	0.00507

Dependent Variable :	2017	Number of Observatiions :		31
Mean dependent var :	18020.1	Number of Variables	:	0
S.D. dependent var :	12051	Degrees of Freedom	:	31
R-squared　　　 :	0.439998	F-statistic		7.85709
Adjusted R-squared :	0.383998	Prob(F-statistic)	:	0.00051530
Sum squared residual :	2.7651e+009	Log likelihood	:	-357.882
Sigma-square　　 :	9.2172e+007	Akaike info criterion	:	723.764
S.E. of regression :	9600.6	Schwarz criterion	:	729.869
Sigma-square ML 　:	7.2509e+007			
S.E of regression ML:	6241.74			

图 5.17　初中财政资源一般回归模型回归结果

（2）初中财政资源空间滞后回归模型

根据空间滞后回归模型原理进行分析，得出初中财政资源模型系数及模型回归结果，如表 5.26 和图 5.18 所示。

表 5.26　初中财政资源空间滞后回归模型系数

变量	回归系数	标准误	Z	P
W_2017	0.468852	0.146417	3.202160	0.00136
CONSTANT	0.953448	3.851600	0.247546	0.80449
F_1	1.357760	0.573328	2.368210	0.01787
F_2	8.132890	1.697050	4.792380	0.00000
F_3	-2.976160	1.686210	-1.765000	0.07756

Dependent Variable :	2017	Number of Observatiions :		31
Mean dependent var :	18020.1	Number of Variables :		0
S.D. dependent var :	12051	Degrees of Freedom :		31
Lag coeff. (Rho) :	0.468852			
R-squared :	0.554914	Log likelihood :		-354.902
Sq. Correlation :	-	Akaike info criterion :		719.804
Sigma-square :	6.4639e+007	Schwarz criterion :		727.436
S.E. of regression :	7629.47			

图 5.18　初中财政资源空间滞后回归模型回归结果

由图 5.18 显示的回归结果可知，空间滞后回归模型中 R^2 为 0.554914，比一般回归模型的拟合度好。在表 5.26 中，W_2017、F_1 和 F_2 的 P 值分别为 0.00136、0.01787 和 0，通过 5% 水平下的显著性检验。Log likelihood 为 -354.902。

（3）初中财政资源空间误差回归模型

根据空间误差回归模型原理进行分析，得出模型系数及模型回归结果，如表 5.27 和图 5.19 所示，空间误差回归模型中 R^2 为 0.594145，模型的拟合度较好，表示该空间误差回归模型的解释变量可解释因变量约 59% 的变化。所有解释变量全部通过 5% 水平下的显著性检验。空间误差回归模型优于一般回归模型和空间滞后回归模型。

表 5.27　初中财政资源空间误差回归模型系数

变量	回归系数	标准误	Z	P
CONSTANT	9.552330	3.319990	2.87722	0.00401
F_1	1.102300	0.551444	1.99894	0.04561
F_2	7.736430	1.545940	5.00437	0.00000
F_3	-1.905440	1.653140	-1.15262	0.02490
LAMBDA	0.637307	0.146072	4.36295	0.00001

Dependent Variable :	2017	Number of Observatiions :		31
Mean dependent var :	18020.1	Number of Variables :		0
S.D. dependent var :	12051.05	Degrees of Freedom :		31
Lag coeff. (Lambda) :	0.637307			
R-squared :	0.594145	R-squared (BUSE) :		-
Sq. Correlation :	-	Log likelihood :		-354.29733
Sigma-square :	5.8941e+007	Akaike info criterion :		716.595
S.E. of regression :	7677.33	Schwarz criterion :		722.7

图 5.19　初中财政资源空间误差回归模型回归结果

（4）初中财政资源最优回归模型

从表 5.28 可以看出，一般回归模型中 R^2 为 0.439998，空间滞后回归模型中 R^2 为 0.554914，空间误差回归模型中 R^2 为 0.594145，R^2 的值越大，说明模型的拟合度越好，因此空间误差回归模型的拟合度最好，最优拟合模型是空间误差回归模型。三种模型中 Log likelihood 的值都非常小，因此这三种模型都较为稳健。

表 5.28　初中财政资源三种模型对比分析

模型	R^2	Log likelihood
一般回归模型	0.439998	-357.882

模型	R^2	Log likelihood
空间滞后回归模型	0.554914	−354.902
空间误差回归模型	0.594145	−354.297326

2. 构建初中财政资源空间秩序影响因素空间误差回归模型

由以上三种模型的对比分析结果可以得出，空间误差回归模型是最优模型，因此，初中财政资源空间秩序影响因素空间误差回归模型为：

$$\begin{cases} y = 9.55233 + 1.1023F_1 + 7.73643F_2 - 1.90544F_3 + \varepsilon \\ \varepsilon = 0.637307W_\varepsilon + \mu \end{cases} \quad \text{式}(5-17)$$

将主成分得分方程式（5-1）、式（5-2）和式（5-3）代入空间误差回归模型式（5-17），得出最终初中财政资源空间秩序影响因素空间误差回归模型为：

$$\begin{cases} y = 9.55233 - 5.18397R_1 - 1.00621R_2 - 0.533346R_3 + 0.055573R_4 + \\ \quad 7.129733R_5 + 0.261788R_6 - 0.71382R_7 + 6.795555R_8 + 6.420603R_9 + \\ \quad 0.897349R_{10} + 1.64701R_{11} + \varepsilon \\ \varepsilon = 0.637307W_\varepsilon + \mu \end{cases} \quad \text{式}(5-18)$$

从式（5-17）可以看出，初中财政资源受主成分 F_2 的影响最大，主成分 F_3 次之，受主成分 F_1 的影响最不显著。结合主成分方程式（5-1）、式（5-2）和式（5-3）可以看出，在方程式（5-18）中，第一主成分 F_1 在 R_1、R_5、R_8、R_9 上的载荷较重，因此初中财政资源受变量 R_1、R_5、R_8、R_9 的影响较为显著，也就是受地形起伏度、人均地区生产总值、城镇居民年人均可支配收入（元）、农村居民年人均可支配收入（元）等因素的影响较大。尤其是变量 R_5、R_8 和 R_9 对初中财政资源空间秩序的影响较大，即人均地区生产总值、城镇居民年人均可支配收入（元）、农村居民年人均可支配收入（元）三个变量对初中财政资源的影响较大，其中影响最大的是人均地区生产总值。初中阶段城市的学龄人口大于农村的学龄人口，随着家庭经济水平的提高，每个家庭在学校选择、课外学习辅导等方面投入的费用会有所上升，同时也反映出现有的公立学校还不能完全满足城镇居民对优质教育的需求，而且城镇居民初中教育支出的过大差异会导致不同收入阶层家庭的子女在接受义务教育的数量和质量方面产生较大的差异。

5.2.4　办学条件（一）空间秩序影响因素模型研究

5.2.4.1　小学办学条件（一）空间秩序影响因素模型研究

1. 选取小学办学条件（一）空间秩序影响因素的空间回归模型

（1）小学办学条件（一）一般回归模型

根据一般回归模型的建模原理，结合表 5.29 可以得出小学办学条件（一）的回归方程：$y = 4.73553 + 0.324263F_1 + 1.13872F_2 + 0.037607F_3$。

从图 5.20 中列出的回归结果可以看出，在此一般回归模型中，模型的 P 值为 0.0115559，通过了 5% 水平下的显著性检验，但是回归结果中 R^2 为

表 5.29　小学办学条件（一）一般回归模型系数

变量	回归系数	标准误	t 统计量	P
CONSTANT	4.735530	0.706934	6.6986900	0.00000
F_1	0.324263	0.154926	2.0930200	0.04491
F_2	1.138720	0.456916	2.4921800	0.01845
F_3	0.037607	0.451805	0.0832373	0.93421

Dependent Variable :	2017	Number of Observatiions :		31
Mean dependent var :	6.80901	Number of Variables :		0
S.D.　dependent var :	2.44626	Degrees of Freedom		31
R-squared　　　　:	0.303685	F-statistic	:	4.36132
Adjusted R-squared :	0.234054	Prob(F-statistic)	:	0.0115559
Sum squared residual :	141.674	Log likelihood		-72.5058
Sigma-square　　 :	4.72246	Akaike info criterion	:	153.012
S.E.　of regression :	2.17312	Schwarz criterion	:	159.117
Sigma-square ML　:	4.16688			
S.E of regression ML:	2.04129			

图 5.20　小学办学条件（一）一般回归模型回归结果

0.303685，表示该一般回归模型的解释变量可解释因变量约30%的变化，模型的拟合度较差。另外，表5.29中CONSTANT的P值为0，F_1和F_2的P值分别为0.04491和0.01845，都通过了5%水平下的显著性检验，但F_3的P值为0.93421，没有通过5%水平下的显著性检验，说明此模型不是最优模型。

（2）小学办学条件（一）空间滞后回归模型

根据空间滞后回归模型原理进行分析，得出小学办学条件（一）模型系数及模型回归结果，如表5.30和图5.21所示。F_3的P值为0.92360，没有通过5%水平下的显著性检验。图5.21中R^2为0.383672，模型的拟合度较差。

表5.30　小学办学条件（一）空间滞后回归模型系数

变量	回归系数	标准误	Z	P
W_2017	0.2994600	0.138036	2.1694300	0.03005
CONSTANT	2.6356500	1.142150	2.3076200	0.02102
F_1	0.3484670	0.137091	2.5418600	0.01103
F_2	1.0639300	0.404273	2.6317200	0.00850
F_3	0.0384637	0.401106	0.0958939	0.92360

Dependent Variable :	2017	Number of Observatiions :		31
Mean dependent var :	6.80901	Number of Variables :		0
S.D. dependent var :	2.44626	Degrees of Freedom :		31
Lag coeff. (Rho) :	0.29946			
R-squared :	0.383672	Log likelihood		-70.7826
Sq. Correlation :	-	Akaike info criterion :		151.565
Sigma-square :	3.68822	Schwarz criterion :		159.197
S.E. of regression :	1.92047			

图5.21　小学办学条件（一）空间滞后回归模型回归结果

（3）小学办学条件（一）空间误差回归模型

根据空间误差回归模型原理进行分析，得出模型的系数及模型回归结果，如表5.31和图5.22所示。空间误差回归模型方程中R^2为0.507844，模型的拟合度较好，该空间误差回归模型的解释变量可解释因变量约 51%的变化。该模型中 F_3 的 P 值为 0.59154，没有通过 5% 水平下的显著性检验。除了 F_3，其他所有解释变量全部通过 5% 水平下的显著性检验，空间误差回归模型优于一般回归模型和空间滞后回归模型。

表 5.31　小学办学条件（一）空间误差回归模型系数

变量	回归系数	标准误	Z	P
CONSTANT	3.450540	0.860756	4.008730	0.00006
F_1	0.461607	0.123328	3.742930	0.00018
F_2	0.849669	0.342395	2.481540	0.01308
F_3	-0.198693	0.370272	-0.536612	0.59154
LAMBDA	0.732023	0.119968	6.101830	0.00000

Dependent Variable :	2017	Number of Observatiions :	31
Mean dependent var :	6.80901	Number of Variables :	0
S.D. dependent var :	2.44626	Degrees of Freedom :	31
Lag coeff. (Lambda) :	0.732023		
R-squared :	0.507844	R-squared (BUSE) :	-
Sq. Correlation :	-	Log likelihood :	-69.297661
Sigma-square :	2.94516	Akaike info criterion :	146.595
S.E. of regression :	1.71615	Schwarz criterion :	152.701

图 5.22　小学办学条件（一）空间误差回归模型回归结果

（4）小学办学条件（一）最优回归模型

从表 5.32 可以看出，一般回归模型中 R^2 为 0.303685，空间滞后回归模型中 R^2 为 0.383672，空间误差回归模型中 R^2 为 0.507844，R^2 的值越大，说明模型的拟合度越好，因此空间误差回归模型的拟合度最好，最优拟合模型是空间误差回归模型。三种模型中 Log likelihood 的值都非常小，说明三种模型都很稳健。

表 5.32 小学办学条件（一）三种模型对比分析

模型	R^2	Log likelihood
一般回归模型	0.303685	−72.5058
空间滞后回归模型	0.383672	−70.7826
空间误差回归模型	0.507844	−69.297661

2. 构建小学办学条件（一）空间秩序影响因素空间误差回归模型

由以上三种模型的对比分析结果可以得出，空间误差回归模型是最优模型，因此，小学办学条件（一）空间秩序影响因素空间误差回归模型为：

$$\begin{cases} y = 3.45054 + 0.461607F_1 + 0.849669F_2 - 0.198693F_3 + \varepsilon \\ \varepsilon = 0.732023W_\varepsilon + \mu \end{cases} \quad \text{式（5-19）}$$

将主成分得分方程式（5-1）、式（5-2）和式（5-3）代入空间误差回归模型式（5-19），得出最终小学办学条件（一）空间秩序影响因素空间误差回归模型为：

$$\begin{cases} y = 3.45054 - 0.42302R_1 + 0.187254R_2 + 0.158799R_3 - 0.06889R_4 + \\ \quad 0.792446R_5 + 0.357261R_6 + 0.221249R_7 + 0.758872R_8 + 0.711448R_9 + \\ \quad 0.410756R_{10} + 0.4628R_{11} + \varepsilon \\ \varepsilon = 0.732023W_\varepsilon + \mu \end{cases} \quad \text{式（5-20）}$$

从式（5-19）可以看出，小学办学条件（一）受主成分 F_2 的影响最大，主成分 F_1 次之，受主成分 F_3 的影响最不显著。结合主成分方程式（5-1）、式（5-2）和式（5-3）可以看出，在式（5-20）中，第一主成分 F_1 在 R_5、R_8、R_9 上的载荷较重，因此小学办学条件（一）受变量 R_5、R_8、R_9 的影响较为显著，也就是受人均地区生产总值、城镇居民年人均可支配收入（元）、农村居民年人均可支配收入（元）等因素的影响较大，其中影响最大的是人均地区生产总值。小学办学条件作为一个学校最基本的硬件设施，是学生上学最基本的保障条件，只有人均地区生产总值增大，经济加速发展，当地政府不完全依赖中央财政拨款，才能将更多的经费用来改善小学办学硬件条件，即用于改善校舍、教学辅助用房（教室、实验室、图书室、微机室、语音室、体育馆等）、生活用房、教学行政用房等。

5.2.4.2　初中办学条件（一）空间秩序影响因素模型研究

1. 选取初中办学条件（一）空间秩序影响因素的空间回归模型

（1）初中办学条件（一）一般回归模型

根据一般回归模型的建模原理，从表 5.33 可以得到初中办学条件（一）的回归方程为：$y = 8.03402 + 0.755199F_1 + 1.96354F_2 + 0.0675405F_3$。

从图 5.23 中列出的回归结果可以看出，在此一般回归模型中，模型的 P 值为 0.002926，通过了 5% 水平下的显著性检验。回归结果中 R^2 为 0.368025，表示该一般回归模型的解释变量可解释因变量约 37% 的变化，总体上模型的拟合度较差。另外，表 5.33 中 CONSTANT 的 P 值为 0，F_1 和 F_2 的 P 值分别为 0.00810 和 0.01810，都通过了 5% 水平下的显著性检验，但 F_3 的 P 值为 0.93127，没有通过 5% 水平下的显著性检验，说明此模型不是最优模型。

表 5.33　初中办学条件（一）一般回归模型系数

变量	回归系数	标准误	t 统计量	P
CONSTANT	8.0340200	1.215050	6.6121100	0.00000
F_1	0.7551990	0.266280	2.8361100	0.00810
F_2	1.9635400	0.785327	2.5002800	0.01810
F_3	0.0675405	0.776543	0.0869759	0.93127

Dependent Variable :	2017	Number of Observatiions :		31
Mean dependent var :	12.2318	Number of Variables :		0
S.D. dependent var :	4.41336	Degrees of Freedom		31
R-squared :	0.368025	F-statistic		5.82341
Adjusted R-squared :	0.304827	Prob(F-statistic) :		0.002926
Sum squared residual :	418.522	Log likelihood	:	-90.9202
Sigma-square :	13.9507	Akaike info criterion		189.84
S.E. of regression :	3.73507	Schwarz criterion		195.946
Sigma-square ML :	12.3095			
S.E of regression ML:	3.50848			

图 5.23　初中办学条件（一）一般回归模型回归结果

（2）初中办学条件（一）空间滞后回归模型

根据空间滞后回归模型原理进行分析，得出初中办学条件（一）模型的回归结果及模型系数，如图 5.24 和表 5.34 所示。根据图 5.24 显示的回归结果可知，空间滞后回归模型中 R^2 为 0.431167，比一般回归模型的拟合度好。在表 5.34 中，W_2017、CONSTANT、F_1、F_2 和 F_3 的 P 值分别为 0.04552、0.02229、0.00098、0.01056 和 0.75489，只有 F_3 没有通过 5% 水平下的显著性检验，其他都通过了显著性检验。Log likelihood 的值为 -89.4051。

Dependent Variable :	2017	Number of Observatiions :		31
Mean dependent var :	12.2318	Number of Variables :		0
S.D. dependent var :	4.41336	Degrees of Freedom :		31
Lag coeff. (Rho) :	0.266237			
R-squared :	0.431167	Log likelihood :		-89.4051
Sq. Correlation :	-	Akaike info criterion :		188.81
Sigma-square :	11.0796	Schwarz criterion :		196.442
S.E. of regression :	3.3286			

图 5.24　初中办学条件（一）空间滞后回归模型回归结果

表 5.34　初中办学条件（一）空间滞后回归模型系数

变量	回归系数	标准误	Z	P
W_2017	0.266237	0.133133	1.999780	0.04552
CONSTANT	4.603030	2.014070	2.285430	0.02229
F_1	0.783593	0.237814	3.294990	0.00098
F_2	1.790660	0.700301	2.556990	0.01056
F_3	0.217630	0.697102	0.312193	0.75489

（3）初中办学条件（一）空间误差回归模型

根据空间误差回归模型原理进行分析，得出模型的回归结果及模型系数。如图 5.25 所示，空间误差回归模型中 R^2 为 0.563191，模型的拟合度较好，该空间误差回归模型的解释变量可解释因变量约 56% 的变化。如表 5.35 所示，所有解释变量全部通过 5% 水平下的显著性检验。空间误差回归模型优于一般回归模型和空间滞后回归模型。

Dependent Variable :	2017	Number of Observatiions :	31
Mean dependent var :	12.2318	Number of Variables :	0
S.D. dependent var :	4.41336	Degrees of Freedom :	31
Lag coeff. (Lambda) :	0.740611		
R-squared :	0.563191	R-squared (BUSE) :	-
Sq. Correlation :	-	Log likelihood :	-87.417932
Sigma-square :	8.50806	Akaike info criterion :	182.836
S.E. of regression :	2.91686	Schwarz criterion :	188.941

图 5.25 初中办学条件 (一) 空间误差回归模型回归结果

表 5.35 初中办学条件 (一) 空间误差回归模型系数

变量	回归系数	标准误	Z	P
CONSTANT	5.592610	1.48469	3.76685	0.00017
F_1	0.827317	0.209606	3.94701	0.00008
F_2	1.286610	0.581456	2.21274	0.02692
F_3	0.325738	0.629397	0.51754	0.06047
LAMBDA	0.740611	0.117372	6.30992	0.00000

(4) 初中办学条件 (一) 最优回归模型

从表 5.36 可以看出,一般回归模型中 R^2 为 0.368025,空间滞后回归模型中 R^2 为 0.431167,空间误差回归模型中 R^2 为 0.563191,R^2 的值越大,说明模型的拟合度越好,因此空间误差回归模型的拟合度最好,最优拟合模型是空间误差回归模型。三种模型中 Log likelihood 的值都非常小,说明这三种模型都很稳健。

表 5.36 初中办学条件 (一) 三种模型对比分析

模型	R^2	Log likelihood
一般回归模型	0.368025	−90.9202
空间滞后回归模型	0.431167	−89.4051
空间误差回归模型	0.563191	−87.417932

2. 构建初中办学条件 (一) 空间秩序影响因素空间误差回归模型

由以上三种模型的对比分析结果可以得出,空间误差回归模型是最优模型，因此，初中办学条件（一）空间秩序影响因素空间误差回归模型为：

$$\begin{cases} y=5.59261+0.827317F_1+1.28661F_2+0.325738F_3+\varepsilon \\ \varepsilon=0.740611W_\varepsilon+\mu \end{cases} \quad 式（5-21）$$

将主成分得分方程式（5-1）、式（5-2）和式（5-3）代入空间误差回归模型式（5-21），得出最终初中办学条件（一）空间秩序影响因素空间误差回归模型：

$$\begin{cases} y=5.59261-0.59719R_1+0.400056R_2+0.258437R_3-0.11008R_4+ \\ 1.99206R_5+0.660447R_6+0.442461R_7+1.149373R_8+1.081095R_9+ \\ 0.73427R_{10}+0.814618R_{11}+\varepsilon \\ \varepsilon=0.740611W_\varepsilon+\mu \end{cases} \quad 式（5-22）$$

从式（5-21）可以看出，初中办学条件（一）受主成分 F_2 的影响最大，主成分 F_1 次之，受主成分 F_3 的影响最不显著。结合主成分方程式（5-1）、式（5-2）和式（5-3）可以看出，在式（5-22）中，第一主成分 F_1 在 R_5、R_8、R_9、R_{10}、R_{11} 上的载荷较重，因此初中办学条件（一）受变量 R_5、R_8、R_9、R_{10}、R_{11} 的影响较为显著，也就是受人均地区生产总值（R_5）、城镇居民年人均可支配收入（元）（R_8）、农村居民年人均可支配收入（元）（R_9）、城镇和农村就业人数（万人）（R_{10}）、城镇登记失业人数（万人）（R_{11}）等因素的影响较大。尤其是变量 R_5、R_8 和 R_9 对初中办学条件（一）空间秩序的影响较大，即人均地区生产总值、城镇居民年人均可支配收入（元）、农村居民年人均可支配收入（元）三个因素对初中办学条件（一）的影响较大，其中影响最大的是人均地区生产总值。

5.2.5 办学条件（二）空间秩序影响因素模型研究

5.2.5.1 小学办学条件（二）空间秩序影响因素模型研究

1. 选取小学办学条件（二）空间秩序影响因素的空间回归模型

（1）小学办学条件（二）一般回归模型

从图5.26中列出的回归结果可以看出，在此一般回归模型中，模型的P值为0.0419841，通过了5%水平下的显著性检验，但是回归结果中

R^2 为 0.235958，表示该一般回归模型的解释变量可解释因变量约 24% 的变化，模型的拟合度较差。另外，表 5.37 中 CONSTANT 的 P 值为 0，F_2 的 P 值为 0.01898，都通过了 5% 水平下的显著性检验，F_1 和 F_3 的 P 值分别为 0.15117 和 0.73147，没有通过 5% 水平下的显著性检验，说明此模型不是最优模型。

Dependent Variable :	2017	Number of Observatiions :	31
Mean dependent var :	20.0297	Number of Variables :	0
S.D. dependent var :	8.10145	Degrees of Freedom :	31
R-squared :	0.235958	F-statistic :	3.08829
Adjusted R-squared :	0.159554	Prob(F-statistic) :	0.0419841
Sum squared residual :	170.99	Log likelihood :	-114.798
Sigma-square :	56.8329	Akaike info criterion :	237.596
S.E. of regression :	7.53876	Schwarz criterion :	243.702
Sigma-square ML :	25.69804		
S.E of regression ML:	6.908427		

图 5.26 小学办学条件（二）一般回归模型回归结果

根据一般回归模型的建模原理，从表 5.37 可以得到小学办学条件（二）的回归方程为：$y = 14.4758 + 0.79167F_1 + 3.93087F_2 - 0.542906F_3$。

表 5.37 小学办学条件（二）一般回归模型系数

变量	回归系数	标准误	t 统计量	P
CONSTANT	14.475800	2.452420	5.902650	0.00000
F_1	0.791670	0.537453	1.473000	0.15117
F_2	3.930870	1.585080	2.479910	0.01898
F_3	-0.542906	1.567350	-0.346384	0.73147

（2）小学办学条件（二）空间滞后回归模型

根据空间滞后回归模型原理进行分析，得出小学办学条件（二）模型的回归结果及模型系数，如图 5.27 和表 5.38 所示。

Dependent Variable :	2017	Number of Observatiions :	31
Mean dependent var :	20.0297	Number of Variables :	0
S.D. dependent var :	8.10145	Degrees of Freedom :	31
Lag coeff. (Rho) :	0.410244		
R-squared :	0.376863	Log likelihood :	-112.021
Sq. Correlation :	-	Akaike info criterion :	234.043
Sigma-square :	40.8986	Schwarz criterion :	241.674
S.E. of regression :	6.3952		

图 5.27　小学办学条件（二）空间滞后回归模型回归结果

表 5.38　小学办学条件（二）空间滞后回归模型系数

变量	回归系数	标准误	Z	P
W_2017	0.410244	0.142997	2.868910	0.00412
CONSTANT	6.190560	3.521040	1.758160	0.07872
F_1	0.845846	0.456062	1.854670	0.06364
F_2	3.389470	1.347350	2.515650	0.01188
F_3	-0.242688	1.333470	-0.181997	0.85559

根据图 5.27 显示的回归结果可知，空间滞后回归模型中 R^2 为 0.376863，比一般回归模型的拟合度好。在表 5.38 中，CONSTANT、F_1 和 F_3 的 P 值分别是 0.07872、0.06364 和 0.85559，没有通过 5% 水平下的显著性检验，其他变量都通过了 5% 水平下的显著性检验。Log likelihood 的值为 -112.021。

（3）小学办学条件（二）空间误差回归模型

根据空间误差回归模型原理进行分析，得出小学办学条件（二）模型回归结果及模型系数。如图 5.28 所示，空间误差回归模型中 R^2 为 0.415429，模型的拟合度较好，该空间误差回归模型的解释变量可解释因变量约 42% 的变化。如表 5.39 所示，所有解释变量全部通过 5% 水平下的显著性检验。空间误差回归模型优于一般回归模型和空间滞后回归模型。

Dependent Variable :	2017	Number of Observatiions :	31
Mean dependent var :	20.0297	Number of Variables :	0
S.D. dependent var :	8.10145	Degrees of Freedom :	31
Lag coeff. (Lambda) :	0.652857		
R-squared :	0.415429	R-squared (BUSE) :	-
Sq. Correlation :	-	Log likelihood :	-112.25085
Sigma-square :	38.3674	Akaike info criterion :	232.502
S.E. of regression :	6.19414	Schwarz criterion :	238.607

图 5.28 小学办学条件（二）空间误差回归模型回归结果

表 5.39 小学办学条件（二）空间误差回归模型系数

变量	回归系数	标准误	Z	P
CONSTANT	11.256500	2.738970	4.10976000	0.00004
F_1	1.006550	0.444992	2.26195000	0.02370
F_2	2.669190	1.245420	2.14320000	0.03210
F_3	0.0103127	1.334350	0.00772866	0.00383
LAMBDA	0.6528570	0.142074	4.59519000	0.00000

（4）小学办学条件（二）最优回归模型

从表5.40可以看出，一般回归模型中 R^2 为0.235958，空间滞后回归模型中 R^2 为0.376863，空间误差回归模型中 R^2 为0.415429，R^2 的值越大，说明模型的拟合效果越好，因此空间误差回归模型的拟合度最好，最优拟合模型是空间误差回归模型。三种模型中 Log likelihood 的值都非常小，说明这三种模型都很稳健。

表 5.40 小学办学条件（二）三种模型对比分析

模型	R^2	Log likelihood
一般回归模型	0.235958	−114.798
空间滞后回归模型	0.376863	−112.021
空间误差回归模型	0.415429	−112.250845

2. 构建小学办学条件（二）空间秩序影响因素空间误差回归模型

由以上三种模型的对比分析结果可以得出，空间误差回归模型是最优模型，因此，小学办学条件（二）空间秩序影响因素空间误差回归模型为：

$$
\begin{cases}
y = 11.2565 + 1.00655F_1 + 2.66919F_2 + 0.0103127F_3 + \varepsilon \\
\varepsilon = 0.652857W_\varepsilon + \mu
\end{cases}
\quad \text{式（5-23）}
$$

将主成分得分方程式（5-1）、式（5-2）和式（5-3）代入空间误差回归模型式（5-23），得出最终小学办学条件（二）空间秩序影响因素空间误差回归模型：

$$
\begin{cases}
y = 11.2565 - 1.2634R_1 + 0.106891R_2 + 0.798882R_3 - 0.6083R_4 + \\
\quad 2.570691R_5 + 0.788575R_6 + 0.424003R_7 + 2.464912R_8 + 2.196026R_9 + \\
\quad 1.000463R_{10} + 0.921595R_{11} + \varepsilon \\
\varepsilon = 0.652857W_\varepsilon + \mu
\end{cases}
\quad \text{式（5-24）}
$$

从式（5-23）可以看出，小学办学条件（二）受主成分 F_2 的影响最大，主成分 F_1 次之，受主成分 F_3 的影响最不显著。结合主成分方程式（5-1）、式（5-2）和式（5-3）可以看出，在式（5-24）中，第一主成分 F_1 在 R_1、R_5、R_8、R_9、R_{10} 上的载荷较重，因此小学办学条件（二）受变量 R_1、R_5、R_8、R_9、R_{10} 的影响较为显著。也就是受地形起伏度、人均地区生产总值、城镇居民年人均可支配收入（元）、农村居民年人均可支配收入（元）、城镇和农村就业人数（万人）等因素的影响较大。尤其是变量 R_5、R_8、R_9 对小学办学条件（二）空间秩序的影响较大，即人均地区生产总值、城镇居民年人均可支配收入（元）、农村居民年人均可支配收入（元）三个变量对小学办学条件（二）的影响较大，其中影响最大的是人均地区生产总值。

5.2.5.2 初中办学条件（二）空间秩序影响因素模型研究

1. 选取初中办学条件（二）空间秩序影响因素的空间回归模型

（1）初中办学条件（二）一般回归模型

根据一般回归模型的建模原理，结合表5.41可以得出初中办学条件（二）

的回归方程为：$y = 21.1429 + 1.61069F_1 + 4.92633F_2 + 1.03291F_3$。

从表 5.41 和图 5.29 中列出的回归结果可以看出，在此一般回归模型中，模型的 P 值为 0.0326277，通过了 5% 水平下的显著性检验，但是回归结果中 R^2 为 0.249832，表示该一般回归模型的解释变量可解释因变量约 25% 的变化，模型的拟合度较差。另外，在表 5.41 中，CONSTANT 的 P 值为 0.00001，通过了 5% 水平下的显著性检验，F_1、F_2 和 F_3 的 P 值分别为 0.07126、0.06192 和 0.68383，都没有通过 5% 水平下的显著性检验，说明此模型不是最优模型。

表 5.41　初中办学条件（二）一般回归模型系数

变量	回归系数	标准误	t 统计量	P
CONSTANT	21.14290	3.930180	5.379620	0.00001
F_1	1.61069	0.861307	1.870050	0.07126
F_2	4.92633	2.540210	1.939340	0.06192
F_3	1.03291	2.511800	0.411223	0.68383

Dependent Variable :	2017	Number of Observatiions :		31
Mean dependent var :	31.5044	Number of Variables :		0
S.D. dependent var :	13.1027	Degrees of Freedom :		31
R-squared :	0.249832	F-statistic :		3.33034
Adjusted R-squared :	0.174815	Prob(F-statistic) :		0.0326277
Sum squared residual :	4378.82	Log likelihood :		-130.833
Sigma-square :	145.961	Akaike info criterion :		269.666
S.E. of regression :	12.0841	Schwarz criterion :		275.771
Sigma-square ML :	69.58937			
S.E of regression ML:	17.43290			

图 5.29　初中办学条件（二）一般回归模型回归结果

（2）初中办学条件（二）空间滞后回归模型

根据空间滞后回归模型原理进行分析，得出初中办学条件（二）模型系数和模型回归结果，如表 5.42 和图 5.30 所示。

根据图 5.30 显示的回归结果可知，空间滞后回归模型中的 R^2 为 0.340841，比一般回归模型的拟合度好。在表 5.42 中，CONSTANT、F_2 和 F_3 的 P 值分别为 0.08737、0.06073 和 0.46745，都没有通过 5% 水平下的显著性检验，其他变量都通过了显著性检验。Log likelihood 的值为 -129.085。

表 5.42　初中办学条件（二）空间滞后回归模型系数

变量	回归系数	标准误	Z	P
W_2017	0.336986	0.147481	2.28494	0.02232
CONSTANT	10.1674	5.94787	1.70942	0.08737
F_1	1.68475	0.760571	2.21512	0.02675
F_2	4.19636	2.23754	1.87543	0.06073
F_3	1.61236	2.21895	0.726629	0.46745

Dependent Variable :	2017	Number of Observatiions :		31
Mean dependent var :	31.5044	Number of Variables :		0
S.D. dependent var :	13.1027	Degrees of Freedom :		31
Lag coeff. (Rho) :	0.336986			
R-squared :	0.340841	Log likelihood :		-129.085
Sq. Correlation :	-	Akaike info criterion :		268.17
Sigma-square :	113.164	Schwarz criterion :		275.802
S.E. of regression :	10.6379			

图 5.30　初中办学条件（二）空间滞后回归模型回归结果

（3）初中办学条件（二）空间误差回归模型

根据空间误差回归模型原理进行分析，得出初中办学条件（二）模型系数及模型回归结果。如表 5.43 和图 5.31 所示。空间误差回归模型中 R^2 为 0.390104，模型的拟合度较好，该空间误差回归模型的解释变量可解释因变量约 39% 的变化。F_2 和 F_3 没有通过 5% 水平下的显著性检验，其他解释变量通过 5% 水平下的显著性检验。空间误差回归模型优于一般回归模型和空间滞后回归模型。

表 5.43　初中办学条件（二）空间误差回归模型系数

变量	回归系数	标准误	Z	P
CONSTANT	17.894500	4.097690	4.36698	0.00001
F_1	1.632180	0.734264	2.22287	0.02622
F_2	2.922910	2.071940	1.41071	0.15833
F_3	2.459060	2.198960	1.11829	0.26345
LAMBDA	0.577917	0.160437	3.60214	0.00032

Dependent Variable :	2017	Number of Observatiions :		31
Mean dependent var :	31.5044	Number of Variables :		0
S.D.　dependent var :	13.1027	Degrees of Freedom :		31
Lag　coeff. (Lambda) :	0.577917			
R-squared　　　:	0.390104	R-squared (BUSE) :		-
Sq. Correlation　:	-	Log likelihood :		-128.80614
Sigma-square　　:	104.707	Akaike info criterion :		265.612
S.E.　of regression :	10.2326	Schwarz criterion :		271.718

图 5.31　初中办学条件（二）空间误差回归模型回归结果

（4）初中办学条件（二）最优回归模型

从表 5.44 可以看出，一般回归模型中 R^2 为 0.249832，空间滞后回归模型中 R^2 为 0.340841，空间误差回归模型中 R^2 为 0.390104，R^2 的值越大，说明模型的拟合度越好，因此空间误差回归模型的拟合度最好，最优拟合模型是空间误差回归模型。三种模型中 Log likelihood 的值都非常小，说明三种模型都很稳健。

表 5.44　初中办学条件（二）三种模型对比分析

模型	R^2	Log likelihood
一般回归模型	0.249832	−130.833
空间滞后回归模型	0.340841	−129.085
空间误差回归模型	0.390104	−128.806137

2. 构建初中办学条件（二）空间秩序影响因素空间误差回归模型

由以上三种模型的对比分析结果可以得出，空间误差回归模型是最优模型，因此，初中办学条件（二）空间秩序影响因素空间误差回归模型为：

$$\begin{cases} y = 17.8945 + 1.63218F_1 + 2.92291F_2 + 2.45906F_3 + \varepsilon \\ \varepsilon = 0.577917W_\varepsilon + \mu \end{cases} \qquad 式（5-25）$$

将主成分得分方程式（5-1）、式（5-2）和式（5-3）代入空间误差回归模型（5-25），得出最终初中办学条件（二）空间秩序影响因素空间误差回归模型：

$$\begin{cases} y = 11.2565 - 1.2634R_1 + 0.106891R_2 + 0.798882R_3 - 0.6083R_4 + \\ \quad 2.570691R_5 + 0.788575R_6 + 0.424003R_7 + 2.464912R_8 + 2.196026R_9 + \\ \quad 1.000463R_{10} + 0.921595R_{11} + \varepsilon \\ \varepsilon = 0.577917W_\varepsilon + \mu \end{cases} \qquad 式（5-26）$$

从式（5-25）可以看出，初中办学条件（二）受主成分 F_2 的影响最大，主成分 F_3 次之，受主成分 F_1 的影响最不显著。结合主成分方程式（5-1）、式（5-2）和式（5-3）可以看出，在式（5-26）中，初中办学条件（二）在 R_1、R_5、R_8、R_9 上的载荷较重，因此初中办学条件（二）受变量 R_1、R_5、R_8、R_9 的影响较为显著，也就是受地形起伏度、人均地区生产总值、城镇居民年人均可支配收入（元）、农村居民年人均可支配收入（元）等因素的影响较大，尤其是变量 R_5、R_8、R_9 对初中办学条件（二）空间秩序的影响最大，即人均地区生产总值、城镇居民年人均可支配收入（元）、农村居民年人均可支配收入（元）3 个变量对初中办学条件（二）的影响最大。

5.2.6 教育质量空间秩序影响因素模型研究

5.2.6.1 小学教育质量空间秩序影响因素模型研究

1. 选取小学教育质量空间秩序影响因素的空间回归模型
（1）小学教育质量一般回归模型
根据一般回归模型的建模原理，结合表 5.45 得出小学教育质量的回归方程：$y = 0.97918 - 0.00173485F_1 - 0.00199343F_2 - 0.000975043F_3$。

从图 5.32 中列出的回归结果可以看出，在此一般回归模型中，模型的 P 值为 0.71504，没有通过 5% 水平下的显著性检验，回归结果中 R^2 为 0.043609，表示该一般回归模型的解释变量可解释因变量约 4% 的变化，模型的拟合度相当差。另外，表 5.45 中，F_1、F_2 和 F_3 的 P 值分别为 0.35047、0.71433 和 0.85619，都没有通过 5% 水平下的显著性检验，小学教育质量不适合进行一般回归分析。

表 5.45　小学教育质量一般回归模型系数

变量	回归系数	标准误	t 统计量	P
CONSTANT	0.97918000	0.00834621	117.320000	0.00000
F_1	-0.001734850	0.00182909	-0.948476	0.35047
F_2	-0.001993430	0.00539445	-0.369533	0.71433
F_3	-0.000975043	0.00533410	-0.182794	0.85619

Dependent Variable :	2017	Number of Observatiions :	31
Mean dependent var :	0.971092	Number of Variables :	0
S.D. dependent var :	0.0246432	Degrees of Freedom :	31
R-squared :	0.043609	F-statistic :	0.455976
Adjusted R-squared :	-0.052030	Prob(F-statistic) :	0.71504
Sum squared residual :	0.0197474	Log likelihood :	78.4247
Sigma-square :	0.00065825	Akaike info criterion :	-148.849
S.E. of regression :	0.0256563	Schwarz criterion :	-142.744
Sigma-square ML :	0.0374398		
S.E of regression ML:	0.0321794		

图 5.32　小学教育质量一般回归模型回归结果

（2）小学教育质量空间滞后回归模型

根据空间滞后回归模型原理进行分析，得出模型系数及模型回归结果，如表 5.46 和图 5.33 所示。

根据图 5.33 中的回归结果可知，空间滞后回归模型中的 R^2 为 0.043808，比一般回归模型的拟合度好。在表 5.46 中，W_2017、F_1、F_2 和 F_3 的 P 值分别为 0.93310、0.31152、0.68858 和 0.84510，都没有通过 5% 水平下的显著性检验。Log likelihood 的值为 78.4282。

表 5.46　小学教育质量空间滞后回归模型系数

变量	回归系数	标准误	Z	P
W_2017	0.00153791	0.0183215	0.0839404	0.93310
CONSTANT	0.97785000	0.0176048	55.5446000	0.00000
F_1	−0.001740760	0.00172004	−1.012050	0.31152
F_2	−0.002052440	0.00512111	−0.400781	0.68858
F_3	−0.000978818	0.00501012	−0.195368	0.84510

Dependent Variable :	2017	Number of Observatiions :		31
Mean dependent var :	0.971092	Number of Variables :		0
S.D. dependent var :	0.0246432	Degrees of Freedom :		31
Lag coeff. (Rho) :	0.00153791			
R-squared :	0.043808	Log likelihood :		78.4282
Sq. Correlation :	-	Akaike info criterion :		-146.856
Sigma-square :	0.0058069	Schwarz criterion :		-139.225
S.E. of regression :	0.0240974			

图 5.33　小学教育质量空间滞后回归模型回归结果

（3）小学教育质量空间误差回归模型

根据空间误差回归模型原理进行分析，得出模型系数及模型回归结果，如表 5.47 和图 5.34 所示。空间误差回归模型中 R^2 为 0.063264，方程的拟合度非常差，该模型基本没有意义。

表 5.47　小学教育质量空间误差回归模型系数

变量	回归系数	标准误	Z	P
CONSTANT	0.97823700	0.00768013	127.37300	0.00000

续表

变量	回归系数	标准误	Z	P
F_1	-0.00153051	0.00169858	-0.90105	0.36756
F_2	-0.00121797	0.00497232	-0.24495	0.80650
F_3	-0.00146883	0.00501865	-0.292675	0.76977
LAMBDA	0.18696800	0.22630300	0.826185	0.40870

Dependent Variable :	2017	Number of Observatiions :		31
Mean dependent var :	0.971092	Number of Variables	:	0
S.D. dependent var :	0.0246432	Degrees of Freedom	:	31
Lag coeff. (Lambda) :	0.186968			
R-squared :	0.063264	R-squared (BUSE)	:	-
Sq. Correlation :	-	Log likelihood	:	78.645608
Sigma-square :	0.00056887	Akaike info criterion	:	-149.291
S.E. of regression :	0.023851	Schwarz criterion	:	-143.186

图 5.34　小学教育质量空间误差回归模型回归结果

（4）小学教育质量最优回归模型

从表 5.48 可以看出，一般回归模型中 R^2 为 0.043609，空间滞后回归模型中 R^2 为 0.043808，空间误差回归模型中 R^2 为 0.063264，每一种模型的 R^2 的值都太小，拟合度太差，模型基本没有意义。

表 5.48　小学教育质量三种模型对比分析

模型	R^2	Log likelihood
一般回归模型	0.043609	78.4247
空间滞后回归模型	0.043808	78.4282
空间误差回归模型	0.063264	78.645608

2. 构建小学教育质量空间秩序影响因素空间误差回归模型

小学教育质量空间秩序影响因素空间误差回归模型为：

$$\begin{cases} y = 0.978237 - 0.00153051F_1 - 0.00121797F_2 - 0.00146883F_3 + \varepsilon \\ \varepsilon = 0.186968W_\varepsilon + \mu \end{cases} \quad 式（5\text{-}27）$$

将主成分得分方程式（5-1）、式（5-2）和式（5-3）代入空间误差回归模型式（5-27），得出最终小学教育质量空间秩序影响因素空间误差回归模型：

$$\begin{cases} y = 0.978237 - 0.00047R_1 - 0.00077R_2 - 0.00167R_3 + 0.001637R_4 - \\ \quad 0.00142R_5 - 0.00161R_6 - 0.00141R_7 - 00139R_8 - 0.00095R_9 - \\ \quad 0.00171R_{10} - 0.00093R_{11} + \varepsilon \\ \varepsilon = 0.186968W_\varepsilon + \mu \end{cases} \quad 式（5\text{-}28）$$

根据空间误差回归模型的构建条件和要求，该模型基本无意义。

5.2.6.2 初中教育质量空间秩序影响因素模型研究

1. 选取初中教育质量空间秩序影响因素的空间回归模型

（1）初中教育质量一般回归模型

根据一般回归模型的建模原理，结合表 5.49 得出初中教育质量的回归方程：$y = 0.666146 + 0.0354874F_1 + 0.0742516F_2 + 0.0525625F_3$。

从图 5.35 中列出的回归结果可以看出，在此一般回归模型中，模型的 P 值为 0.0361399，通过了 5% 水平下的显著性检验，回归结果中 R^2 为 0.244246，表示该一般回归模型的解释变量可解释因变量约 24% 的变化，模型的拟合度较差。另外，表 5.49 中，CONSTANT 的 P 值为 0，F_1、F_2 和 F_3 的 P 值分别为 0.06487、0.18407 和 0.33815，F_1、F_2 和 F_3 没有通过 5% 水平下的显著性检验，该模型不是最优模型。

表 5.49 初中教育质量一般回归模型系数

变量	回归系数	标准误	t 统计量	P
CONSTANT	0.6661460	0.0844935	7.883980	0.00000
F_1	0.0354874	0.0185169	1.916490	0.06487
F_2	0.0742516	0.0546111	1.359640	0.18407
F_3	0.0525625	0.0540002	0.973376	0.33815

Dependent Variable :	2017	Number of Observatiions :		31
Mean dependent var :	0.888971	Number of Variables :		0
S.D. dependent var :	0.280647	Degrees of Freedom :		31
R-squared :	0.244246	F-statistic :		3.23183
Adjusted R-squared :	0.507602	Prob(F-statistic) :		0.0361399
Sum squared residual :	2.02385	Log likelihood :		-0.280817
Sigma-square :	0.0674617	Akaike info criterion :		8.56163
S.E. of regression :	0.0259734	Schwarz criterion :		14.6671
Sigma-square ML :	0.0674617			
S.E of regression ML:	0.0259734			

图 5.35　初中教育质量一般回归模型回归结果

（2）初中教育质量空间滞后回归模型

根据空间滞后回归模型原理进行分析，得出初中教育质量模型系数及模型回归结果，如表 5.50 和图 5.36 所示。

根据图 5.36 显示的回归结果可知，空间滞后回归模型中 R^2 为 0.333391，比一般回归模型的拟合度好。在表 5.50 中，W_2017、CONSTANT、F_1、F_2 和 F_3 的 P 值分别为 0.02376、0.00468、0.02242、0.21069 和 0.22477，只有 F_2 和 F_3 没有通过 5% 水平下的显著性检验，其他变量都通过了显著性检验。Log likelihood 的值为 1.50725。

表 5.50　初中教育质量空间滞后回归模型系数

变量	回归系数	标准误	Z	P
W_2017	0.2971910	0.1314430	2.26099	0.02376
CONSTANT	0.3959020	0.1399840	2.82821	0.00468
F_1	0.0374055	0.0163836	2.28310	0.02242
F_2	0.0603434	0.0482102	1.25167	0.21069
F_3	0.0579786	0.047761	1.21393	0.22477

Dependent Variable :	2017	Number of Observatiions :	31
Mean dependent var :	0.888971	Number of Variables :	0
S.D. dependent var :	0.280647	Degrees of Freedom :	31
Lag coeff. (Rho) :	0.297191		
R-squared :	0.333391	Log likelihood :	1.50725
Sq. Correlation :	-	Akaike info criterion :	6.98549
Sigma-square :	0.0525038	Schwarz criterion :	14.6173
S.E. of regression :	0.229137		

图 5.36 初中教育质量空间滞后回归模型回归结果

（3）初中教育质量空间误差回归模型

根据空间误差回归模型原理进行分析，得出初中教育质量模型系数及模型回归结果，如表 5.51 和图 5.37 所示，空间误差回归模型中 R^2 为 0.559794，

表 5.51 初中教育质量空间误差回归模型系数

变量	回归系数	标准误	Z	P
CONSTANT	0.4101490	0.111952	3.663610	0.00025
F_1	0.0434011	0.0133582	3.249010	0.00116
F_2	0.0157013	0.0367578	0.427156	0.06927
F_3	0.0598102	0.0401788	1.488600	0.13659
LAMBDA	0.8352180	0.0854189	9.777910	0.00000

Dependent Variable :	2017	Number of Observatiions :	31
Mean dependent var :	0.888971	Number of Variables :	0
S.D. dependent var :	0.280647	Degrees of Freedom :	31
Lag coeff. (Lambda) :	0.835218		
R-squared :	0.559794	R-squared (BUSE) :	-
Sq. Correlation :	-	Log likelihood :	4.979562
Sigma-square :	0.0346717	Akaike info criterion :	-1.95912
S.E. of regression :	0.186203	Schwarz criterion :	4.14632

图 5.37 初中教育质量空间误差回归模型回归结果

模型的拟合度较好，该空间误差回归模型的解释变量可解释因变量约56%的变化。所有解释变量全部通过5%水平下的显著性检验。空间误差回归模型优于一般回归模型和空间滞后回归模型。

（4）初中教育质量最优回归模型

从表5.52可以看出，一般回归模型中 R^2 为0.244246，空间滞后回归模型中 R^2 为0.333391，空间误差回归模型中 R^2 为0.559794，R^2 的值越大，说明模型的拟合度越好，因此空间误差回归模型的拟合度最好，最优拟合模型是空间误差回归模型。三种模型中 Log likelihood 的值都比较大，模型总体上不够稳健。

表 5.52　初中教育质量三种模型对比分析

模型	R^2	Log likelihood
一般回归模型	0.244246	-0.280817
空间滞后回归模型	0.333391	1.50725
空间误差回归模型	0.559794	4.979562

2. 构建初中教育质量空间秩序影响因素空间误差回归模型

由以上三种模型的对比分析可以得出，空间误差回归模型是最优模型，因此，初中教育质量空间秩序影响因素空间误差回归模型为：

$$\begin{cases} y=0.410149+0.0434011F_1+0.0157013F_2+0.0598102F_3+\varepsilon \\ \varepsilon=0.835218W_\varepsilon+\mu \end{cases} \quad 式（5-29）$$

将主成分得分方程式（5-1）、式（5-2）和式（5-3）代入空间误差回归模型式（5-29），得出最终初中教育质量空间秩序影响因素空间误差回归模型：

$$\begin{cases} y=0.410149+0.032625R_1+0.024653R_2+0.056003R_3-0.05762R_4+ \\ \quad 0.024905R_5+0.0496R_6+0.046627R_7+0.024979R_8+0.010734R_9+ \\ \quad 0.051166R_{10}+0.021009R_{11}+\varepsilon \\ \varepsilon=0.835218W_\varepsilon+\mu \end{cases} \quad 式（5-30）$$

从式（5-29）可以看出，初中教育质量受主成分 F_3 的影响最大，主成分 F_1 次之，受主成分 F_2 的影响最不显著。结合主成分方程式（5-1）、式（5-2）和式（5-3）可以看出，在式（5-30）中，第一主成分 F_1 在 R_3、R_4、R_{10} 上的载荷较重，因此初中教育质量受变量 R_3、R_4、R_{10} 的影响最显著，也就是受旅客运输量、地区生产总值、城镇和农村就业人数（万人）等因素的影响较大。但从整体来看，各影响因素的系数都较小，因此它们对初中教育质量空间秩序的影响基本可以忽略不计。

5.2.7 教育信息化空间秩序影响因素模型研究

5.2.7.1 小学教育信息化空间秩序影响因素模型研究

1. 选取小学教育信息化空间秩序影响因素的空间回归模型

（1）小学教育信息化一般回归模型

根据一般回归模型的建模原理，结合表 5.53 得出小学教育信息化的回归方程：$y = 0.134304 + 0.0234039F_1 + 0.0991214F_2 - 0.0391047F_3$。

从图 5.38 中列出的回归结果可以看出，在此一般回归模型中，模型的 P 值为 0.00135988，通过了 5% 水平下的显著性检验，回归结果中 R^2 为 0.400966，表示该一般回归模型的解释变量可解释因变量约 40% 的变化，模型的拟合度较好。另外，表 5.53 中，CONSTANT 的 P 值为 0.00346，F_1、F_2 和 F_3 的 P 值分别为 0.01714、0.00106 和 0.15855，F_1 和 F_2 通过了 5% 水平下的显著性检验，F_3 没有通过显著性检验，因此该模型不是最优模型。

表 5.53 小学教育信息化一般回归模型系数

变量	回归系数	标准误	t 统计量	P
CONSTANT	0.1343040	0.04231510	3.17390	0.00346
F_1	0.0234039	0.00927345	2.52376	0.01714
F_2	0.0991214	0.02734980	3.62421	0.00106
F_3	-0.0391047	0.02704380	-1.44598	0.15855

Dependent Variable :	2017	Number of Observatiions :	31
Mean dependent var :	0.263806	Number of Variables　:	0
S.D.　dependent var :	0.157869	Degrees of Freedom　:	31
R-squared　　　　:	0.400966	F-statistic　　　　:	6.69354
Adjusted R-squared :	0.341063	Prob(F-statistic)　:	0.00135988
Sum squared residual :	0.507602	Log likelihood　　:	23.2312
Sigma-square　　:	0.0169201	Akaike info criterion　:	-38.4624
S.E.　of regression :	0.130077	Schwarz criterion　:	-32.357
Sigma-square ML　:	0.0466718		
S.E of regression ML:	0.0562577		

图 5.38　小学教育信息化一般回归模型回归结果

（2）小学教育信息化空间滞后回归模型

根据空间滞后回归模型原理进行分析，得出小学教育信息化模型系数及模型回归结果，如表 5.54 和图 5.39 所示。

表 5.54　小学教育信息化空间滞后回归模型系数

变量	回归系数	标准误	Z	P
W_2017	0.2762640	0.16412300	1.68328	0.00232
CONSTANT	0.0556346	0.06002870	0.92680	0.35403
F_1	0.0234680	0.00835092	2.81023	0.00495
F_2	0.0951869	0.02464590	3.86219	0.00011
F_3	-0.0290036	0.02458850	-1.17956	0.23818

根据图 5.39 显示的回归结果可知，空间滞后回归模型中 R^2 为 0.449717，比一般回归模型的拟合度好。在表 5.54 中，W_2017、CONSTANT、F_1、F_2 和 F_3 的 P 值分别为 0.00232、0.35403、0.00495、0.00011 和 0.23818，CONSTANT 和 F_3 没有通过 5% 水平下的显著性检验，其他变量都通过了显著性检验。Log likelihood 的值为 24.3777。

Dependent Variable :	2017	Number of Observatiions :	31
Mean dependent var :	0.263806	Number of Variables :	0
S.D. dependent var :	0.157869	Degrees of Freedom :	31
Lag coeff. (Rho) :	0.276264		
R-squared :	0.449717	Log likelihood :	24.3777
Sq. Correlation :	-	Akaike info criterion :	-38.7555
Sigma-square :	0.0137145	Schwarz criterion :	-31.1237
S.E. of regression :	0.117109		

图 5.39　小学教育信息化空间滞后回归模型回归结果

（3）小学教育信息化空间误差回归模型

根据空间误差回归模型原理进行分析，得出小学教育信息化模型系数及模型回归结果，如表 5.55 和图 5.40 所示。空间误差回归模型中 R^2 为0.477781，模型的拟合度较好，该空间误差回归模型的解释变量可解释因变量约48%的变化。所有解释变量全部通过 5% 水平下的显著性检验。空间误差回归模型优于一般回归模型和空间滞后回归模型。

表 5.55　小学教育信息化空间误差回归模型系数

变量	回归系数	标准误	Z	P
CONSTANT	0.120697	0.0400842	3.01110	0.00260
F_1	0.0228698	0.00815951	2.80284	0.00507
F_2	0.0904692	0.0233833	3.86896	0.00011
F_3	-0.0193684	0.0243578	-0.79516	0.04265
LAMBDA	0.436568	0.189562	2.30303	0.02128

（4）小学教育信息化最优回归模型

从表 5.56 可以看出，一般回归模型中 R^2 为 0.400966，空间滞后回归模型中 R^2 为 0.449717，空间误差回归模型中 R^2 为 0.477781，R^2 的值越大，说明模型的拟合度越好，因此空间误差回归模型的拟合度最好，最优拟合模型是空间误差回归模型。三种模型中 Log likelihood 的值都非常大，说明这三种模型都不够稳健。

Dependent Variable :	2017	Number of Observatiions :	31
Mean dependent var :	0.263806	Number of Variables :	0
S.D.　dependent var :	0.157869	Degrees of Freedom :	31
Lag coeff. (Lambda) :	0.436568		
R-squared　　:	0.477781	R-squared (BUSE) :	-
Sq. Correlation　:	-	Log likelihood :	24.774867
Sigma-square　:	0.013015	Akaike info criterion :	-41.5497
S.E.　of regression　:	0.114083	Schwarz criterion :	-35.4443

图 5.40　小学教育信息化空间误差回归模型回归结果

表 5.56　小学教育信息化三种模型对比分析

模型	R^2	Log likelihood
一般回归模型	0.400966	23.2312
空间滞后回归模型	0.449717	24.3777
空间误差回归模型	0.477781	24.774867

2. 构建教育信息化影响因素空间误差回归模型

由以上三种模型的对比分析结果可以得出，空间误差回归模型是最优模型，因此，小学教育信息化空间秩序影响因素空间误差回归模型为：

$$\begin{cases} y=0.120697+0.0228698F_1+0.0904692F_2-0.0193684F_3+\varepsilon \\ \varepsilon=0.436568W_\varepsilon+\mu \end{cases} \quad 式(5-31)$$

将主成分得分方程式（5-1）、式（5-2）和式（5-3）代入空间误差回归模型式（5-31），得出最终小学教育信息化空间秩序影响因素空间误差回归模型：

$$\begin{cases} y=0.120697-0.05527R_1-0.00343R_2+0.01096R_3-0.00358R_4+ \\ 0.084038R_5+0.013097R_6+0.000928R_7+0.080238R_8+0.075139R_9+ \\ 0.020127R_{10}+0.026837R_{11}+\varepsilon \\ \varepsilon=0.436568W_\varepsilon+\mu \end{cases} \quad 式(5-32)$$

从式（5-31）可以看出，小学教育信息化受主成分 F_2 的影响最大，主成分 F_1 次之，受主成分 F_3 的影响最不显著。结合主成分方程式（5-1）、式（5-2）和式（5-3）可以看出，在式（5-32）中，小学教育信息化在 R_1、R_5、R_8、R_9 上的载荷较重，因此小学教育信息化受变量 R_1、R_5、R_8、R_9 的影响最显著，也就是受地形起伏度、人均地区生产总值、城镇居民年人均可支配收入（元）、农村居民年人均可支配收入（元）等因素的影响最大。从模型总体来看，虽然该模型中 R^2 较大，模型拟合效果较好，模型有效，但各变量的系数都较小，说明小学教育信息化空间秩序受各变量的影响都不明显。

5.2.7.2 初中教育信息化空间秩序影响因素模型研究

1. 选取初中教育信息化空间秩序影响因素的空间回归模型

（1）初中教育信息化一般回归模型

根据一般回归模型的建模原理，结合表 5.57 得出初中教育信息化回归方程：$y = 0.0853093 + 0.0109415F_1 + 0.0507243F_2 - 0.00103342F_3$。

从图 5.41 中列出的回归结果可以看出，在此一般回归模型中，模型的 P 值为 0.00227087，通过了 5% 水平下的显著性检验，回归结果中 R^2 值为 0.379141，表示该一般回归模型的解释变量可解释因变量约 38% 的变化，模型的拟合度较好。另外，表 5.57 中，CONSTANT 的 P 值为 0.00116，F_1、F_2 和 F_3 的 P 值分别为 0.04407、0.00247 和 0.94618，CONSTANT、F_1 和 F_2 通过了 5% 水平下的显著性检验，F_3 没有通过显著性检验，因此该模型不是最优模型。

表 5.57　初中教育信息化一般回归模型系数

变量	回归系数	标准误	t 统计量	P
CONSTANT	0.08530930	0.02375370	3.5914100	0.00116
F_1	0.01094150	0.00520568	2.1018400	0.04407
F_2	0.05072430	0.0153529	3.3038900	0.00247
F_3	-0.00103342	0.0151811	-0.0680727	0.94618

Dependent Variable　:	2017	Number of Observatiions :	31
Mean dependent var :	0.164309	Number of Variables　:	0
S.D.　dependent var :	0.0870486	Degrees of Freedom　:	31
R-squared　　　　:	0.379141	F-statistic　　　　:	6.10671
Adjusted R-squared　:	0.317055	Prob(F-statistic)　:	0.00227087
Sum squared residual :	0.159954	Log likelihood　　:	42.863
Sigma-square　　　:	0.0053318	Akaike info criterion　:	-77.726
S.E.　of regression　:	0.0730192	Schwarz criterion　:	-71.6205
Sigma-square ML　:	0.045788		
S.E of regression ML:	0.0763422		

图 5.41　初中教育信息化一般回归模型回归结果

（2）初中教育信息化空间滞后回归模型

根据空间滞后回归模型原理进行分析，得出初中教育信息化模型系数及模型回归结果，如表 5.58 和图 5.42 所示。

表 5.58　初中教育信息化空间滞后回归模型系数

变量	回归系数	标准误	Z	P
W_2017	0.374983	0.146918	2.55233	0.01070
CONSTANT	0.0188448	0.0339409	0.555222	0.57874
F_1	0.0115455	0.00453342	2.54675	0.01087
F_2	0.046401	0.0132996	3.4889	0.00049
F_3	0.00682481	0.0132046	0.516852	0.60526

根据图 5.42 显示的回归结果可知，空间滞后回归模型中 R^2 为 0.472076，比一般回归模型的拟合度好。在表 5.58 中，W_2017、CONSTANT、F_1、F_2 和 F_3 的 P 值分别为 0.01070、0.57874、0.01087、0.00049 和 0.60526，只有 CONSTANT 和 F_3 没有通过 5% 水平下的显著性检验，其他变量都通过了显著性检验。Log likelihood 的值为 45.0527。

Dependent Variable :	2017	Number of Observatiions :	31
Mean dependent var :	0.164309	Number of Variables :	0
S.D. dependent var :	0.0870486	Degrees of Freedom :	31
Lag coeff. (Rho) :	0.374983		
R-squared :	0.472076	Log likelihood :	45.0527
Sq. Correlation :	-	Akaike info criterion :	-80.1055
Sigma-square :	0.00400032	Schwarz criterion :	-72.4737
S.E. of regression :	0.0632481		

图 5.42　初中教育信息化空间滞后回归模型回归结果

（3）初中教育信息化空间误差回归模型

根据空间误差回归模型原理进行分析，得出初中教育信息化的系数及模型回归结果，如表 5.59 和图 5.43 所示。空间误差回归模型中 R^2 为 0.575528，方程的拟合度较好，该空间误差回归模型的解释变量可解释因变量约 58% 的变化。所有解释变量全部通过 5% 水平下的显著性检验。空间误差回归模型优于一般回归模型和空间滞后回归模型。

表 5.59　初中教育信息化空间误差回归模型系数

变量	回归系数	标准误	Z	P
CONSTANT	0.06781990	0.02718680	2.49459	0.01261
F_1	0.00819587	0.00407572	2.01090	0.04434
F_2	0.03630000	0.01134550	3.19950	0.00138
F_3	0.02061980	0.01223150	1.68580	0.00918
LAMBDA	0.70493700	0.12788500	5.51229	0.00000

（4）初中教育信息化最优回归模型

从表 5.60 可以看出，一般回归模型中 R^2 为 0.379141，空间滞后回归模型中 R^2 为 0.472076，空间误差回归模型中 R^2 为 0.575528，R^2 的值越大，说明模型的拟合度越好，因此空间误差回归模型的拟合度最好，最优拟合

Dependent Variable	:	2017	Number of Observatiions	:	31
Mean dependent var	:	0.164309	Number of Variables	:	0
S.D. dependent var	:	0.087049	Degrees of Freedom	:	31
Lag coeff. (Lambda)	:	0.704937			
R-squared	:	0.575528	R-squared (BUSE)	:	-
Sq. Correlation	:	-	Log likelihood	:	46.891255
Sigma-square	:	0.00321642	Akaike info criterion	:	-85.7825
S.E. of regression	:	0.0567135	Schwarz criterion	:	-79.6771

图 5.43　初中教育信息化空间误差回归模型回归结果

模型是空间误差回归模型。三种模型中 Log likelihood 的值都非常大，说明这三种模型都不够稳健。

表 5.60　初中教育信息化三种模型对比分析

模型	R^2	Log likelihood
一般回归模型	0.379141	42.863
空间滞后回归模型	0.472076	45.0527
空间误差回归模型	0.575528	46.891255

2. 构建初中教育信息化影响因素空间误差回归模型

由以上三种模型的对比分析结果可以得出，空间误差回归模型是最优模型，因此，初中教育信息化空间秩序影响因素空间误差回归模型为：

$$\begin{cases} y = 0.0678199 + 0.00819587F_1 + 0.0363F_2 + 0.0206198F_3 + \varepsilon \\ \varepsilon = 0.704937W_\varepsilon + \mu \end{cases} \quad 式（5-33）$$

将主成分得分方程式（5-1）、式（5-2）和式（5-3）代入空间误差回归模型式（5-33），得出最终初中教育信息化空间秩序影响因素空间误差回归模型：

$$\begin{cases} y = 0.0678199 - 0.011R_1 - 0.00647R_2 + 0.023606R_3 - 0.02339R_4 + \\ \quad 0.037927R_5 + 0.008565R_6 + 0.00491R_7 + 0.036564R_8 + 0.0287389R_9 + \\ \quad 0.012463R_{10} + 0.002481R_{11} + \varepsilon \\ \varepsilon = 0.704937W_\varepsilon + \mu \end{cases} \quad 式（5-34）$$

从式（5-33）可以看出，初中教育信息化受主成分 F_2 的影响最大，主成分 F_3 次之，受主成分 F_1 的影响最不显著。结合主成分方程式（5-1）、式（5-2）和式（5-3）可以看出，在式（5-34）中，和其他变量相比，初中教育信息化在 R_3、R_4、R_5、R_8、R_9 上的载荷较重，因此初中教育信息化受变量 R_3、R_4、R_5、R_8、R_9 的影响最显著，也就是受旅客运输量、地区生产总值、人均地区生产总值、城镇居民年人均可支配收入（元）、农村居民年人均可支配收入（元）等因素的影响最大。从模型总体来看，该模型与小学教育信息化空间秩序模型较为相似，虽然模型中 R^2 较大，模型拟合效果较好，模型有效，但各变量的系数都较小，说明初中教育信息化空间秩序受各变量的影响都不明显。

5.3　本章小结

本章应用专家咨询法确立了影响义务教育空间秩序的主要因素，构建了省域义务教育分指数的空间秩序影响因素模型。在建立我国省域义务教育空间秩序影响因素模型时，教育机会、办学条件、财政资源、师资力量和教育信息化的空间误差回归模型都优于一般回归模型和空间滞后回归模型。另外，教育质量和教育信息化空间秩序影响因素模型拟合效果差，模型不够稳健，不适合进行空间回归分析，说明教育质量和教育信息化空间秩序受自然环境、经济和人口数量等外部因素的影响不大。从所建立的空间模型来看，除了教育质量和教育信息化，其他指标都存在明显的空间相关性，这与前述空间秩序的研究结果一致。通过对模型的分析发现，农村居民年人均可支配收入、城镇居民年人均可支配收入、人均地区生产总值、地形起伏度对我国省域义务教育空间秩序的影响最大，其中地形起伏度与义务教育空间秩序呈负相关。

第6章　结论与对策

6.1　研究结论

义务教育作为教育公共产品，是我国基础教育最重要的组成部分，开展我国省域义务教育空间秩序研究有着重要的现实意义和学术价值。义务教育的均衡发展既是贯彻执行党中央精神的具体体现，也是时代赋予教育工作者的使命。本书通过对省域义务教育空间秩序的研究，得出以下几点结论。

1. 我国义务教育发展整体水平逐步提高，东部地区保持高发展水平不变，西部地区表现出强劲的发展势头

2012~2017年，义务教育各指标都在朝着好的方向发展，发展趋势较为一致。师资力量、财政资源、办学条件和教育质量逐年上升，变化都比较有规律。小学教育机会比初中教育机会发展平稳，整体上波动幅度不大，初中教育机会在2012年和2013年发展极不稳定，2015~2017年发展稳定，但增幅不大。各省份教育信息化水平变动幅度较大，但2017年发展较为稳定，各省份的增幅较为一致。

国家对西部地区义务教育政策有所倾斜，财政支援力度不断加大。从三大经济地带区域对比研究结果来看，以2017年为例，西部地区的义务教育教育机会、师资力量、财政资源和教育质量已经超过了中部地区，办学条件和教育信息化水平与中部地区持平，这些年西部地区的义务教育发展取得了惊人的成绩。

2. 省域义务教育发展水平两极分化严重

处于一类发展地区的省份数量较少且一直只有北京和上海，二类发展地区的省份数量在2015~2017年逐渐增多，以2017年为例，天津、青海、

江苏、西藏、辽宁、陕西、广东、湖北、浙江都属于二类发展地区，这说明我国省域义务教育发展水平逐渐提高，但与此同时，四类发展地区的省份数量也逐渐增多，且大多远离核心发展区域，主要集中在我国西北地区和西南地区，如甘肃、湖南、河北、贵州、内蒙古、广西、云南、吉林、海南、四川、安徽、新疆、山西、河南、江西等省份。由此看来，我国省域义务教育发展水平好的越来越好，差的越来越差，按照地理相似定律，相近事物的关联更为紧密，因此高水平发展区域的区位优势越来越难以充分发挥。

3. 省域义务教育空间分布特征明显且呈现层级结构

整体上各指标空间分布特征明显，呈现一定的层级结构，教育机会自东向西递减，东部地区尤其是京津冀地区小学教育机会较多，初中阶段教育机会空间分布较为均衡。北部地区的师资力量比较充沛，国家对北部地区的财政支持力度也在不断加大。办学条件、教育质量和教育信息化以东部沿海地区为中心向中部地区递减。综合指数则分别由东部沿海地区和西北地区向中部地区递减。

4. 省域义务教育空间格局特征明显，但具体的空间集聚特征差异大

所有指标都存在正的空间自相关，呈现显著的空间集聚特征，具备空间同质性，表现出相似性空间集聚现象。每个指标都呈现不同的格局特征，总体上以高-高集聚特征为主。教育机会、师资力量和教育质量往往呈现高-高集聚特征，而且具备这种集聚特征的省份数量较多，主要集中在我国西南、西北和华南地区；财政资源主要呈现低-低集聚特征；办学条件和教育信息化主要是四种空间格局特征混合在一起。

5. 义务教育不同指数的均衡度差异大

进行局部自相关分析后发现，教育机会、师资力量和教育质量的散点分布紧密，而且位于第一象限的散点较多，各区域差距较小，均衡度较好。但综合指数、财政资源、办学条件和教育信息化的散点较为分散，各区域之间差距较大，均衡度较差，而且位于第一象限的散点较少，整体发展水平不高。

6. 义务教育处于高发展水平的省份没有充分发挥区位优势

北京和上海在研究时段内一直处于高发展水平，经过进一步的空间格局研究发现，以上海为核心的长三角地区呈现明显的高-高集聚特征，无论

是在总指数还是分指数方面都发挥了很强的区域拉动作用，不仅自身的发展水平很高，还能带动周边区域发展。相反，北京一直是义务教育高发展水平区域，但北京周边集聚特征不明显，只在财政资源和办学条件（一）两个分指数方面有所体现，且辐射区域范围较小，区域溢出效应不明显。北京应充分发挥区位优势，提高区域内部义务教育发展水平，同时加强与周边省域的义务教育交流与合作，传播先进的义务教育思想和理念，共享优质网络教学资源，在优秀教师对口支援等方面多做努力，争取形成以北京为核心发展区域且辐射面积较大的高-高集聚特征。

7. 地理自然条件、地区经济发展水平和居民收入是影响我国省域义务教育空间秩序的主要因素

建立省域义务教育各要素空间秩序的影响因素模型后发现，农村居民年人均可支配收入、城镇居民年人均可支配收入、人均地区生产总值、地形起伏度对我国省域义务教育空间秩序的影响最大，其中地形起伏度与省域义务教育空间秩序呈负相关，自然资源禀赋会在区域经济发展的不同阶段产生不同的影响。对落后地区而言，区域经济发展更需要充分利用自然条件，政府应根据自然条件与义务教育发展的关系制定合理教育政策。另外，农村居民年人均可支配收入、城镇居民年人均可支配收入、人均地区生产总值与义务教育空间秩序都呈正相关。我国政府近几年逐渐加大义务教育的财政支援力度，但我国人口基数大、各地区区位条件差异大，同时还是一个少数民族众多的国家，而少数民族地区多处于西部偏远地区，与我国较发达地区相比，经济发展较为落后，因此，从所建立的空间误差回归模型来看，各省份的农村居民年人均可支配收入、城镇居民年人均可支配收入和人均地区生产总值越高，我国省域义务教育的教育机会、师资力量、办学条件和财政资源等各项分指数的发展就越好。

6.2　对策建议

1. 政府制定积极差别政策，加大对中西部地区的支援力度，尤其是加强横向支援力度

不同地区的义务教育区位条件各不相同，东部地区如北京和上海的区位条件比较优越，义务教育发展比较快，财政资源、办学条件和教育信息

化水平都比较高。近几年国家对西部地区采取了一系列财政支援措施，西部地区义务教育各方面都有了很大的发展，但中西部地区的义务教育发展水平与东部地区还有不小的差距，在一定程度上延缓甚至制约着周围区域乃至全国的义务教育发展。在这样的背景下，从提高义务教育整体水平出发，政府应制定积极差别政策，针对不同区域采取不同的价值取向和地区政策，加大政府纵向支援力度，鼓励区位条件好、发展基础好的区域（北京、上海、天津）继续快速发展，为本区域提供更多高质量的义务教育机会，同时大力扶持区位条件差、发展基础差的省份（山西、河南、黑龙江、四川、海南、新疆、内蒙古、吉林、福建、河北、甘肃、贵州、江西、重庆），促进其义务教育水平的快速发展。

加大横向支援力度。教育横向支援通常又被称为"对口支援"，一般是指教育比较发达或者教育实力较强的地区对教育落后地区或者教育实力较弱的地区实施援助的一种政策性行为。北京、上海等地区之所以义务教育发展优越，是因为在很大程度上由一些落后地区承担了其早期的发展成本，当北京、上海等地区的义务教育发展起来之后，有义务为那些义务教育还处于落后水平或者实力较弱的地区分担部分发展成本。也就是说，可以在中央政府的协调和干预下，从北京、上海等适当调集部分教育资源，无偿配置到义务教育落后的地区，形成区域之间义务教育财富的再分配，以便促进欠发达地区的义务教育发展。可以采取间接援助和直接援助两种方式，直接援助包括向义务教育发展落后地区无偿提供教育经费、教学仪器设备和教学用书，选派部分专业能力强、基本素质高的教师到落后地区任教或对当地的教师进行教学技能培训，同时免费接收义务教育欠发达地区、边疆贫困地区、民族地区的学生就读，目的是将义务教育发达地区的部分闲置教育资源无偿转移到实力较弱的地区。

2. 根据各省份实际情况，重点改善义务教育不同要素的非均衡状态

本书对省域义务教育教育机会、办学条件、财政资源、师资力量、教育质量和教育信息化6项分要素进行了空间秩序研究。研究发现，无论是时间序列还是空间分布序列，各分要素的格局特征都是有差异的。义务教育高发展水平地区存在师资力量严重不足的现象，应从教师政策和待遇两个方面提供优惠措施，吸引优秀教师前来任教，如拓宽教师来源渠道、适当放宽教师落户政策、提高教师收入水平、改进教师考核和晋升制度等。义

务教育中发展水平地区存在的问题主要是教育机会少、办学条件差、教育信息化水平不高，例如天津、江苏、辽宁和广东等沿海省份，交通和经济较发达，区位条件有一定的相似度，应适当增加这些地区的学校数量，提供更多的义务教育机会，同时改善当地义务教育办学条件，提高义务教育信息化水平。义务教育低发展水平地区存在的问题比较多，该地区中的省份义务教育各要素在全国都处于较低水平，教育机会少、师资匮乏、办学条件差、教育质量和教育信息化水平都不高。政府不仅应加大对该类地区的财政支援力度，还应该对该类地区提供优秀教师支援、技术支援等其他支援方式，同时加强这些地区的教师培训，提高教师专业水平和教学能力，以促进义务教育高质量发展。

3. 重视地理空间对义务教育的影响，加速发展区域经济，进一步提高居民收入

从省域义务教育空间秩序影响因素的研究来看，地形起伏度、农村居民年人均可支配收入、城镇居民年人均可支配收入、人均地区生产总值与义务教育空间秩序都具有相关关系，说明自然地理条件、地区经济发展水平和居民收入是影响我国省域义务教育空间秩序的主要因素。首先，地形起伏度对义务教育各要素都有明显的影响，任何教育都不可能脱离自然地理条件的限制而独立存在。随着教育地理学的发展，地理因素受到国内众多研究者的关注，其对教育的影响已不可忽略。在未来的发展过程中，研究者应继续关注教育与地理之间的密切关系，从地理学的角度深入剖析义务教育中存在的各种问题，如义务教育区域研究、学校选址与空间布局研究、义务教育区域规划和教育地图研究等。其次，地区经济发展水平对我国义务教育各要素有很大影响，区域经济发展越好，越有利于区域义务教育的发展。一方面，区域经济发展水平高，当地政府就能为义务教育提供较为丰厚的资金支持，因为义务教育发展资金主要源于中央财政拨款和地方财政拨款，中央对各省份的资金支持力度是有限的，如果区域经济发展好，就能对中央财政拨款形成有益补充，这样更有利于区域义务教育的快速发展。另一方面，经济水平的提高必然对义务教育发展提出新的要求，如对义务教育教师数量、结构和素质都会形成更高要求。经济发展水平越高，职业分化程度也会越高，对劳动力的要求也相应提高，教师就会不断提升自身学历和专业技能，因此经济发展水平提高能有效推动

教师专业技能和自身素质的提高，从而推动义务教育的发展。最后，家庭收入对我国义务教育的影响不容忽视。家庭是义务教育的主体单位，义务教育的推进程度与家庭收入息息相关。在我国一些边疆地区，由于当地经济不发达，家庭收入太低，一些家长宁愿让孩子外出打工或在家参加生产劳动，也不愿意送孩子到校学习，从而导致这些地区义务教育辍学率较高。相反，如果家庭收入高，家长会更愿意让孩子接受义务教育甚至更高层次的教育。

4. 合理配置区域义务教育教师资源，提高教师待遇和地位

由于各个省份的教师管理制度、收入待遇、职称评定和晋升制度存在较大差异，区域义务教育师资力量也呈现不均衡的状态。总体来看，近几年我国省域义务教育师资力量有了很大的改善，但从空间分布来看还没有达到相对均衡的状态，呈现北强南低、东强西弱的空间格局，我国华南、西南和华中地区义务教育师资力量较弱，陕西、四川、云南、山东、上海等省份的生师比较大，想要改善目前区域义务教育师资力量不均衡现状，不仅要提高教师的数量，还应该重视教师组成结构，优化教师的学历结构、职称结构等，提高教师待遇和地位。

切实提高教师经济收入。工资收入是教师生活的主要经济来源，如果收入过低，日常生活得不到保障，个别教师就会通过办辅导班等方式提高收入，这样一方面会耗费教师的大量时间和精力，另一方面一些教师在课堂上从不精讲细讲，而是要求学生花费高额费用报辅导班，长此以往，不仅学生上学非常倦怠，同时还会给家长带来额外的经济负担，无论从哪一方面来说都不利于义务教育的良性发展。因此，应改善教师工资分配制度，切实提高教师的经济收入，让教师一心一意教学而无后顾之忧，同时也能吸引更多的优秀教师，不断壮大义务教育教师队伍。

建立优秀教师资源流动机制，使优秀教师在区域间适当流动。目前优秀教师资源在区域之间的流动是无序的、有很大障碍，需要建立合理的教师资源流动管理办法，将无序流动变为有序流动，打通教师流动的层层阻碍，这不仅有利于合理配置教师资源，还能促进师资力量在区域间均衡分布。例如当教师在某一学校工作满一定年限后，可以按照教师管理制度，将其调整到其他落后地区、偏远山区和边疆地区的学校进行短期支援，对当地的学生进行短期教学，对当地的教师进行短期培训和指导。实行教师

流动制度不仅可以解决超编与缺编学校之间编制的平衡问题，改善学校教师结构不合理的现象，还可以从制度上保证不同地区、不同区位条件的学校共享教师资源，促进地区之间教师资源的优化配置。

发扬我国尊师重教的光荣传统，提高教师政治地位、社会地位、职业地位。在 2018 年 9 月 10 日的全国教育大会上，习近平强调"全党全社会要弘扬尊师重教的社会风尚，努力提高教师政治地位、社会地位、职业地位，让广大教师享有应有的社会声望，在教书育人岗位上为党和人民事业作出新的更大的贡献"①。提高教师政治地位、社会地位、职业地位已是当今社会亟待解决的现实问题，教育管理部门应加强教师监管，完善教师管理制度，对失德或违法违纪的教师绝不姑息，同时应切实保护教师教书育人的权利，让教师敢教、敢管、敢教育学生，共同为义务教育的发展贡献力量。

6.3　研究展望

本书构建了省域义务教育空间秩序指标体系，对省域义务教育时空分布特征和空间格局进行探索性数据分析，并进一步研究我国省域义务教育空间秩序的影响因素，能够对我国省域义务教育的发展提供一些有效的参考和借鉴，但同时也存在一些不足之处。

研究所覆盖的时间范围较小。本书仅选取了我国 31 个一级行政区 6 年的数据进行分析，如果能获取更多年份的序列数据，即可研究我国各省份义务教育均衡发展的演进过程、演进规律和地区差异，并探索其影响因素的差异，同时在对比的基础上提出义务教育均衡发展的目标。如果能获取不同县域、不同年份的面板数据，则可以研究更大尺度范围内不同地区的义务教育均衡发展类型，进而揭示义务教育均衡发展的时空规律，分析义务教育均衡发展空间差异的机制。

研究方法上以量化研究为主，数据来源较为单一。本书以量化研究为主，找到了我国省域义务教育空间格局特征和影响格局特征的主要因素，但缺少深入义务教育一线的调研数据，后续研究应将定量分析和定性分析

---

① 《总书记眼中的"人民教师"》，"海外网"百家号，2021 年 9 月 10 日，https：//baijiahao. baidu. com/s？id＝1710528332979294462&wfr＝spider&for＝pc。

相结合，力争找到缩小区域义务教育差距和解决省域义务教育均衡发展问题的措施。另外，书中数据主要来自国家统计局，数据来源较为单一，下一步应不局限于现有的统计数据，选取特殊的省份，深入部分地区进行实地调研，尤其是深入一些落后偏远地区，了解当地的义务教育发展实况、所面临的困难、发展滞后的原因等，在获取第一手资料的基础上，结合其他统计数据开展义务教育均衡发展的指标体系测量与评价标准研究、义务教育空间格局研究、义务教育未来发展趋势预测和义务教育均衡发展对策研究等。

最后，我国是一个多民族的国家，而民族地区义务教育又是我国义务教育的重要部分，要想全面实现义务教育均衡发展，就必须大力推动民族地区义务教育的均衡发展，促进各民族间的平等、团结与共同繁荣。研究者要清醒地认识到这一点，并做好充分的思想准备来应对和解决民族地区义务教育均衡发展中存在的问题与困难。因此，务必将促进民族地区义务教育的发展列入我国义务教育均衡发展战略。下一步在调研过程中应重点关注义务教育均衡发展视域下边疆民族地区弱势群体，如农村留守儿童、农民工子女、残障儿童，以及少数民族地区的义务教育发展状况等，重点研究这些地区的义务教育发展策略。

参考文献

一　中文资料

［1］〔法〕阿·德芒戎：《人文地理学问题》，商务印书馆，1993。

［2］蔡华：《城乡统筹发展背景下义务教育师资配置县域均衡水平的调查报告》，《特立学刊》2016年第5期。

［3］蔡运龙、叶超、陈彦光、阙维民：《地理学方法论》，科学出版社，2011。

［4］曹杰：《中国义务教育经费地区差异研究——基于不均等水平分解的实证分析》，硕士学位论文，北京师范大学，2011。

［5］陈忱：《县域内义务教育师资均衡配置问题研究》，硕士学位论文，东北师范大学，2014。

［6］陈焕荧：《经济欠发达地区义务教育经费绩效分析及提升对策研究——以广东韶关市为例》，硕士学位论文，华中师范大学，2016。

［7］陈彦光编著《地理数学方法：基础和应用》，科学出版社，2011。

［8］陈岳堂、倪文鼎：《城乡义务教育均衡发展的资源配置研究》，《理论观察》2016年第10期。

［9］丁学森、邬志辉：《我国大城市义务教育资源承载力的理论内涵与指标体系研究》，《教育科学研究》2019年第8期。

［10］董玉琦、包正委：《义务教育阶段信息技术教师专业发展状况调查研究——基于变革空间的视角》，《中国电化教育》2010年第7期。

［11］都业辉：《中国义务教育均衡发展的财政政策研究》，硕士学位论文，东北师范大学，2015。

［12］杜永红、张艳：《县域内义务教育师资均衡配置的阻碍因素分析》，《湖南科技大学学报》（社会科学版）2012年第4期。

［13］杜育红：《义务教育的均衡发展：过程、原因与对策》，《中国民族教育》2005 年第 4 期。

［14］樊杰：《"人地关系地域系统"学术思想与经济地理学》，《经济地理》2008 年第 2 期。

［15］范先佐、郭清扬：《当前我国义务教育均衡发展改革的重点和难点》，《教师教育学报》2016 年第 2 期。

［16］冯文全、夏茂林：《从师资均衡配置看城乡教师流动机制构建》，《中国教育学刊》2010 年第 2 期。

［17］冯仰存：《教师视角下义务教育优质均衡认可度研究——基于一线城市 S 的实证研究》，《现代教育管理》2019 年第 9 期。

［18］冯羽、胡咏梅：《我国农村义务教育办学条件省际差异及特殊地区差异研究》，《北京师范大学学报》（社会科学版）2011 年第 6 期。

［19］高士晶、和学新：《城乡义务教育学校建设标准的问题审视及优化策略》，《教育科学研究》2017 年第 1 期。

［20］郭璨：《川西民族地区县域内义务教育均衡发展的实证研究——以四川省 L 县为例》，硕士学位论文，西南大学，2016。

［21］《国家中长期教育改革和发展规划纲要（2010—2020 年）》，教育部网站，2010 年 7 月 29 日，http：//www. moe. gov. cn/srcsite/A01/s7048/201007/t20100729_171904. html。

［22］国家自然科学基金委员会：《地理科学》，科学出版社，1995。

［23］《国务院关于加快发展民族教育的决定》，中国政府网，2015 年 8 月 17 日，http：//www. gov. cn/zhengce/content/2015-08/17/content_10097. htm。

［24］郝英、赵春广、刘丽英：《城乡义务教育均衡评价指标体系的研究》，《经济师》2016 年第 3 期。

［25］何东颖、张红宇：《我国城乡义务教育均衡发展的问题研究》，《商业故事》2016 年第 34 期。

［26］胡芳芳：《北京市空气污染的空间统计分析》，硕士学位论文，首都经济贸易大学，2010。

［27］胡劲松、吴晓梅：《论义务教育学校布局调整——保障受教育者"就近入学"的视角》，《清华大学教育研究》2013 年第 1 期。

［28］胡荣宝：《城乡义务教育师资配置问题与对策》，《赤峰学院学

报》（汉文哲学社会科学版）2018 年第 6 期。

[29] 胡绍雨：《加快我国义务教育均衡化发展的财政对策探讨》，《教育财会研究》2016 年第 3 期。

[30] 胡玥：《义务教育均衡发展背景下教师资源配置研究——以 A 省 H 市为例》，硕士学位论文，淮北师范大学，2014。

[31] 黄志松、刘燕玲：《内生视域下义务教育均衡发展路径选择》，《文化创新比较研究》2017 年第 31 期。

[32] 纪春梅、张相荣：《西藏义务教育教师资源配置差异分析》，《现代教育科学》（普教研究）2015 年第 6 期。

[33] 贾莉娜：《辽宁省农村义务教育教师资源优化配置研究》，硕士学位论文，东北财经大学，2015。

[34]《教育部关于贯彻落实科学发展观进一步推进义务教育均衡发展的意见》，教育部网站，2010 年 1 月 19 日，http：//www. moe. gov. cn/srcsite/A06/s3321/201001/t20100119_87759. html。

[35]《教育部关于加强基础教育办学管理若干问题的通知》，中国政府网，2002 年 2 月 26 日，http：//www. gov. cn/gongbao/content/2003/content_70203. htm。

[36] 教育部基础教育一司、中国教育科学研究院、国家教育咨询委员会义务教育均衡发展工作组编《2010—2012 义务教育均衡发展·县域实施》，教育科学出版社，2012。

[37]《教育公平与质量的系统化考量——解读〈关于统筹推进县域内城乡义务教育一体化改革发展的若干意见〉》，教育部网站，2016 年 7 月 13 日，http：//www. moe. gov. cn/jyb_xwfb/moe_2082/zl_2016n/2016_zl38/201607/t20160713_271642. html。

[38] 解光穆、马青、杨文芳：《省域城乡义务教育师资均衡发展的现状与对策——以 N 省小学阶段为例》，《教育理论与实践》2012 年第 20 期。

[39] 瞿瑛：《义务教育均衡发展政策问题研究：教育公平的视角》，浙江大学出版社，2010。

[40]〔美〕Kang-tsung Chang：《地理信息系统导论》第 3 版，陈健飞等译，清华大学出版社，2009。

[41] 赖秀龙：《区域性义务教育师资均衡配置的政策研究》，博士学位

论文，华东师范大学，2011。

[42] 李春芬：《地理学的传统与近今发展》，《地理学报》1982 年第 1 期。

[43] 李慧勤、刘虹：《县域间义务教育均衡发展的影响因素及对策思考——以云南省为例》，《教育研究》2012 年第 6 期。

[44] 李锣：《义务教育均衡发展背景下教师资源配置研究的三重解读》，《科教导刊》2016 年第 27 期。

[45] 李舜、罗明东：《教育中心简论》，《云南师范大学学报》（哲学社会科学版）2001 年第 4 期。

[46] 李旭旦：《人文地理学的理论基础及其近今趋向》，《南京师大学报》（自然科学版）1982 年第 2 期。

[47] 〔美〕理查德·皮特：《现代地理学思想》，周尚意等译，商务印书馆，2007。

[48] 栗玉香：《推进义务教育校际间财政均衡的策略》，《中国教育学刊》2009 年第 12 期。

[49] 刘芳等：《中国义务教育发展报告（2012）》，教育科学出版社，2013。

[50] 刘学敏、孙崴、许红梅：《县域义务教育均衡发展趋势及约束性条件分析》，《教学与管理》（理论版）2019 年第 2 期。

[51] 柳海民、李子腾、金熳然：《县域义务教育经费投入均衡状态及改进对策》，《东北师大学报》（哲学社会科学版）2017 年第 6 期。

[52] 柳海民、杨兆山主编《我国义务教育均衡发展问题研究》，东北师范大学出版社，2007。

[53] 龙文佳、薛海平、王颖：《"新机制"政策对城乡义务教育财政资源均衡配置影响的实证研究》，《首都师范大学学报》（社会科学版）2011 年第 5 期。

[54] 楼世洲：《区域教育可持续发展指标体系研究》，教育科学出版社，2012。

[55] 卢春、周文婷、吴砥：《区域义务教育信息化发展指数及区域差异研究——基于 2014、2015 东部 G 市教育信息化数据分析》，《中国电化教育》2016 年第 5 期。

［56］卢珂：《"新机制"对教育财政资源均衡配置的影响评价——基于配对模型的估计》，《北京大学教育评论》2014 年第 1 期。

［57］鲁子箫：《新时期统筹城乡义务教育均衡发展的问题与对策研究——以青海省为例》，《现代教育论丛》2016 年第 1 期。

［58］陆大道：《地理科学的价值与地理学者的情怀》，《地理学报》2015 年第 10 期。

［59］陆大道：《关于"点—轴"空间结构系统的形成机理分析》，《地理科学》2002 年第 1 期。

［60］陆大道、郭来喜：《地理学的研究核心——人地关系地域系统——论吴传钧院士的地理学思想与学术贡献》，《地理学报》1998 年第 2 期。

［61］陆大道：《京津冀城市群功能定位及协同发展》，《地理科学进展》2015 年第 3 期。

［62］陆天琪：《基于 GIS 的朝阳市中心城区小学教育资源布局及优化研究》，硕士学位论文，东北师范大学，2015。

［63］罗明东：《建立教育地理学刍议》，《教师教育研究》1997 年第 5 期。

［64］罗明东：《教育地理学简论》，《云南师范大学学报》（自然科学版）1998 年第 2 期。

［65］罗明东：《教育地理学：一个崭新的研究领域》，《上海高教研究》1997 年第 6 期。

［66］罗明东：《教育地理学》，云南大学出版社，2003。

［67］罗明东、潘玉君、施红星：《全国义务教育省域均衡发展监测、评价与预警》，北京大学出版社，2014。

［68］罗明东、钱春富、蔡晓丽、吕游、程帆、都君艳、梅庭仙、李磊：《哀牢山北部地区义务教育均衡发展的现状与对策——以双柏县大麦地镇为例》，《楚雄师范学院学报》2017 年第 2 期。

［69］罗明东、钱春富、夏绍先、蔡晓丽、吕游、纪丹丹、何元：《怒江傈僳族自治州县域内义务教育均衡发展的对策研究——以贡山独龙族怒族自治县为例》，《楚雄师范学院学报》2016 年第 12 期。

［70］罗明东、尹绍清、周文娜、赖怡、蔡晓丽：《边疆民族地区乡村

教师需求现状的调查研究——以贡山独龙族怒族自治县和泸水市为例》，《楚雄师范学院学报》2016 年第 12 期。

[71] 罗志红、雷婷、邱茜：《江西城乡义务教育资源配置的均衡性发展分析》，《科教导刊》2017 年第 30 期。

[72] 马学德：《县域城乡义务教育师资配置差异状况研究——以宁夏回族自治区为例》，《宁夏师范学院学报》2016 年第 1 期。

[73] 梅庭仙：《云南民族地区义务教育教学点调整建设的调查研究》，《小品文选刊》2017 年第 9 期。

[74] 潘玉君编著《地理学基础》，云南大学出版社，2012。

[75] 潘玉君、张谦舵、肖翔、韩兴粉等：《教育地理区划研究：云南省义务教育地理区划实证与方案》，科学出版社，2015。

[76] 潘玉君、陈路：《地理环境整体性理论的逻辑基础》，《自然辩证法研究》2005 年第 9 期。

[77] 潘玉君：《地理环境整体性理论的初步探讨》，《地理科学》2003 年第 3 期。

[78] 潘玉君、罗思远、段勇：《地理学元研究：地理学的基本价值》，《云南师范大学学报》（自然科学版）2002 年第 5 期。

[79] 潘玉君：《人地关系地域系统协调共生与区域可持续发展理论研究》，《齐齐哈尔大学学报》（哲学社会科学版）2000 年第 1 期。

[80] 潘玉君、武友德编著《地理科学导论》第 2 版，科学出版社，2014。

[81] 潘玉君、姚辉：《县域义务教育资源配置结构及空间差异实证——以云南 25 个边境县为例》，《学术探索》2017 年第 4 期。

[82] 彭展：《农村中小学可达性与空间布局优化研究——以湖北省英山县为例》，硕士学位论文，华中师范大学，2012。

[83] 祁毓、狄继卓、彭浩：《区域内义务教育财政资源配置研究》，《财政监督》2010 年第 15 期。

[84] 钱春富：《论教育地理学的学科性质与价值——读罗明东教授〈教育地理学〉的启示与思考》，《楚雄师范学院学报》2014 年第 7 期。

[85] 钱学森：《谈地理科学的内容及研究方法（在 1991 年 4 月 6 日中国地理学会"地理科学"讨论会上的发言）》，《地理学报》1991 年第 3 期。

［86］钱学森：《一个科学新领域——开放的复杂巨系统及其方法论》，《上海理工大学学报》2011年第6期。

［87］秦浩：《西北地区义务教育经费投入区域差异性研究——基于甘肃、新疆、宁夏的调查》，《科技·经济·市场》2012年第8期。

［88］秦平：《着力解决教育"三农"难题 促进民族地区义务教育均衡发展》，《中国民族教育》2012年第6期。

［89］秦玉友、孙颖：《学校布局调整：追求与限度》，《教育研究》2011年第6期。

［90］〔美〕理查德.A.约翰逊、迪安.W.威克恩：《实用多元统计分析》，清华大学出版社，2008。

［91］冉隆映：《民族地区义务教育均衡发展的实现途径——以湖北省恩施州义务教育为研究样本》，《中国民族教育》2011年第2期。

［92］任若菡：《贫困区基础教育资源空间布局及可达性研究——以重庆市黔江区为例》，硕士学位论文，成都理工大学，2014。

［93］石中英：《教育机会均等的内涵及其政策意义》，《北京大学教育评论》2007年第4期。

［94］宋珊：《我国义务教育资源指数构建及其区域差异分析》，硕士学位论文，华东师范大学，2016。

［95］〔苏联〕B.A.阿努钦：《地理学的理论问题》，李德美、包森铭译，商务印书馆，1994。

［96］孙璇：《江汉平原义务教育学校可达性与空间布局优化研究——以湖北省仙桃市为例》，硕士学位论文，华中师范大学，2016。

［97］谭见安主编《地理词典》，化学工业出版社，2008。

［98］汤国安、杨昕等编著《ArcGIS地理信息系统空间分析实验教程》第2版，科学出版社，2012。

［99］田健、胡瑞文：《十年来我国义务教育财政资源公平配置的进展、问题与对策》，《上海教育科研》2014年第2期。

［100］王大将、周庆敏、常志玲、孙洁：《一种新的多指标综合评价方法》，《统计与决策》2007年第7期。

［101］王定华：《加强教师队伍建设的五项重要工作》，《北京教育》（普教版）2017年第3期。

［102］王定华：《教师是基础教育的基础》，《人民教育》2017 年第 15 期。

［103］王定华：《切实加强基础教育教师队伍建设》，《教育科学研究》2017 年第 1 期。

［104］王定华：《切实推进高校教师考核评价制度改革》，《中国高等教育》2017 年第 12 期。

［105］王富喜等：《基于熵值法的山东省城镇化质量测度及空间差异分析》，《地理科学》2013 年第 11 期。

［106］王秋丽：《校际间义务教育教师资源均衡配置政策研究》，博士学位论文，北京师范大学，2010。

［107］王秋玲：《关于创建教育地理学理论体系的几点思考》，《河南教育学院学报》（哲学社会科学版）1995 年第 1 期。

［108］王善迈、袁连生主编《中国地区教育发展报告》，北京师范大学出版社，2011。

［109］王远飞、何洪林编著《空间数据分析方法》，科学出版社，2007。

［110］〔美〕威廉·邦奇：《理论地理学》，商务印书馆，2011。

［111］魏洁：《城乡义务教育均衡发展中的政府责任研究——以河南省永城市为例》，硕士学位论文，西华师范大学，2017。

［112］文东茅：《义务教育师资配置均衡化的政策选择》，《教育理论与实践》2001 年第 11 期。

［113］乌拉尔：《新疆农牧地区义务教育发展区域差异性研究——以新疆阿勒泰地区和喀什地区义务教育为例》，硕士学位论文，西南财经大学，2011。

［114］邬建国：《景观生态学——格局、过程、尺度与等级》第 2 版，高等教育出版社，2007。

［115］吴传钧：《地理学的特殊研究领域和今后任务》，《经济地理》1981 年第 1 期。

［116］吴传钧：《经济地理学——生产布局的科学》，《科学通报》1960 年第 19 期。

［117］吴传钧：《论地理学的研究核心——人地关系地域系统》，《经济地理》1991 年第 3 期。

[118] 吴红斌、马莉萍:《义务教育教师工资水平、结构与地区差异变化——基于对绩效工资改革前后的比较研究》,《教师教育研究》2015 年第 6 期。

[119] 吴建涛:《我国县域义务教育优质均衡发展的主要困难与对策研究》,《教育科学》2019 年第 3 期。

[120] 吴晶:《义务教育资源空间分布对学区化办学的影响——以上海市徐汇区为例》,《湖南师范大学教育科学学报》2016 年第 6 期。

[121] 吴俊蓉:《农村义务教育均衡发展研究——基于马克思主义公平理论的分析》,《人民论坛·学术前沿》2017 年第 21 期。

[122] 吴师师:《义务教育经费投入的区域差异研究》,硕士学位论文,湖南农业大学,2016。

[123] 鲜万标:《对北京市义务教育均衡发展问题的分析与思考》,《北京教育学院学报》(社会科学版)2004 年第 2 期。

[124] 徐慧超:《辽宁省义务教育资源配置空间分布特征研究》,硕士学位论文,辽宁师范大学,2014。

[125] 轩颖:《我国义务教育阶段禁止择校政策的有效性分析》,《教育探索》2012 年第 10 期。

[126] 薛二勇:《区域内义务教育均衡发展指标体系的构建——当前我国深入推进义务教育均衡发展的政策评估指标》,《北京师范大学学报》(社会科学版)2013 年第 4 期。

[127] 杨浏洋、王美玲、李志强:《基于熵值法的农业经济发展质量综合评价——以湖北省为例》,《农业展望》2019 年第 6 期。

[128] 杨颖、孙亚玲、孙俊:《国外教育地理研究回顾与借鉴》,《世界地理研究》2016 年第 4 期。

[129] 叶扬:《武夷山市城乡户籍人口义务教育就学情况分析》,《福建基础教育研究》2016 年第 12 期。

[130] 伊继东、姚辉:《教育地理学研究对象及内容的思考》,《云南师范大学学报》(哲学社会科学版)2012 年第 2 期。

[131] 尹梁明、殷清眉、徐建华、叶超:《在一般性与特殊性之间的地理学——以〈地理学思想:批判性导论〉为范本的考察》,《地理研究》2018 年第 10 期。

［132］〔英〕R.J. 约翰斯顿：《地理学与地理学家：1945 年以来的英美人文地理学》，唐晓峰等译，商务印书馆，2010。

［133］〔英〕大卫·哈维：《地理学中的解释》，高泳源等译，高咏源校，商务印书馆，2009。

［134］于海波、秦玉友：《农村义务教育质量指标体系建构研究》，《教育科学研究》2008 年第 8 期。

［135］于伟、张鹏：《基于网络分析法的山东省新型城镇化空间特征研究》，《地理与地理信息科学》2017 年第 1 期。

［136］余秀兰：《中国教育的城乡差异——一种文化再生产现象的分析》，教育科学出版社，2004。

［137］袁梅、罗正鹏：《试论当前民族地区义务教育均衡发展的困难及其应对——基于青海、贵州、云南部分民族地区的调查研究》，《教育学报》2017 第 2 期。

［138］袁振国：《建立教育发展均衡系数 切实推进教育均衡发展》，《人民教育》2003 年第 6 期。

［139］袁振杰、陈晓亮：《西方教育地理学研究评述与本土反思》，《地理科学》2019 年第 12 期。

［140］翟博：《教育均衡发展：理论、指标及测算方法》，《教育研究》2006 年第 3 期。

［141］翟博：《均衡发展：我国义务教育发展的战略选择》，《教育研究》2010 年第 1 期。

［142］翟博：《均衡发展：义务教育的重中之重》，《求是》2010 年第 2 期。

［143］翟博：《中国义务教育发展的新跨越》，《基础教育改革动态》2009 年第 18 期。

［144］张东风：《中国教育地理学的形成与发展》，《衡阳师范学院学报》2000 年第 3 期。

［145］张雷、张茂聪：《城乡义务教育师资配置不合理诱因及破解策略——以山东省为例》，《中国教育学刊》2010 年第 1 期。

［146］张磊：《农村留守义务教育学生成长中的安全问题及成因分析》，《乡村科技》2016 年第 32 期。

[147] 张谦舵、潘玉君、高庆彦:《我国民族地区义务教育发展及其差距实证研究》,《学术探索》2014 年第 8 期。

[148] 赵昌木:《义务教育资源均衡配置的政府责任》,《山东师范大学学报》(人文社会科学版)2012 年第 3 期。

[149] 赵庆华:《义务教育均衡发展问题研究》,硕士学位论文,东北师范大学,2005。

[150] 甄峰、曹小曙、姚亦锋:《信息时代区域空间结构构成要素分析》,《人文地理》2004 年第 5 期。

[151] 郑度:《关于地理学的区域性和地域分异研究》,《地理研究》1998 年第 1 期。

[152] 中央教育科学研究所教育督导评估研究中心:《义务教育均衡发展报告·2010》,教育科学出版社,2010。

[153] 钟景迅:《从区域均衡到群体均衡:义务教育优质均衡发展的新思维》,《教育发展研究》2017 年第 8 期。

[154] 钟业喜、余双燕:《南昌市基础教育资源空间可达性研究》,《江西师范大学学报》(自然科学版)2011 年第 6 期。

[155] 周军、黄秋霞:《拉萨市县域义务教育均衡发展状况比较研究——以 A、B 两县为例》,《民族教育研究》2017 第 1 期。

[156] 周兴国:《义务教育均衡发展:从资源配置到资源激活》,《教育发展研究》2013 年第 2 期。

[157] 朱剑伟:《区域义务教育阶段教师资源均衡配置政策研究——以上海市长宁区为例》,硕士学位论文,上海师范大学,2010。

二 英文资料

[158] A. Bell and A. Sigsworth, *The Small Rural Primary School: A Matter of Quality* (Falmer Press, 1987).

[159] A. Filiztekin and B. C. Karahasan, Mapping the Educational Attainment in Turkey (paper represented at the EY International Congress on Economics II, Ankara, Turkey, November 2015).

[160] B. C. Karahasan and E. Uyar, "Spatial Distribution of Education and Regional Inequalities in Turkey," *Mpra Paper* (2009).

［161］B. Jongbloed and H. Vossensteyn, "Keeping up Performances: An International Survey of Performance-based Funding in Higher Education," *Journal of Higher Education Policy and Management* 2 （2002）: 127-145.

［162］C. Brock and N. Alexiadou, *Education Around the World: A Comparative Introduction* （London: Bloomsbury Academic, 2013）.

［163］C. Brock, "Spatial Dimensions of Christianity and Education in Western European History, with Legacies for the Present, "*Comparative Education* 3 （2010）: 289-306.

［164］C. Brock, "The Geography of Education and Comparative Education," *Comparative Education* 3 （2013）: 275-289.

［165］C. H. Thiem, "Thinking through Education: The Geographies of Contemporary Educational Restructuring," *Progress in Human Geography* 2 （2009）: 154-173.

［166］C. Ribchester and B. Edwards, "The Centre and the Local: Policy and Practice in Rural Education Provision," *Journal of Rural Studies* 1 （1999）: 49-63.

［167］C. Taylor, "Towards a Geography of Education," *Oxford Review of Education* 5 （2009）: 651-669.

［168］D. Ford, *Education and the Production of Space: Political Pedagogy, Geography, and Urban Revolution* （New York: Routledge, 2017） .

［169］D. R. Siddle and E. M. Warrington, "Diurnal Changes in UHF Propagation over the English Channel," *Electronics Letters* 21 （2005）: 1152-1154.

［170］E. Durkheim, *The Elementary Forms of The Religious Life*, *American Journal of Sociology* 3 （1915）: 399-404.

［171］E. E. Elsen, "The Geography of Education," *Journal of Geography* 9 （1951）: 374-382.

［172］G. H. Hones and H. R. Raymond, "Why Not a Geography of Education," .*Journal of Geography* 3 （1972）: 135-139.

［173］H. Harju-Luukkainen et al., "Principals' Perceptions for Finnish- and Swedish-Language Schools in Finland: An Analysis of School-level Indices from Programme for International Student Assessment 2009," *Leadership & Policy in Schools* 3 (2014): 334-351.

[174] H. Hotelling, "Analysis of a Complex of Statistical Variables into Principal Components," *Journal of Educational Psychology* 6 (1933): 417-441.

[175] H. Ladd, *Holding Schools Accountable: Performance-based Reform in Education* (Washington D. C.: Brookings Institution Press, 1996).

[176] H. R. Pulliam and C. Dunford, *Programmed to Learn: An Essay on the Evolution of Culture* (New York: Columbia University Press, 1980).

[177] JCOG Education, *Guidelines for Geographic Education: Elementary and Secondary Schools* (Washington D. C.: National Council for Geographic Education, 1984).

[178] J. E. Spencer and W. L. Thomas, "Cultural Geography: An Evolutionary Introduction to Our Humanized Earth," *American Journal of Cardiology* 6 (1970).

[179] J. L. Waters, "Emergent Geographies of International Educationand Social Exclusion," *Antipode* 5 (2006): 1046-1068.

[180] J. Sherman and R. Sage, "Sending Off All Your Good Treasures: Rural Schools, Brain-Drain, and Community Survival in the Wake of Economic Collapse," *Journal of Research in Rural Education* 11 (2011).

[181] K. A. Nitta, M. J. Holley, S. L. Wrobel, "A Phenomenological Study of Rural School Consolidation," *Journal of Research in Rural Education* 2 (2010).

[182] K. Mckittrick, *Demonic Grounds: Black Women and The Cartographies of Struggle* (Minneapolis: University of Minnesota Press, 2006).

[183] K. Mitchell, "Educating the National Citizen in Neoliberal Times: From the Multicultural Self to the Strategic Cosmopolitan," *Transactions of the Institute of British Geographers* 4 (2003): 387-403.

[184] K. Pearson, "Mathematics and Biology," *Nature* 63 (1901): 274-275.

[185] K. Wazzan, "The Spatial Distribution of the Basic Education Schools in Lattakia City (Syria)," *Journal of Educational and Social Research* 7 (2017): 71-77.

[186] M. A. Chaudhry and S. Aman, "Aid Ef fectiveness in education

sector of pakistan," *HWWI Research Papers* 6 (2010): 632-645.

[187] M. Corbett, "Rural Schooling in Mobile Modernity: Returning to the Places I've Been," *Journal of Research in Rural Education* 7 (2009): 1-13.

[188] M. Hampl, "Geography of Societal Transformation: General Question of Study," Geography-Jornal of Czech Geographic Society 22 (1996): 82-91.

[189] M. M. Fischer and Jinfeng Wang, *Spatial Data Analysis: Models, Methods and Techniques* (Berlin: Springer, 2011).

[190] M. Walker and G. Clark, "Parental Choice and the Rural Primary School: Lifestyle, Locality and Loyalty," *Journal of Rural Studies* 3 (2010): 241-249.

[191] N. Baidak, I. De Coster, A. Godenir, *Evaluation of schools providing compulsory education in Europe*, Ministerio de Educación, 2004.

[192] N. J. Thrift and K. Olds, "Refiguring the Economic in Economic Geography," *Progress in Human Geography* 3 (1996): 311-317.

[193] N. Lewis, "Code of Practice for the Pastoral Care of International Students: Making a Globalising Industry in New Zealand," *Globalisation Societies & Education* 1 (2005): 5-47.

[194] O. Al-Zeer, T. G. Ozcagli, M. Uyar, "A Call-to-action from the FeedM. E. Middle East Study Group: Use of a Screen-intervene-supervene Strategy to Address Malnutrition in Healthcare," *Saudi Medical Journal* 8 (2015): 903-910.

[195] P. Bourdieu, *Outline of a Theory of Practice* (Oxford: Cambridge University Press, 1977), pp. 30-32.

[196] P. Zivyar and F. Fatahi, "Analysis of the Spatial Distribution of the Educational Centers of Tehran Region 2," Geography 48 (2016): 378-397.

[197] R. A. Kearns et al., " 'The Status Quo is Not an Option': Community Impacts of School Closure in South Taranaki, New Zealand," *Journal of Rural Studies* 1 (2009): 131-140.

[198] R. Brooks and J. Waters, "Student Mobilities, Migration and the Internationalization of Higher Education," *Social & Cultural Geography* 2 (2013): 237-239.

[199] R. Hartshorne, "The Concept of Geography as a Science of Space, from Kant and Humboldt to Hettner," *Annals of the Association of American Geographers* 2 (1958): 97-108.

[200] R. Hartshorne, "The Nature of Geography," The Professiohal Geographer 5 (2010): 6.

[201] R. Kvalswrd, "Centralized decentralization or decentralized centralization? A review of newer Norwegian research on schools and their communities," *International Journal of Educatim Research* 2 (2009): 89-99.

[202] R. Walford, *Geography in British schools, 1850-2000: Making a World of Difference* (London: Woburn Press, 2001).

[203] S. Kucerova and Z. Kucera, "Changes in the Spatial Distribution of Elementary Schools and Their Impact on Rural Communities in Czechia in the Second Half of the 20th Century," *Journal of Research in Rural Education* (2012): 17.

[204] S. Lewis, "Text, Theory, Space: Land, Literature, and History in South Africa and Australia," *Research in African Literatures* 3 (2000): 205-206.

[205] S. L. Holloway and H. Jöns, "Geographies of Education and Learning," *Transactions of the Institute of British Geographers* 4 (2012): 482-488.

[206] S. Mills and L. P. Kraft, *Informal Education, Childhood and Youth* (Palgrave Macmillan, 2014).

[207] S. Mills, "Geographies of Education, Volunteering and the Life-course: The Woodcraft Folk in Britain (1925-75)," *Cultural Geographies* 1 (2016): 103-119.

[208] T. A. Lyson, "What does a School Mean to a community? Assessing the Social and Economic Benefits of Schools to Rural Villages in New York," *Journal of Research in Rural Education* 3 (2002): 131-137.

[209] T. Butler and C. Hamnett, "The Geography of Education: Introduction," *Urban Studies* 7 (2007): 1161-1174.

[210] T. Mccreary, R. Basu, A. Godlewska, "Critical Geographies of Education: Introduction to the Special Issue," *The Canadian Geographer* 3 (2013): 255-259.

[211] U. Hange, "Education Policy and Mobility: Some Basic Results," *CESifo Working Paper Series* (2003).

[212] V. A. Cook and P. J. Hemming, "Education Spaces: Embodied Dimensions and Dynamics," *Social & Cultural Geography* 1 (2011): 1-8.

附录　数据正态性检验

1. 小学教育机会数据正态性检验

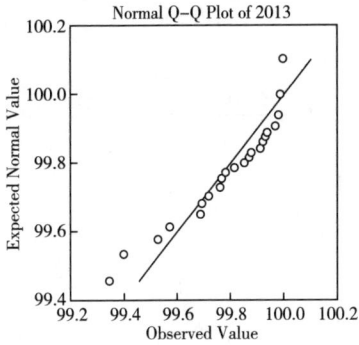

Normal Q-Q Plot of 2013

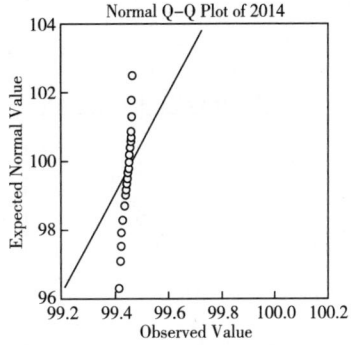

Normal Q-Q Plot of 2014

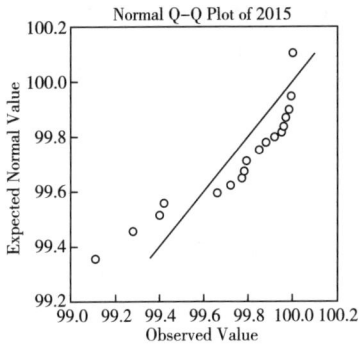

Normal Q-Q Plot of 2015

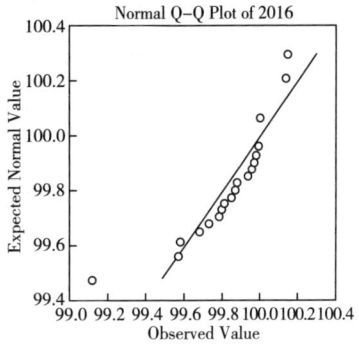

Normal Q-Q Plot of 2016

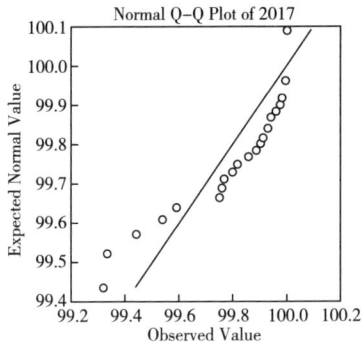

Normal Q-Q Plot of 2017

2. 初中教育机会数据正态性检验

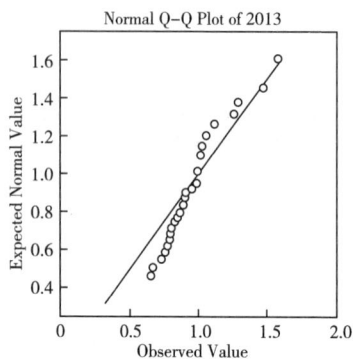

Normal Q–Q Plot of 2013

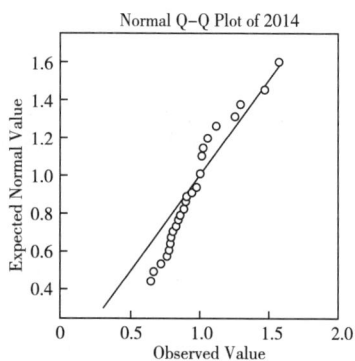

Normal Q–Q Plot of 2014

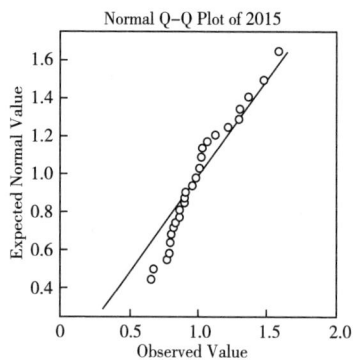

Normal Q–Q Plot of 2015

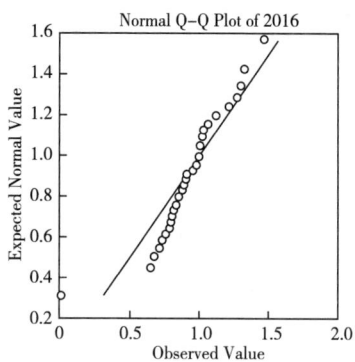

Normal Q–Q Plot of 2016

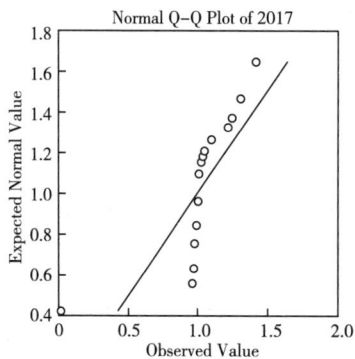

Normal Q–Q Plot of 2017

3. 小学师资力量数据正态性检验

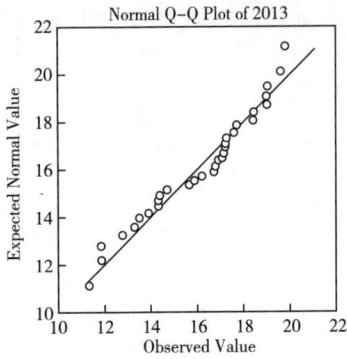

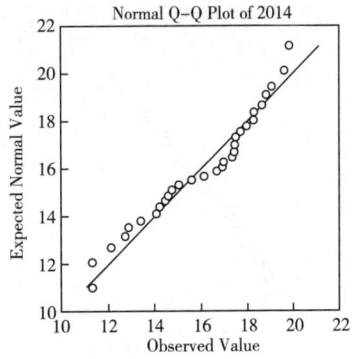

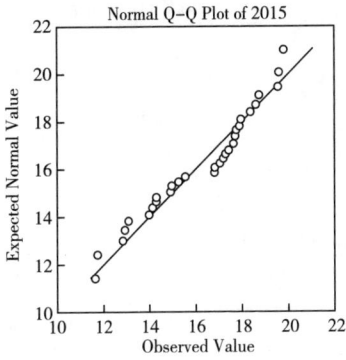

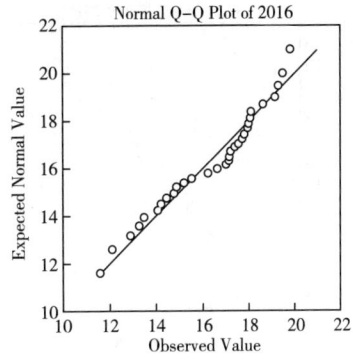

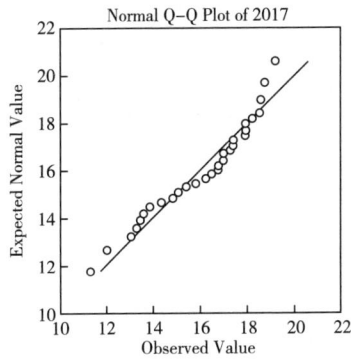

Normal Q–Q Plot of 2013

Normal Q–Q Plot of 2014

Normal Q–Q Plot of 2015

Normal Q–Q Plot of 2016

Normal Q–Q Plot of 2017

4. 初中师资力量数据正态性检验

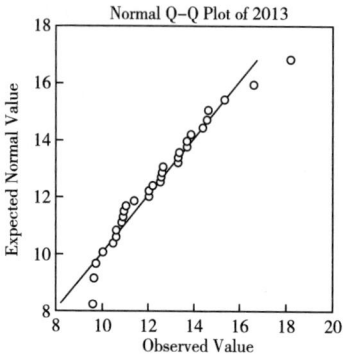

Normal Q–Q Plot of 2013

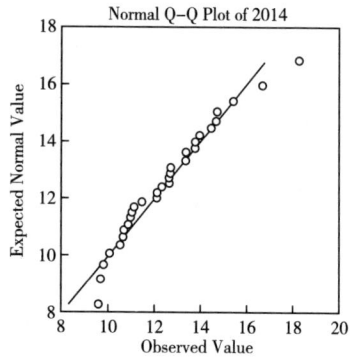

Normal Q–Q Plot of 2014

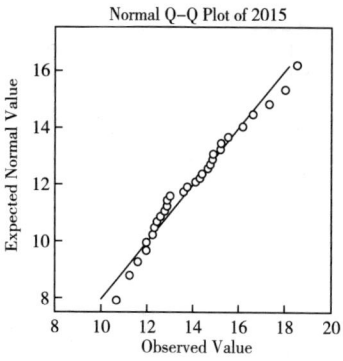

Normal Q–Q Plot of 2015

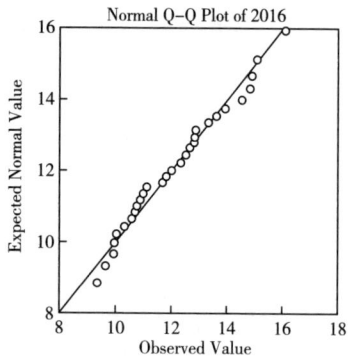

Normal Q–Q Plot of 2016

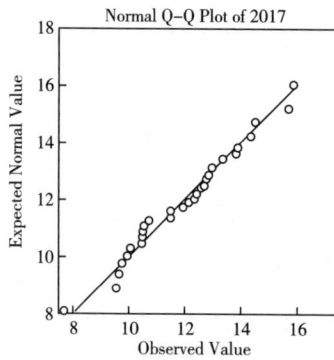

Normal Q–Q Plot of 2017

5. 小学财政资源数据正态性检验

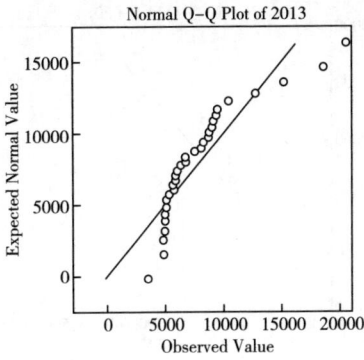

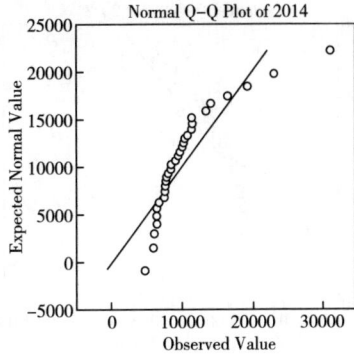

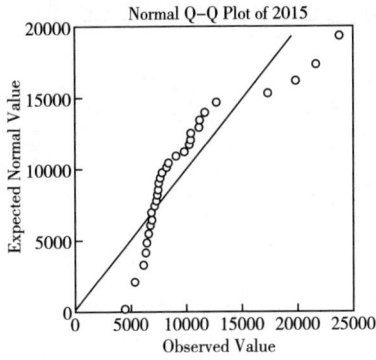

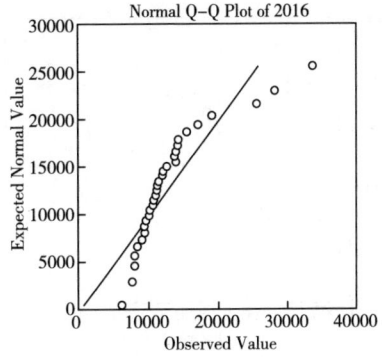

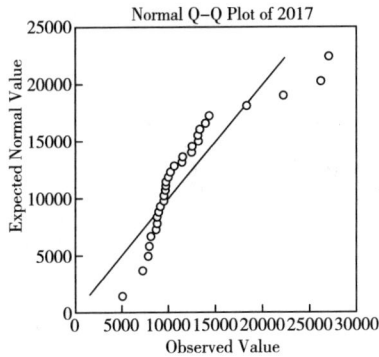

Normal Q–Q Plot of 2013

Normal Q–Q Plot of 2014

Normal Q–Q Plot of 2015

Normal Q–Q Plot of 2016

Normal Q–Q Plot of 2017

6. 初中财政资源数据正态性检验

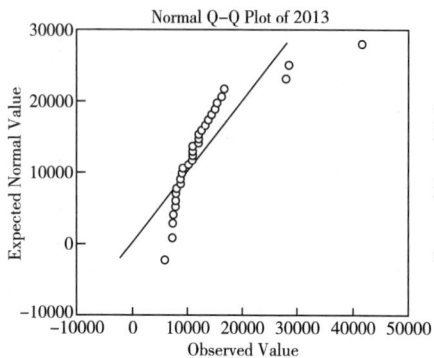

Normal Q–Q Plot of 2013

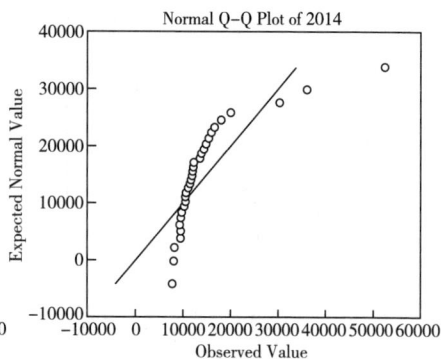

Normal Q–Q Plot of 2014

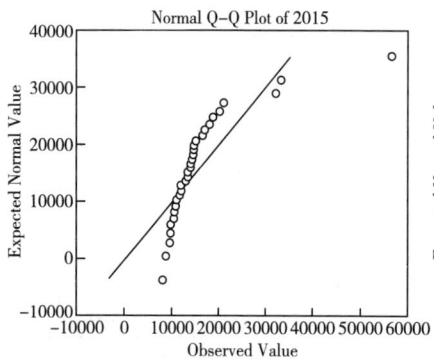

Normal Q–Q Plot of 2015

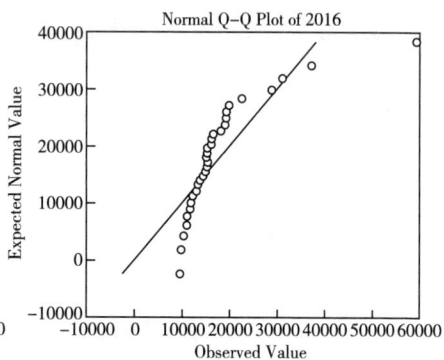

Normal Q–Q Plot of 2016

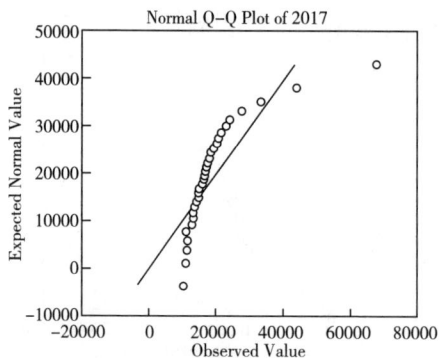

Normal Q–Q Plot of 2017

7. 小学办学条件（一）数据正态性检验

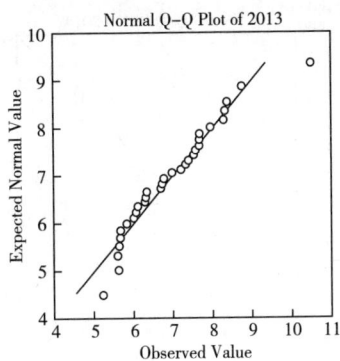

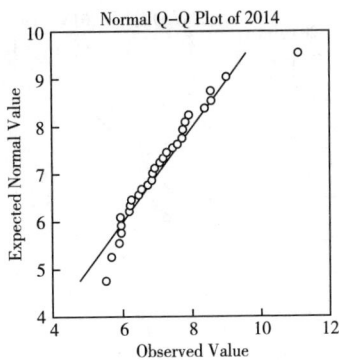

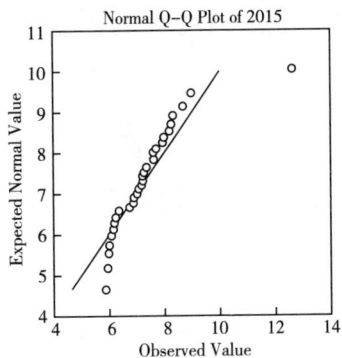

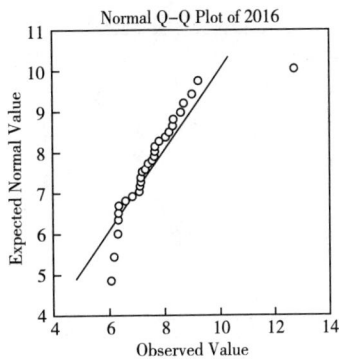

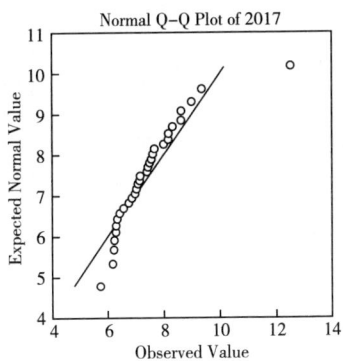

Normal Q–Q Plot of 2013

Normal Q–Q Plot of 2014

Normal Q–Q Plot of 2015

Normal Q–Q Plot of 2016

Normal Q–Q Plot of 2017

8. 初中办学条件（一）数据正态性检验

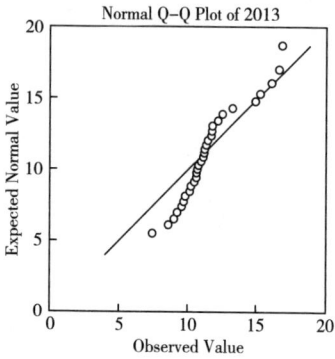

Normal Q-Q Plot of 2013

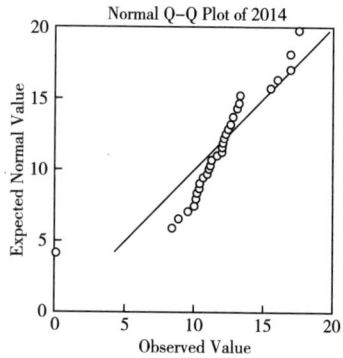

Normal Q-Q Plot of 2014

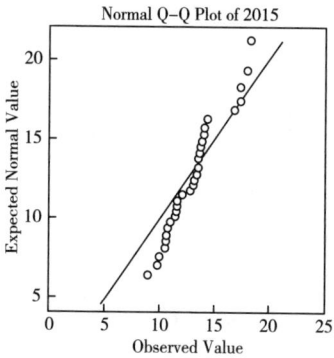

Normal Q-Q Plot of 2015

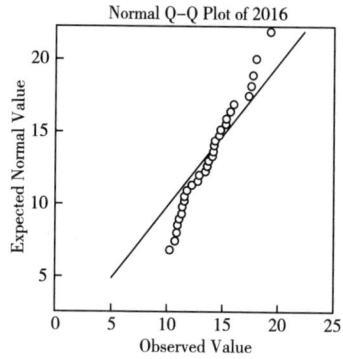

Normal Q-Q Plot of 2016

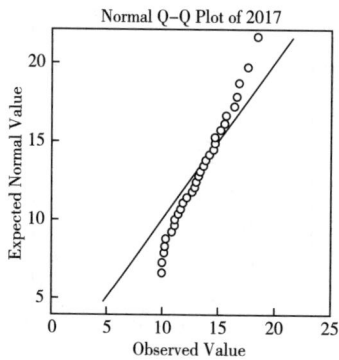

Normal Q-Q Plot of 2017

9. 小学办学条件（二）数据正态性检验

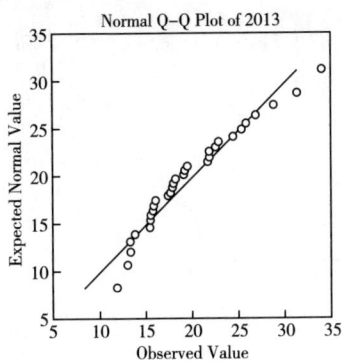

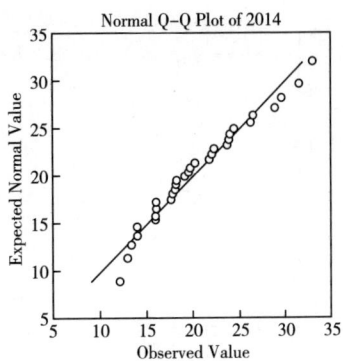

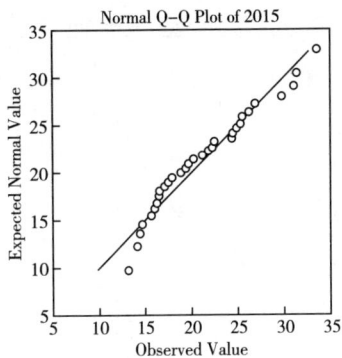

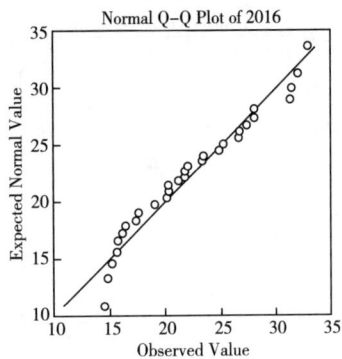

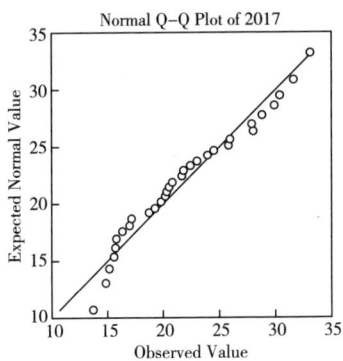

Normal Q-Q Plot of 2013

Normal Q-Q Plot of 2014

Normal Q-Q Plot of 2015

Normal Q-Q Plot of 2016

Normal Q-Q Plot of 2017

10. 初中办学条件（二）数据正态性检验

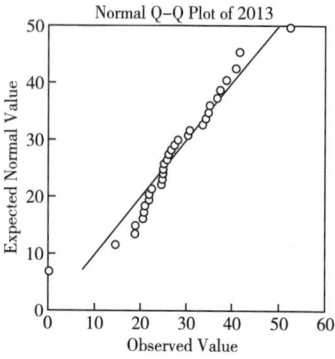

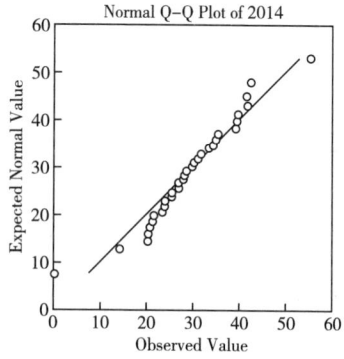

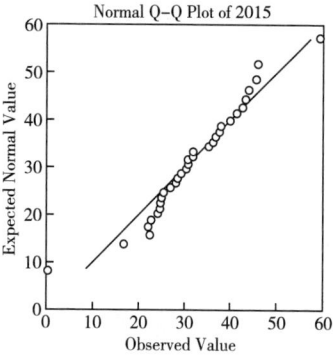

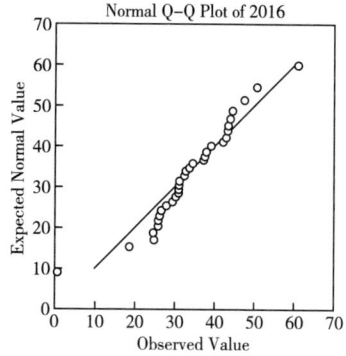

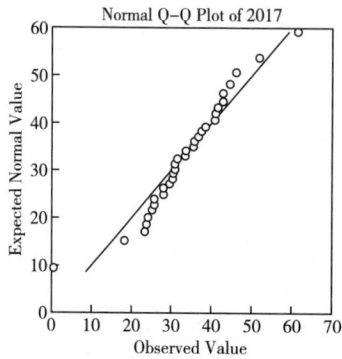

Normal Q-Q Plot of 2013

Normal Q-Q Plot of 2014

Normal Q-Q Plot of 2015

Normal Q-Q Plot of 2016

Normal Q-Q Plot of 2017

11. 小学教育质量数据正态性检验

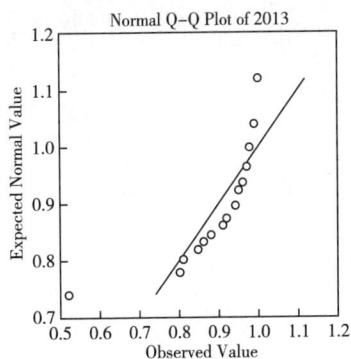

Normal Q–Q Plot of 2013

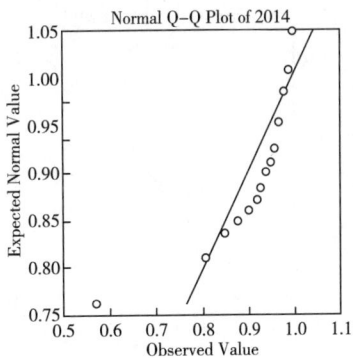

Normal Q–Q Plot of 2014

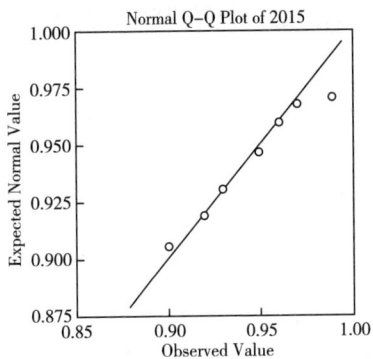

Normal Q–Q Plot of 2015

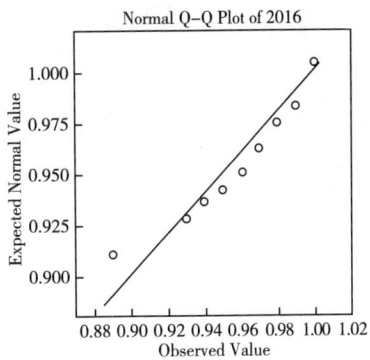

Normal Q–Q Plot of 2016

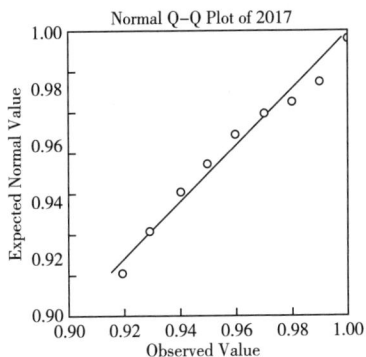

Normal Q–Q Plot of 2017

12. 初中教育质量数据正态性检验

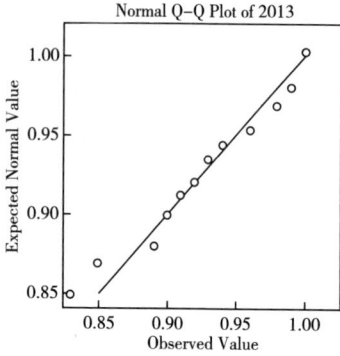

Normal Q–Q Plot of 2013

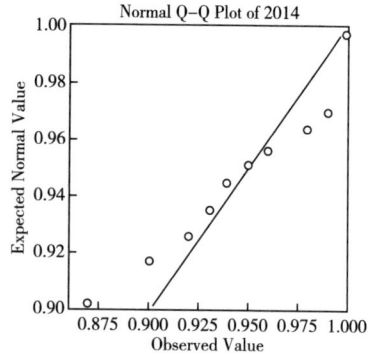

Normal Q–Q Plot of 2014

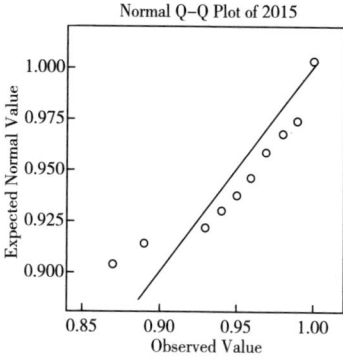

Normal Q–Q Plot of 2015

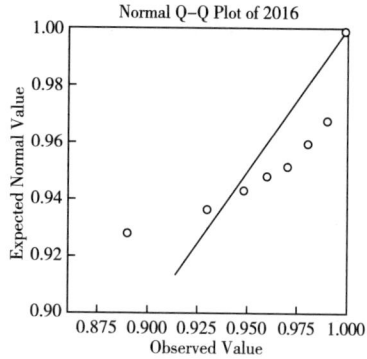

Normal Q–Q Plot of 2016

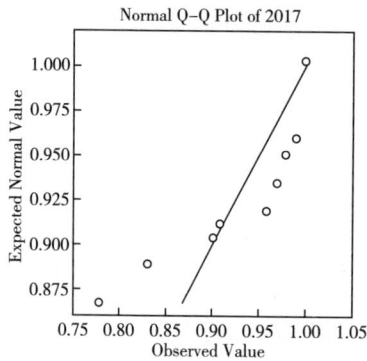

Normal Q–Q Plot of 2017

13. 小学教育信息化数据正态性检验

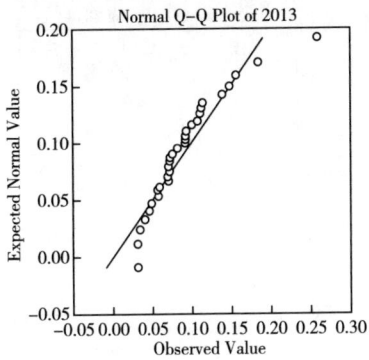

Normal Q–Q Plot of 2013

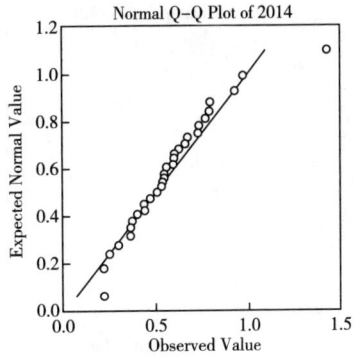

Normal Q–Q Plot of 2014

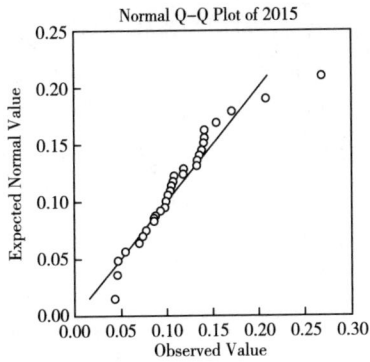

Normal Q–Q Plot of 2015

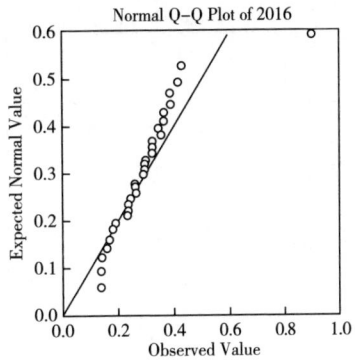

Normal Q–Q Plot of 2016

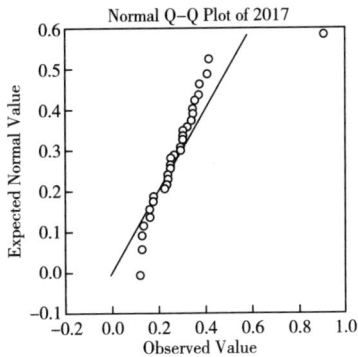

Normal Q–Q Plot of 2017

14. 初中教育信息化数据正态性检验

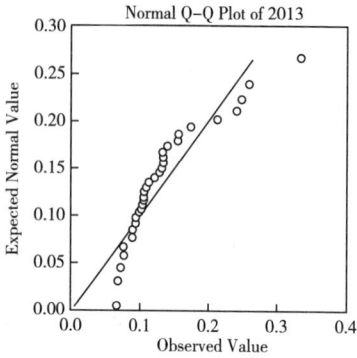

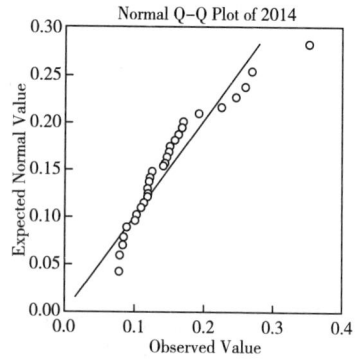

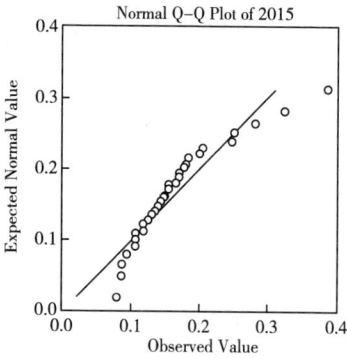

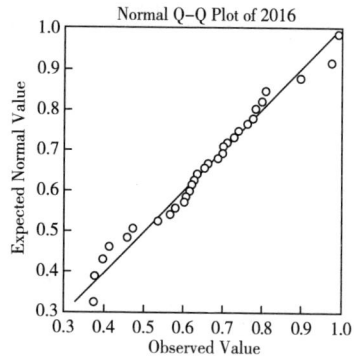

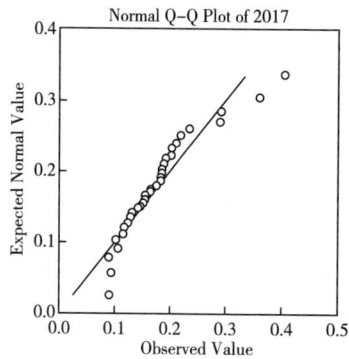

后　记

　　此书是在博士毕业论文基础上修改而成的，读博士是我多年的梦想，为了这个梦想，我付出了很多努力，2016 年终于梦想成真，成为云南师范大学潘玉君教授的博士研究生。至今清楚地记得，在导师第一次召开的学术例会上，我收到了二十多本赠书，全部是以老师为第一作者出版的著作，所涉学科有经济学、民族学、语言学、教育学等，在感到震惊的同时，更多的是对老师发自心底的敬佩。我明白，这每一本书都凝聚着老师多年的心血，是通过多年坚持不懈学习不同学科的知识、多年的反思与总结，才能提炼出如此多的知识精华。从那一刻起，我更加坚定了读博的决心和信念：既来之，读博——我绝不只为那一纸文凭！

　　潘教授的敬业精神令我十分钦佩。在老师的课堂上，除了他讲课不紧不慢的声音和同学们记笔记的沙沙声，不会再有其他的声音，那是一个润物细无声，能让自己远离喧嚣只剩宁静的时刻。在老师的课堂上，我会忘了琐事、忘了不开心、忘了一切烦恼……老师授课喜欢中国传统"板书"方式，一般不用课件，他说这样我们能跟上他的思路，然后动脑筋思考问题，博士学习"重在思考"，于是他总是擦去一黑板，再写一黑板，直到下课铃响。铃响的那一刻，老师的衣袖已变白，全身落满了粉笔灰，那一刻，真心心疼老师。老师不年轻了，可每堂课总是从头站到尾，从头讲到尾，我知道，这都是无畏的敬业精神在激励着他！在老师每堂课的坚守中，我这个专业跨度大、地理学基础薄弱的人也缓缓地打开了地理学的大门，渐渐明白了教育学与地理学之间千丝万缕的联系，慢慢领略到地理学的美和韵味。

　　老师知识渊博、治学严谨，是我一生的学习榜样。老师渊博的知识源于他长年累月孜孜不倦的学习，老师不仅地理学学术造诣高，还致力于哲学、经济学、民族学、教育学、生态学、历史学和伦理学等多学科的研究。

老师尤其喜欢阅读哲学书籍，第一堂课上他就跟我们强调了哲学在学术研究中的重要性，还为我们列出了很多经典的哲学书目，老师说他从哲学的学习中获益颇多、受益匪浅。老师是一个治学非常严谨的人，在每周的学术例会上，他经常纠正我们用词不够准确、表达过于随意的问题，总跟我们强调学术研究要精益求精，不可马虎。课堂上，老师从不会说错词或写错字，甚至连标点符号都力求精确，他讲的每一个知识点、每一个概念一定是专业的、准确的。老师的严谨，还表现在日常生活中，即使是随意的聊天或是给学生发出的每一条信息，都言简意赅、准确明了。

老师温文儒雅、和蔼可亲。老师无论在什么场合总是举止优雅、谈吐不凡，遇事不愠不火，处处彰显学者的斯文与儒雅气质。这种高贵的品质深深影响着学术团队里的每一个人，在潘玉君"云南省万人计划教学名师"团队里，无论是博士还是硕士，师兄、师姐、师弟、师妹们团结合作，形成了学术上齐心协力、日常生活中互帮互助的科研团队氛围，一切不友好、不团结的行为都跟这个团队格格不入。在我的学位论文预答辩后，老师为即将毕业和开题的同学请来了专家，进行二次论文答辩，由于没有充分理解预答辩时专家提出的修改意见，站在讲台上的我面对专家和同学时十分紧张，语无伦次、答非所问，老师没有一句批评的话，也没有表现出一丝一毫的不高兴，而是耐心地、和颜悦色地跟我详细讲解了论文修改步骤，这次指导在我的论文后续修改中起到了关键作用。至今回想起当时的尴尬场景都觉得无地自容，可是老师却用耐心和包容，化解了我当时的尴尬，还让我明白论文应如何修改，更让我彻底领会了什么是"导师风范"，感谢云南师范大学有这样优秀的导师，也感谢自己能有幸成为老师的弟子。

四年的博士学习时光说短亦长，和老师相处的无数个瞬间，老师对我的无数次学术指导和教诲，又岂能在此一一细数，又怎能用简单的"感谢"二字表达出四年深藏心间的感恩之情？此时此刻，我只想对老师说：老师，我定会将您的教诲铭记于心，前行的路途中，永不停歇学习的脚步，不忘初心，奋力前行。待人处物，虽不能习得您全部的优雅，但必会牢记您的一言一行，让它成为我日后为人处世的指路灯！

在博士毕业论文撰写过程中，尤其在后期论文修改时，我的第二导师华红莲老师给予了我很大的帮助。对于我来说，华老师亦师亦友，学术上，她是我学习的榜样、追求的目标；日常生活中，她是我可爱的师姐，傻傻地跟我们打成一片。在论文反反复复的修改过程中，师姐总能"快狠准"地找到问题所在，然后直言不讳、一针见血地指出论文存在的问题和不足，指导我应如何修改才可以扬长避短。师姐的学术理论水平很高，对论文写作自然也是高要求，耐心也是出奇的好。每次当我不能及时领悟到指导的精髓，对某一个问题反复修改还阐述不清楚，想要放弃的时候，师姐总是耐心地告诉我写作方法和步骤，总是鼓励我说"如果学会提炼科学问题，你的学术水平便会上一个台阶，以后的科研道路会走得更长远"。无数次真切地体会到师姐的良苦用心，但论文修改占用和耗费了师姐大量的时间和精力，在此向师姐表示感谢，同时深感抱歉，是师姐在关键时刻鼎力相助，才能使论文顺利完成修改，虽然目前的水平还不能如师姐所期，但日后我定不会辜负师姐真挚的帮助和指导，争取早日成为像师姐一样优秀的人。

在四年的学习过程中，由于我专业跨度大，地理学知识"零基础"，潘玉君"云南省万人计划教学名师"团队里的师兄、师姐、师弟、师妹们给予了我很多帮助。在这个团结、友爱、和谐、上进的学术团队里，他们年轻稚嫩的脸庞上总堆满微笑，洋溢着青春活力，就像一个个"小图书馆"，无论我需要哪方面的知识，他们都竭尽全力地提供帮助，且总是知无不言、言无不尽。有斯文儒雅帅气，且气质与老师最为相似的肖翔师兄；有待人诚恳的成忠平师妹；有博览群书、文采飞扬，所发朋友圈都如诗如歌的李润师妹；有心态最好，软件操作技术最强的马佳伸师弟；有乐于助人，脾气性格最好的韩磊师弟，还有姚辉、高庆彦师兄……同窗情谊至纯至真，在一起的每个瞬间每个时刻，像玉壶冰心，似银色月光，朴素温馨，让人心透明。此时此刻想对他们说：点点滴滴的回忆已填满心间，未来，愿你们是航船，在知识的海洋中乘风破浪；愿你们是雄鹰，在广阔的天空中翱翔。前程似锦时，莫忘回云师大看看。

如果我是一粒种子，亲人便如肥沃的土壤，让我在四年奋斗的时光里从不孤独和惆怅，是他们的支持、鼓励和陪伴化成我学习的动力和源泉，使我忙碌却快乐着！因为都来自农村的山坳里、都对知识有着渴求、都有共同的梦想，我和爱人夏耀稳先生互相鼓励扶持，共同奋发，得以在博士阶段成为同窗，我们说好了不仅自己要更上一层楼，还要为四岁的幼儿树立最好的榜样。与爱人同窗苦读的四年，我深深明白何谓风雨同舟、休戚与共，我们一起感受挑灯夜读的孤寂，一起分担撰写论文的煎熬，一起面对论文被无数次拒稿的失落，也一起享受追热播电视剧的放松和惬意……因为有了爱人的陪伴，无数个苦读的日夜不再枯燥和乏味，反而妙趣横生，充满诗情画意。我和爱人的努力拼搏对爱子夏通泮小朋友起到了耳濡目染的作用，他从小便养成了爱读书、爱思考的好习惯。刚满九岁的孩儿，《西游记》《封神演义》《三国演义》《水浒传》《岳飞传》等名著里的故事人物和情节他都能讲得头头是道、绘声绘色，他说《西游记》中"风雪通天河"孙悟空大战鱼精的故事最为精彩，《岳飞传》中岳飞精忠报国的精神最为感动，他佩服诸葛亮的足智多谋和"小李广"花荣百步穿杨的箭法。聪明可爱的孩儿让我四年的读博时光变得轻松有趣，他时而调皮捣蛋如猴，时而呆萌可爱如他最钟爱的企鹅，读起书来又安静专注如可爱的小猫咪，家有此宝贝，此生足矣，唯愿吾儿安与乐，一生顺遂安康！我奋发的四年，也是"零零后"小侄女王曦来勤学苦读、滴水穿石实现理想的岁月，靠着十年磨一剑的坚强意志，她如愿步入清华大学校园。为理想，她三更早起，读书迎晨曦，磨枪挫剑，全力以赴亦不惧兵临城下的精神让我感动又骄傲，长江后浪推前浪，未来，神州大地必将因年青一代而繁花似锦、日新月异！小侄女的成功离不开自己的努力拼搏和老师的教导，更离不开我姐姐的精心培育。我的姐姐不仅将自己的孩子送进了清华，还将我送上了成功之路。姐姐从小就是我学习的榜样，她奋发图强，凭着自己的努力从那个偏远贫穷的小山村走了出来。高考时姐姐告诉我，唯有知识能改变命运。她独自承担各种压力，借钱供我完成学业，让我走向了成功。读博四年，多少个清晨手机准时响起，家务琐事、父母兄弟、天南地北……我们无所不谈，我们时而追忆往昔的贫穷岁月，感叹应珍惜当下；时而憧憬未来美好时光，互相勉励奋发向上。就是这样无数个美好的清晨，伴着初升的太阳，我们一起迎接每一天的繁忙。

引以为傲的母校——云南师范大学提供的平台，让我在工作的同时不断提升自己，网络信息中心领导李志平主任在我读博以及著作出版过程中给予了很多关怀、支持和理解，同事们的鼓励和关心，都令我感动不已。骆华松教授对我的研究提出很多修改建议，王金亮副院长在各个环节提供便利，工作认真负责的苏斌老师不厌其烦地解答我碰到的各种问题。是他们的坚守岗位、尽职尽责，使我的研究在每一个环节都能有条不紊地进行；是众多专家教授对论文简而严、精而透的评阅指正，才使最终的研究著作得以成型。我坚信，此书只是我打开学术研究大门的一把钥匙，未来的科研之路，我将虚心地向我的博士后合作导师罗明东教授学习请教，继续开展教育地理学的研究。罗明东教授是我国教育地理学新兴学科的开拓者和倡导者，2002 年出版的国内外第一部系统研究教育地理学问题的专著《教育地理学》，对我国教育地理学的发展具有重要的开创性意义。我深知学术研究中没有宽阔平坦的大道，只有不畏劳苦沿着陡峭山路不断攀登的人。在罗老师的指导下，我一定会坚守学术研究在心底的美，让它成为一种风度、一种睿智、一种境界，使自己宁静而致远、淡定而从容、悠然而豁达！

在此书出版过程中，社会科学文献出版社的老师给予了很多帮助和指导，杨仲麟老师的热情和暖心，闫老师工作的高效以及崔晓璇、李惠惠、李艳璐等编辑对书稿专业细致的修改，都让我受益匪浅。

忆往昔，多少人和事，不敢忘怀，在此一并谢过。鲜花感恩雨露，苍鹰感恩长空，我感恩遇见你们，一路芳香弥漫，永不忘怀！

吕赛鸫

2021 年 12 月 20 日完成于昆明呈贡

图书在版编目（CIP）数据

中国省域义务教育空间秩序研究／吕赛鸽著. -- 北
京：社会科学文献出版社，2022.12
ISBN 978-7-5228-0785-0

Ⅰ.①中…　Ⅱ.①吕…　Ⅲ.①省-义务教育-教育研
究-中国　Ⅳ.①G522.3

中国版本图书馆 CIP 数据核字（2022）第 179304 号

中国省域义务教育空间秩序研究

著　　者／吕赛鸽

出 版 人／王利民
责任编辑／崔晓璇
文稿编辑／李惠惠　李艳璐
责任印制／王京美

出　　版／社会科学文献出版社（010）59367156
　　　　　　地址：北京市北三环中路甲 29 号院华龙大厦　邮编：100029
　　　　　　网址：www.ssap.com.cn
发　　行／社会科学文献出版社（010）59367028
印　　装／三河市尚艺印装有限公司

规　　格／开 本：787mm×1092mm　1/16
　　　　　　印 张：18.5　字 数：301 千字
版　　次／2022 年 12 月第 1 版　2022 年 12 月第 1 次印刷
书　　号／ISBN 978-7-5228-0785-0
定　　价／118.00 元

读者服务电话：4008918866